A STRATEGIC GUIDE TO THE TOEFL iBT® TEST

TOEFL iBT® テスト 完全教本

ポール・ワーデン　　四軒家 忍
Paul Wadden　　*Shinobu Shikenya*

英語便
www.eigobin.com

TOEFL and TOEFL iBT are registered trademarks of Educational Testing Service (ETS).
This publication is not endorsed or approved by ETS.

研究社

はじめに

　本書『TOEFL iBT® テスト　完全教本』のキーワードは、"strategies + practice"（対策と実践）です。TOEFL iBT テストで高得点を上げるにはどんな対策が必要で、試験中にどのように問題を解くべきか？　そのための知識と情報をできる限り盛り込みました。

　TOEFL テスト対策本には解説を中心にしたものと、実践問題を中心にしたものがありますが、本書はその両方を読者のみなさんに提供できるように配慮いたしました。本書1冊で、みなさんには TOEFL iBT テストに向けた完璧な準備をしていただけると思います。

　第1部では、実際の TOEFL iBT テストに挑戦してもらい、その問題傾向を各セクションごとに理解していただきます。ここで、リーディングおよびリスニング問題で高得点を上げる方法と、スピーキングおよびライティング問題で効果的に解答する技術を学んでください。問題にまず挑戦し、そのあとじっくり解説を読んで、TOEFL テストに必要な対策と学習法を身につけてください。

　第2部では、本番さながらの TOEFL iBT テスト問題に挑戦してもらいます。第1部で学習した攻略法を確認しながら、本番前の腕試しをしてください。

　本書の内容にそって学習することで、みなさんには今の実力で望める最高のスコアを獲得していただきたいと願っております。また、今より高いスコアを得るために、どのセクションをよりいっそう強化すべきか、そのこともしっかり理解して、さらに学習をつづけていただきたいと思います。

　本書の作成にあたり、私たち著者と研究社は、ほかには類を見ないチームを組みました。四軒家忍先生は、「トフルゼミナール留学センター」の講師で、「留学のためのしけんや英語塾」の主宰者でもあり、まぎれもなく TOEFL 受験指導の第一人者です。

「英語便」は、そのきめ細かいオンライン・ネイティブ添削により、今ではもっとも成功した英文ライティング指導サービス会社に成長しました。そして私ポール・ワーデンは、日本の国際基督教大学をはじめ各大学で、すでに 20 年間 TOEFL 対策や海外留学の指導をつづけています。TOEFL 対策の書籍もすでに 25 冊以上執筆しています。

　この超一流の共著者の方々、そして研究社のすぐれた編集者である金子靖さんとともに、私は今みなさんが手にしている『TOEFL iBT® テスト　完全教本』を作り上げることができました。私と四軒家先生と英語便は、TOEFL に関してそれぞれが持つ知識をすべて本書に注ぎ込みました。読者のみなさんが短期間の対策で最大の結果を上げられる最良の書籍を世に出そうと、真摯に努力を重ねました。私たちの知識と努力の集大成である本書『TOEFL iBT® テスト　完全教本』で、みなさんにはぜひ目標スコアを得て、充実した海外経験を積んでいただきたいと願っております。

　共著者の四軒家忍先生と英語便の森岡美香さん、研究社の金子靖さんに、この場を借りまして、深く感謝いたします。また、金子さんと長く厳しい編集作業を進めていただいた高見沢紀子さんほか研究社のみなさん、さらには翻訳や、音声の吹き込みや編集、本文のデザインや装丁などでご協力いただいたすべての方々にも、あつく御礼申し上げます。

　本書が読者のみなさんにとって最高の TOEFL 対策の 1 冊となり、目標スコア獲得のために大いに役立てていただけますことを、私たちは願ってやみません。

2014 年 7 月　　　　　　　　　　ポール・ワーデン（Paul Wadden, Ph.D.）

目　次
contents

- ▶はじめに　　2
- ▶TOEFL iBT® について　　5
- ▶本書の使い方　　8
- ▶CD-ROM の使い方　　10

▶第 I 部

各セクション攻略法　　11

1. リーディング・セクション攻略法　　13
2. リスニング・セクション攻略法　　69
3. スピーキング・セクション攻略法　　129
4. ライティング・セクション攻略法　　179

▶第 II 部

模擬テスト　　211

- ・模擬テスト解答　　249

▶おわりに　　310

TOEFL iBT® テストについて

● 世界でもっとも広く受けいれられている英語能力試験

　TOEFL iBT テスト（以下、TOEFL テスト）は、世界でもっとも広く受け入れられている英語能力試験です。130 カ国 9000 以上の大学や機関で、そのスコアが認められています。
　ほとんどの大学が 80 点以上のスコアを求めていますが、トップクラスの大学では 100 点以上のスコアを要求されるようです。よって、海外留学を希望する方は、必然的に TOEFL テストを受けて、80 〜 100 点のスコアを取らないといけないことになります。

● 日本国内でも受験が推奨されている TOEFL テスト

　TOEFL テストではリーディングとリスニングだけでなく、スピーキングとライティングをあわせた 4 技能の力が判定されます。最近は「使える英語」が推奨されていることから、TOEFL テストへの注目はますます高まっていくと思われます。
　今後は留学だけでなく、就職の際にも企業からこのテストのスコアを求められることもあるかもしれません。いずれにしろ、4 技能のバランスのとれた英語力を身につけていることを強調したいなら、TOEFL テストのスコアを提示すればいいでしょう。

● まずは、TOEFL テストのホームページにアクセス

　TOEFL テストを受験するには、まず TOEFL テストのホームページ（www.ets.org/toefl ［日本版は www.ets.org/jp/toefl］）にアクセスして、個人アカウントを作りましょう。その後、インターネットを通じて、受験日や受験地を選択して、受験料を納入すれば、受験手続ができます。
　しかし、受験日が近づいても、TOEIC テストなどと違って受験票が郵送されることはありません。TOEIC スピーキングテスト／ライティングテストのように確認のメールが届き、受験日時や受験地が確認できるということもありません。自分で個人のアカウントにアクセスして、そこですべての情報を確認しなければなりませんので、注意しましょう。

● TOEFL テストはどれくらいむずかしいか？

「TOEFL テストは、TOEIC テストと比べてどうか？」という質問をよく耳にします。さまざまな考え方があるでしょうが、「TOEFL テストは TOEIC テストよりずっとむずかしい」といえます。

　TOEIC テストはリーディングとリスニングだけのテストですが（2007 年から TOEIC スピーキングテスト／ライティングテストが実施されています）、TOEFL テストではスピーキングとライティングのテストも受けなければなりません。

　また、TOEIC テストはビジネスに関する内容に限られますが、TOEFL テストは文科系だけでなく、幅広く理科系の知識も求められます。リーディングとリスニングだけを見ても、TOEFL テストに出題される各パッセージは、TOEIC テストのものとは比べものにならないほど長くなっています。実際、TOEIC テストで 990 点満点を取っている人も、TOEFL テストで 100 点を取るのはなかなかむずかしいと思われます。

　いずれにしろ、4 時間近くかかり、受験料も 230 ドル（2014 年 8 月現在）する TOEFL テストを受けるとなると、相当の覚悟と準備が必要です。

● 受験場所をどう選ぶか？

　TOEFL テストは、TOEIC テストや英検などとは違って、自分で受験地と会場を選ぶことができます。そして会場によって、その設備や環境は大きく異なります。隣の席との間に完全に仕切りが設置された会場もあれば、ただダンボールで仕切られているところもあります。防音ヘッドセットを貸してくれる会場もあれば、そういったものを一切用意していないところもあります。したがって、会場によっては、ほかの受験者が気になってしまうことがあるようです。

　たとえば、リーディングの最中にあとから入室した受験者のマイクテストの音に気を取られてしまったとか、自分はまだリスニング・セクションの問題に解答しているにもかかわらず、真うしろにいる受験者がスピーキング・セクションの問題を答えはじめたので、リスニングの音声が聴こえなくなってしまった、という受験者の話もよく聞きます。

　よって、好条件でよい環境と思われる会場を、なるべく早く、できれば受験の 3 カ月前ぐらいに予約することをおすすめします。ただし、いい会場だから必ずいいスコアが出るとは限りません。「会場に着いたら、何があろうと最高のパフォーマンスをする」という気持ちで臨みましょう。

● **TOEFL テストのスペシャリストたちが、80 ～ 100 点を取る勉強法を完全伝授！**

　TOEFL テストをおそれることはありません。このテストはどういうもので、どんな問題がどんな形で出題され、それに対してどんな答え方をするのが効果的か理解すれば、目標スコアにきっと近づけるはずです。

　本書では、TOEFL テストを何度も受験し、このテストを知り尽くし、そして対策本を何冊も執筆しているポール・ワーデンと四軒家忍の 2 人のカリスマががっちりとタッグを組んで、みなさんの学習を力強くサポートします。また、人気オンライン英文ライティング・サービスの英語便が、基本的な英文ライティングの知識とコツをアドバイスします。

　読者のみなさんには、本書でしっかり学習して、ぜひ 80 点、さらには 100 点を取っていただきたいと思います。

本書の使い方

　TOEFL テストで 80 〜 100 点を取るために必要な知識と学習法を、実際に問題を解きながら学んでいただけるように工夫しました。第Ⅰ部「各セクション攻略法」で TOEFL テストで出題される 4 つのセクションの問題傾向と対策をつかんでいただき、第Ⅱ部「模擬テスト」でその効果を試してみてください。

● 各セクション攻略法

＜ 1. リーディング・セクション＞

　試験本番と同じ分量のパッセージを 3 本、そして同じぐらいの難易度の問題を用意しました。訳と詳細な注も付けました。解説をよく読んで、リーディング問題の傾向をご確認ください。

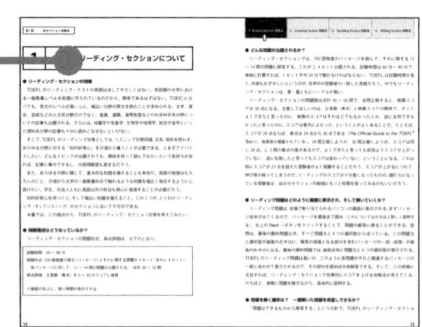

＜ 2. リスニング・セクション＞

　試験本番さながらのリスニング問題を 6 セット収録しました。解説には聴き取りのコツや、書き取り練習などについてのアドバイスも記しました。なお、音声は MP3 データです（10 ページ参照）。

<3. スピーキング・セクション>

試験本番と同じ形式の問題 Question 1～6 を収録しました。パッセージの読み方、会話や講義の聴き方のほか、効果的なメモの取り方も実例とともに詳しく解説しました。

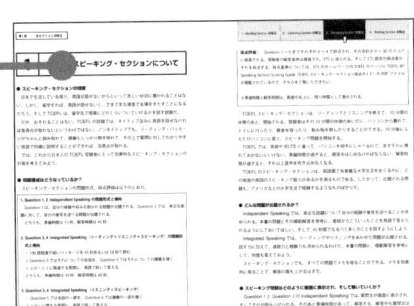

<4. ライティング・セクション>

試験本番同様に、Integrated Writing と Independent Writing を 1 問ずつ出題しました。Integrated Writing ではリーディングとリスニングで注意すべきことや、メモの取り方も詳しく解説しています。

英語便の「はじめての Integrated Writing」と「はじめての Independent Writing」もあわせてお読みください。

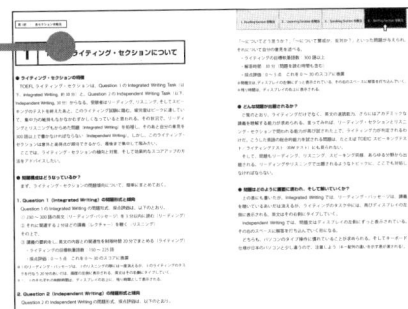

● 模擬テスト

実際の試験に近い問題を 1 セット用意しました。この模擬テストで、試験本番前の腕試しをしてください。

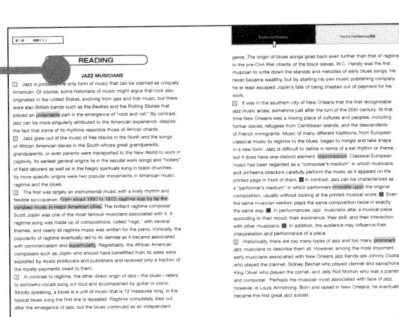

CD-ROM の使い方

- 本書同梱の CD-ROM に、第Ⅰ部「各セクション攻略法」と第Ⅱ部「模擬テスト」のすべての音声を収録しています。
- 本 CD-ROM は音楽 CD プレイヤーでは再生できないことがあります。パソコンなどでご利用ください。
- CD-ROM 中の音声ファイルは、セクションごとにフォルダーに分けて収録しました。以下をご参照ください。

<各セクション攻略法>

リスニング・セクション攻略法	CD 01 01-63
スピーキング・セクション攻略法	CD 02 01-35
ライティング・セクション攻略法	CD 03 01-03

<模擬テスト>

リスニング・セクション	CD 04 01-40
スピーキング・セクション	CD 05 01-27
ライティング・セクション	CD 06 01-03

<タイトル・クレジット>

タイトル	CD 07 01
クレジット	CD 07 02

<ナレーター>

Kim Forsyth / Brad Holmes / Nadia McKechine / Caroline Miller / Michael Rhys / Peter Serafin / Peter von Gomm

第Ⅰ部
各セクション攻略法

1. リーディング・セクション攻略法

13

2. リスニング・セクション攻略法

69

3. スピーキング・セクション攻略法

129

4. ライティング・セクション攻略法

179

Reading Section
1. リーディング・セクション攻略法

1 TOEFL リーディング・セクションについて

● **リーディング・セクションの特徴**

　TOEFL のリーディング・テストの英語は決してやさしくはない。英語圏の大学における一般教養レベルを前提に作られているのだから、簡単であるはずはない。TOEIC に比べても、英文のレベルが高い上に、幅広い分野の英文を読むことが求められる。文学、歴史、芸術などの人文系分野だけでなく、産業、建築、貨幣制度などの社会科学系分野についての記事も出題される。さらには、地震学や気象学、生物学や地理学、航空宇宙学といった理科系分野の記事も十分に読みこなせないといけない。

　そこで、TOEFL のリーディング対策としては、リスニング対策同様、文系、理系を問わず、あらゆる分野に対する「知的好奇心」を日頃から養うことが必要である、とまずアドバイスしたい。どんなトピックが出題されても、興味を持って読んでみたいという気持ちがあれば、記事に集中できるし、内容理解度も高まるだろう。

　また、あらゆる分野に関して、基本的な知識を備えることも有効だ。英語の勉強はもちろんのこと、日頃から大学の一般教養科目で触れるような知識を幅広く吸収するように心掛けたい。学生、社会人ともに英語以外の科目も熱心に勉強することが必要だろう。

　知的好奇心を持つこと、そして幅広い知識を備えること。この 2 つが、とりわけリーディング（そしてリスニング）のセクションにおいて不可欠である。

　本書では、この視点から、TOEFL のリーディング・セクション対策を考えてみたい。

● **問題構成はどうなっているか？**

　リーディング・セクションの問題形式、採点評価は、以下のとおり。

試験時間：60 〜 80 分
問題形式：700 語程度の英文（パッセージ）とそれに関する問題が 3 セット（まれに 4 セット）。
　　　　　各パッセージに対して、12 〜 14 問の問題が出題される。（合計 36 〜 56 問）
採点評価：正答数（素点）を 0 〜 30 のスコアに換算

※画面の右上に、残り時間が表示される。

| 1. Reading Section 攻略法 | 2. Listening Section 攻略法 | 3. Speaking Section 攻略法 | 4. Writing Section 攻略法 |

● どんな問題が出題されるか？

　リーディング・セクションでは、700 語程度のパッセージを読んで、それに関する 12 〜 14 問の問題に解答する。これが 3, 4 セット出題される。試験時間は 60 〜 80 分で、単純に計算すれば、1 セット平均 20 分で解かなければならない。TOEFL は試験時間が長く、内容もむずかしいというのが、世界中の受験者の一致した見解だろう。中でもリーディング・セクションは、質・量ともにハードルが高い。

　リーディング・セクションの問題数は合計 36 〜 56 問で、全問正解すると、換算スコアが 30 点になる。注意してほしいのは、正答数（素点）と換算スコアの関係で、すごくよくできたと思ったのに、実際のスコアはそれほどでもなかったとか、逆に全然できなかったと思ったのに、スコアは意外によかった、ということがよくあることだ。たとえば、スコアが 28 点ならば、素点は 34 点から 36 点である（*The Official Guide to the TOEFL® Test* に、換算表が掲載されている）。34 問正解しようが、36 問正解しようが、スコアは同じ 28 点。2, 3 問の素点の差があるので、よくできたと思っても前回よりスコアが上がっていない、逆に失敗したと思ってもスコアは変わっていない、ということになる。これは特にスコアが 23 点を超えた受験者がよく経験することだろう。スコアが上がるにつれて、伸び率が鈍ってしまうのだ。リーディングのスコアが十分高くなったものの、頭打ちになっている受験者は、ほかのセクションの勉強にもっと時間を取ってみるのもいいだろう。

● リーディング問題はどのように画面に表示され、そして解いていくか？

　リーディング問題は、会場で割り当てられるパソコンの画面に表示される。まずパッセージ全体が出てくるので、パッセージを最後まで読み（これについてはのちほど詳しく説明する）、右上の Next ⇨ボタンをクリックすることで、問題の解答に移ることができる。設問は、最後の要約問題以外、すべて問題文と 4 つの選択肢から成っている。この問題文と選択肢が画面の左半分に、解答の根拠となる部分を含むパッセージの一部（段落）が画面の右半分に出る。最後の要約問題では、画面全体に問題文と 6 つの選択肢が表示される。TOEFL のリーディング問題は長いが、このように各問題がそれと関連するパッセージの一部とあわせて表示されるので、その部分を読めば大体解答できる。そして、この特徴に注目すれば、リーディング・セクションで効果的にスコアを上げる攻略法が見えてくる。のちほど、実際に問題を解きながら、具体的に説明する。

● 問題を解く順序は？　一度解いた問題を見直しできるか？

　「問題はできるものから解答する」という方針で、TOEFL のリーディング・セクショ

ンに臨もう。1セット20分で最大14問を解かなければならないのだから、かなりのスピードが要求される。しかし、「1問1分」といった単純な時間配分ではうまく対応できない。パッセージを読み、解答の根拠となる部分を探す時間も考えないといけない。語彙問題（同義語問題）は数秒で解答できても、問題によっては2, 3分かかることもあるだろう。問題がすべて同じ難易度ではないのだ。したがって、やはりできる問題から解答するのが効率的だ。

　そこで気になるのが、解答しなかった問題や十分考慮せず解答した問題を、あとから見直しできるか、ということである。画面右上の⇦ Previous ボタンをクリックすれば、同じパッセージの問題だけでなく、ほかのパッセージへの移動も可能である。たとえば、2つ目のパッセージの問題を半分まで終えて、ふと最初のパッセージの問題を確認したいということがあれば、⇦ Previous ボタンを連続でクリックすれば、該当する問題に戻ることができる。また、最後のパッセージの問題を最後まで解き終えたところで、画面右上の Review ボタンをクリックすれば、自分の解答の一覧表を表示できる。これを見れば、まだ解答していない問題が瞬時にわかるし、その問題にすばやく戻り、解答することができる。

| 1. Reading Section 攻略法 | 2. Listening Section 攻略法 | 3. Speaking Section 攻略法 | 4. Writing Section 攻略法 |

2　リーディング問題を解くにあたって

● どんなことに注意して、パッセージを読むべきか？

　リーディング・セクションにおける世界中の受験者の永遠のテーマは、「最初にパッセージ全体を読むか否か」である。最初にパッセージ全体が画面に出るのだが、画面をスクロールして、カーソルを下までおろし切らないと、Next ⇨ボタンを押しても問題に移動できない設定になっている。本当はTOEFLを作成する側も最初にパッセージ全体を読んでほしいのだろう。しかし、パッセージを全部読んでから問題を解くのでは時間配分がむずかしいと思う人は、迷わずすぐに問題に取りかかればいい。試験の傾向を知り、その対策を立てて、高得点を狙うのは、何らやましいことではない。

　先ほど概観したように、TOEFLのリーディング・セクションにおける設問は、そのほとんどが部分的な読解のみで解答できる問題である。全体的な理解が求められる質問は1, 2問しかない。つまり、25点以下を当面のスコア目標とする場合、全体を理解する必要はそれほどないといえるだろう。

　以下の3点を総合的に判断して、各自対策を考えてほしい。

1. パッセージを読み通すのに10分以上かかる場合：パッセージを読まずに画面を下までスクロールして、すぐに問題を解きはじめることを勧める。問題と選択肢を読んだら、それに答えることだけに集中して、関連する部分のみを読むといいだろう。

2. パッセージを読むのに6〜9分かかる場合：がんばって読み通しても、内容がよく理解できていないことが多いと思われる。最初の数行を読んでトピックをつかみ、さらに6分程度で概要がつかめそうであれば、最後まで読むといいだろう。もしそれが厳しいなら、あとは読む必要はない。すぐに問題に取りかかり、問題を解きながら、内容を把握していくという態勢に切り替えよう。

3. パッセージを6分未満で読める（理解できる）場合：読むスピードが速く、理解度も高いので、最初にパッセージ全体を読んだほうがいいだろう。解答の正確さが増し、リーディングが得点源になる。

　TOEFLのリーディングで、もっともありがちなのは、「内容を理解したことで力尽きる」

ということだ。内容をすべて理解したい、と受験者は思うだろう。しかし、TOEFLは問題に正解してはじめてスコアが出るのだ。高得点を狙いたいのであれば、問題文と選択肢をしっかり読むことに注力することが大事である。

繰り返すが、受験者がすべきことは、パッセージを読んで理解することではなく、問題に正解することだ。

● **選択肢をチェックする上で、注意すべきこと**

選択肢について少し述べておこう。明らかに正解と断定できるような選択肢はあまり出てこない。したがって、(A)が正解だと思っても、念のため(B), (C), (D)をチェックすることが重要だ。(A)以上に正しいと思われる部分がないか、パッセージと照らし合わせなければならない。ただ、単語の問題（同義語問題）などはその必要はない。意味を知っているか知らないかの問題なので、それに時間をかけるべきではない。もし単語の意味がわからなければ、とりあえずどれか選択肢を選んで、次の問題に時間を費やすべきだ。受験者は、できるだけ多くの問題に正解することをめざさなければならない。したがって、最後の問題まで十分に検討し、解答する時間を確保したいところだ。たとえば、negative factual questions, つまり「段落中で言及されていないものはどれか」という問題などに、なるべく多くの時間を割くことを勧める。

● **要約問題の対応策**

そのようにして問題をずっと解いていくと、最後に「6つの選択肢の中から3つを選んで要約を完成させなさい」という要約問題が出される。2つ正解すると1点、3つ正解すると2点の素点が与えられる。この問題は明らかにパッセージ全体を俯瞰的に理解する必要のある'global question'である。多くの受験者は、これまで説明してきたことに従えば、部分的にしかパッセージを読まないことになるが、まったく心配にはおよばない。

受験者は、すでに12問ほどの問題を解いているので、パッセージの要点は、すでにおおよそ理解している。それに、この期におよんで、パッセージを最初から読む時間などない。さらに重要なのは、この問題の性質である。「要約文にふさわしいもの」を3つ選ぶのであって、単なる正誤問題ではない。要約というのは、main idea（主旨）を述べたものであるから、example（例、実例）、あるいはdetail（詳細）では不正解になる。exampleは容易に判断できるだろう。たとえば、選択肢に「東京の平均気温は16℃である」という文があれば、それはおそらくexampleにすぎない。detailとは何か？　たとえば「北極の氷が溶けると何が起こるか」というトピックのパッセージで、「地球上の水の中で真水は海水に比べ

て圧倒的に少ない」という内容の選択肢があるとすれば、それは detail で、不正解と考えるべきだろう。パッセージで述べられていたとしても、main idea とはいえない。

　つまり、要約問題は、パッセージをじっくり吟味しなくても、6つの選択肢をじっくり吟味すれば解けるのだ。3つの正解を除けば、残りは「そもそも誤った内容」か「example のみ」「detail のみ」だろう。そして、パッセージのトピックを明確につかんでいれば、大体その判断がつく。また、正解の3つの選択肢と比べると、「抽象性」が低い。ということは、この問題は「6つの選択肢から3つを選ぶ」のではなく、事実上、「example のみ」と「detail のみ」を除いた「4つの選択肢から3つを選ぶ」ことになるだろう。それならば、パッセージを読まなくても、最低2つは正解を得ることになり、素点で1点を獲得できる。もちろん、3つとも正解する可能性も大いにある。

　要約問題について、これだけ注意をうながすのには理由がある。それは、いま述べたように、この問題が意外と簡単で、最後に出題されるからである。簡単な問題を確実に解くことが TOEFL では重要で、この鉄則を守るには、要約問題までたどりつかなければならないのだ。しかし現実には、ほとんどの受験者は、この問題を見ることすらない。時間がないのである。その原因をここで繰り返す必要はないだろう。できない問題に時間をかけすぎた結果、要約問題に十分な解答時間が取れないのだ。この損失は大きい。リーディング・セクションでは、要約問題が3題出題される。したがって、これに答えられなければ、素点で2点×3題＝6点を捨てることになる。素点の6点差となると、換算スコアでは、リーディングのスコアの合計の20点と27点の差に相当することにもなる。

　最後に、もう一度確認しておこう。要約問題は、パッセージを読まなくても1点は取れる。パッセージを読めばおそらく2点を取れるので、リーディング・セクション全体で6点の素点を得られる可能性がある。したがって、ほかの問題を後回しにしてでも、要約問題に時間をあてるべきである。

3 リーディング問題を解いてみよう

では、リーディング問題を、試験と同様に3セット解いてみよう。そして問題にチャレンジしながら、その対策を考えよう。各パッセージと選択肢の日本語訳と注は、それぞれの解説のあとに置いた。

リーディング問題 1

ORIGIN OF AGRICULTURE

[1] Prior to the Industrial Revolution, the greatest change in living conditions for humans came with the invention of agriculture. The discovery that seeds could be planted, and nuts, fruits, vegetables, and grains cultivated, led to massive changes in human societies, similar to the rise of manufacturing. It reduced death and suffering caused by starvation. It led to a new view of territory as property to be divided into plots and parcels allocated to families or clans and administered by a central authority. It largely allowed the elderly and disabled, who would otherwise be abandoned, to live within an extended family group as dependents, for even they could engage in light labor and be allotted surplus food.

[2] **A** In addition, agriculture led to abstract thought in the form of weeks, months, and seasons which were needed to calculate the predictable intervals at which to plant and harvest crops in a growing season. **B** It made possible migrations, for pioneers could carry seeds into new frontiers, and settle together near their fields. **C** Ultimately, it launched civilizations, such as in Mesopotamia and Egypt, which then enlarged their domains in one of three ways: through annexation of tracts of adjoining land, through battles with neighboring tribes and kingdoms, and through treaties with nearby city-states. **D** Finally, one could argue that agriculture led to the industrial revolution itself, since the earliest machines were mills for grinding grain and processing agricultural products.

| 1. Reading Section 攻略法 | 2. Listening Section 攻略法 | 3. Speaking Section 攻略法 | 4. Writing Section 攻略法 |

[3] No one knows exactly when the first crops were planted, but archaeologists believe it to be between 10,000 and 12,000 years ago. Probably, early peoples gained a rudimentary understanding of agriculture from noticing that the wild grass seeds that they sometimes ate—the first grains—tended to sprout in the places where they fell to the ground. Since early tribes seldom resided in one place very long, it took a long time for them to accumulate any kind of expertise in plant cultivation.

[4] Gradually, however, they observed that plants needed water to grow, especially to withstand the scorching summer months. They began to scatter seeds near springs and on the ground near waterways, such as the flood plains of the Tigris, Euphrates, and Nile rivers, and their tributaries. Fortunately, the earliest grains were resistant to pests, presumably since they were exposed to them in the wild. Therefore, in the temperate climates of the Middle East the first permanent settlements sprang up as early peoples learned to grow not only grains but also vegetables, and to tend them carefully so that they would ripen without rotting. It was when they started to dig small channels to bring water to irrigate their crops that agriculture began to thrive, and large cities could form.

[5] One of the interesting natural experiments connected with the emergence of agriculture is that it appeared on different continents in the Old and New World at somewhat different times but largely followed the same course. During the rise of agriculture, there is no evidence that there was any direct contact between the peoples of North America and the peoples of Africa, Europe, the Mideast and the Far East. And the lack of common species of food crops between the New World and the Old World is evidence to suggest there was none. Yet the evolution of agriculture proceeded along almost identical lines in all of these regions, suggesting its independent origination and adaptation among diverse peoples on opposite sides of the Atlantic and Pacific oceans. This suggests that all human populations are genetically disposed to carefully observe their natural environment and to use their intelligence to adapt it to their own ends.

1. In paragraph 1, the author compares the invention of agriculture to
   (A) the discovery of fire
   (B) the use of mass production
   (C) the birth of civilization
   (D) the rise of cities

2. What does paragraph 1 imply about pre-agricultural societies?
   (A) They had harsh living conditions.
   (B) They were based upon shared property.
   (C) They were generally democratic.
   (D) They invented the first machines.

3. What intellectual development does paragraph 2 refer to?
   (A) The concept of personal property
   (B) The notion of free trade
   (C) The idea of calendar time
   (D) The theory of self-government

4. Which of the following means of enlarging territory is NOT mentioned in paragraph 2?
   (A) Claim of ownership
   (B) War
   (C) Direct purchase
   (D) Formal agreement

5. The phrase "allocated to" in the passage is closest in meaning to
   (A) confined within
   (B) distributed to
   (C) absorbed from
   (D) withheld by

6. The word "rudimentary" in the passage is closest in meaning to
   (A) elementary
   (B) spacious
   (C) hostile
   (D) comprehensive

7. The word "them" in the passage refers to
   (A) tributaries
   (B) the earliest grains
   (C) pests
   (D) the temperate climates

8. Paragraph 4 implies that one of the biggest challenges to growing crops was
   (A) insect pests
   (B) summer heat
   (C) lack of genetic diversity
   (D) shortages of pure water

9. What does paragraph 4 mainly discuss?
   (A) How agriculture led to urbanization
   (B) What archaeologists dug up in the Middle East
   (C) Ways in which early civilization spread
   (D) How agriculture first evolved

10. The word "genetically" in the passage is closest in meaning to
    (A) inherently
    (B) remarkably
    (C) infrequently
    (D) recklessly

11. According to paragraph 5, what is true of agriculture in the Old and New World?

   (A) It involved the same species of plants.
   (B) It arose during the same period.
   (C) It followed the same general progression.
   (D) It allowed people to migrate to new areas.

12. Which of the sentences below best expresses the essential information in the highlighted sentence in the passage?

   Since early tribes seldom resided in one place very long, it took a long time for them to accumulate any kind of expertise in plant cultivation.

   (A) Knowledge of agriculture developed slowly because early peoples did not live in fixed settlements.
   (B) By observing plants in many different places, early peoples were able to cultivate an expert understanding of cultivation.
   (C) Because it takes a long time to cultivate plants, early peoples patiently came to an understanding of agriculture.
   (D) Early tribes had no means by which they could accumulate understanding of plant cultivation.

13. Look at the four squares [■] that indicate where the following sentence could be added to the passage.

   It then resulted in the rise of villages from these new settlements, with division of labor among residents.

   Where would the sentence best fit?

14. **Directions:** An introductory sentence for a brief summary of the passage is provided below. Complete the summary by selecting the THREE answer choices that express the most important ideas in the passage. Some sentences do not belong in the summary because they express ideas that are not presented in the passage or are minor ideas in the passage. **This question is worth 2 points.**

The invention of agriculture had an enormous influence on how humans lived.

-
-
-

Answer Choices

(A) It is likely that the first plants were cultivated about 10,000 to 12,000 years ago, and knowledge of agriculture grew slowly over a long period of time.

(B) The earliest wild grains were resistant to insects and needed little water.

(C) The industrial revolution brought new technology to agriculture and made it more productive.

(D) After agriculture became more specialized, such as through the use of irrigation, crop productivity increased and could provide support for cities.

(E) The first agriculture occurred on the banks of the Tigris, Euphrates, and Nile rivers.

(F) The rise of agriculture resulted in the birth of abstract reasoning, and eventually, civilization.

第I部　各セクション攻略法

リーディング問題　1　解答と解説

■正解

1. (B)　2. (A)　3. (C)　4. (C)　5. (B)　6. (A)　7. (C)　8. (B)　9. (D)　10. (A)　11. (C)
12. (A)　13. (C)　14. (A)(D)(F)

　リーディング問題1は「農業の起源」というタイトルのパッセージ。農業の起源を高校の世界史で学んだ人は、その内容を思い起こしてみるといい。ただし、内容がむずかしそうだと感じるならば、すでに述べたとおり、読まずに問題に取りかかること。くれぐれも、むりしてすべての段落を読んで、問題の最後までたどりつかないということがないようにしてほしい。あくまで正解を出すことが求められているのであって、残念ながら、じっくり記事を読んで楽しむ時間はないかもしれない。

1　Prior to ⁽¹⁾the Industrial Revolution, the greatest change in living conditions for humans came with the invention of agriculture. The discovery that seeds could be planted, and nuts, fruits, vegetables, and grains cultivated, ⁽²⁾led to massive changes in human societies, ⁽³⁾similar to the rise of manufacturing. ⁽⁴⁾It reduced death and suffering caused by starvation. It led to a new view of territory as property to be divided into plots and parcels **allocated to** families or clans and administered by a central authority. It largely ⁽⁵⁾allowed the elderly and disabled, ⁽⁶⁾who would otherwise be abandoned, to live within an extended family group as dependents, for even they could engage in light labor and be allotted surplus food.

　第1段落から見ていこう。
　(1) the Industrial Revolutionは産業革命のこと。イギリスに端を発するこの機械化への動きは、社会・経済に大変革をもたらした。Prior to the Industrial Revolution, the greatest change in living conditions for humans came with the invention of agriculture. とあることから、著者は、産業革命以前、人類にもっとも大きな変化をもたらしたのは農業と考えていることが理解できるだろう。
　次の文はthe discoveryが主語で、動詞は(2) led toだ。このA lead to B. の構文をしっかりとらえよう。lead to = causeと考えていいから、「Aが原因で、Bが起こる」とい

う因果関係が示されている。この場合、「the discovery により、massive changes が起こった」と考えればよい。

(3) similar to the rise of manufacturing の similar to ...（…に似て、…に類似して）は、何かと比較する表現だ。このような表現が出てきた時は、注意しないといけない。

ここで問1の問題文を見てほしい。In paragraph 1, the author compares the invention of agriculture to（第1段落で著者が農業の発明と比較しているのはどれですか？）と、動詞 compare（比べる）が使われている。(3) で「農業による大きな人間社会の変化は、manufacturing（マニュファクチュア［工場制手工業］）が起こった時と同様だ」と言っているので、manufacturing が農業と結びつけられているとわかる。よって、**問1は(B)が正解**。

問2の問題文を見てみよう。What does paragraph 1 imply about pre-agricultural societies?（第1段落では、農業が起こる以前の社会について、どんなことが暗示されていますか？）と、動詞 imply（暗示する）を使ってたずねている。(4) It reduced death and suffering caused by starvation. の1文は、何を暗示している（imply）のか？ それは、「農業の出現以前は、餓死や飢えの苦しみがあった」ということだ。よって、**問2は(A)が正解**。death and suffering caused by starvation を harsh living conditions（過酷な生活環境）で言い換えている。harsh の意味を知らないと正解を導けないが、TOEFL に必要な最低限の語彙力と考えよう。

(5) allow のあとにはよく to が来て、「人が…するのを可能にする」という意味の構文を作る。ここでも、allowed のあとに少し離れているが to があるかもしれないと考えて、構文を迅速かつ正確にとらえるようにしてほしい。

(6) who would otherwise be abandoned の部分は問われていないが、otherwise の意味も確認しておこう。「そうでなければ」という意味で、「そうでなければ見捨てられる人」というのは、「本当なら見捨てられるような人」くらいにとらえればよい。

問5で allocated to（…に割り当てられる）の同義語が問われているが、**正解は(B)の distributed to**。

2　**A** (7)In addition, agriculture led to abstract thought in the form of weeks, months, and seasons which were needed to calculate the predictable intervals (8)at which to plant and harvest crops in a growing season.(a) **B** It made possible migrations, for pioneers could carry seeds into new frontiers, and settle together near their fields. **C** **[It then resulted in the rise of villages from these new settlements, with division of labor among** residents.] Ultimately, it launched civilizations,[(b)] such as in Mesopotamia and Egypt, which then enlarged their domains in [(9)]one of three ways: through annexation of tracts of adjoining land, through battles with neighboring tribes and kingdoms, and through treaties with nearby city-states. **D** Finally, one could [(10)]argue that agriculture led to the industrial revolution itself, since the earliest machines were mills for grinding grain and processing agricultural products.

　第2段落のはじまりの (7) In addition を見たら、「何に加えてなのか？」を考えてほしい。In addition を見た瞬間、第1段落の「農業が人々の生活を楽にした」という主旨を念頭に置こう。これが瞬間的にできれば、第2段落に関連した問題にすばやく答えることができる。このように、解答時間をつねに短縮しようとする努力が、リーディング問題を攻略する上で大切だ。ここでは、In addition 以降の部分に、「農作物の成長期に、種を植えてから収穫するまでにかかると予測される期間を算出する必要があったことから、週、月、季節といった抽象的な概念が生まれた」とあるから、**問3の正解は(C)**の「暦という概念」。

　(8) at which の at が理解できるだろうか？　これは which の先行詞（the predictable) intervals と結びつく at で、which 以下がなければ、at the predictable intervals となる。問題を解く際には重要でないが、日頃からこういった関係代名詞と先行詞の関係に注意しておけば、最終的にはスコアの向上につながる。

　(9) one of three ways (次の3つの方法のうちの1つ) で領土を広げた、とある。この時点で、問題が予測できる。3つあるのだから、1つ不正解を加えた、いわゆるNOT問題（選択肢の中から1つだけ違うものを選ぶ問題）があるはずだ、と。そう予測できるくらい TOEFL の問題に慣れてほしい。問4がまさしくそれであるが、こうした問題のつねで、3つの選択肢は基本的にすべて言い換えられているので注意しなければならない。TOEFL では、言い換え表現にすばやく対応できないと、解答時間をどんどん取られてしまう。そして時間をかけたにもかかわらず、違う選択肢を選んでしまうという最悪の結果にもなりかねない。普段から、ある表現を別の表現に言い換える訓練を重ねておこう。**問4の正解はもちろん(C)**。

　(10) argue that ... は「…ではないかと主張する」という意味で、ここでは「農業があったからこそ、産業革命が起きたのではないかともいえる」という意味になる。この言い方にも注意。

| 1. Reading Section 攻略法 | 2. Listening Section 攻略法 | 3. Speaking Section 攻略法 | 4. Writing Section 攻略法 |

　ここで問 13 も解いてみよう。挿入する文は It then resulted in the rise of villages from these new settlements, with division of labor among residents. で、注目すべきは、these new settlements だ。「こうした新たな土地への定住により、村ができた」と言っている。この these のような指示語には注意する必要がある。この these new settlements はその前の文の内容を指している。よって、**問 13 は (C) が正解**。

3　No one knows exactly [11]when the first crops were planted, but archaeologists believe it to be between 10,000 and 12,000 years ago.[c] Probably, early peoples gained a **rudimentary** understanding of agriculture from noticing that the wild grass seeds that they sometimes ate—the first grains— [12]tended to sprout in the places where they fell to the ground. Since [13]early tribes seldom resided in one place very long, it took a long time for them to accumulate any kind of expertise in plant cultivation.[d]

　第 2 段落では、「農業が産業革命を引き起こした」という結論が述べられていた。第 3 段落の第 1 文に注目しよう。(11) when the first crops were planted, つまり「最初に作物が植えられた時→農業のはじまり」が話題になっている。第 3 段落では、さらに農業について深く論じようとしているようだ。
　(12) tended to sprout の tended は動詞だが、直前にダッシュがあるので、主語はもっと前にあるはずである。このように主語と動詞が離れている場合、動詞の主語を必ず確認しよう。速読では「戻り読み」はよくないといわれることがあるが、それに忠実であろうとするあまり、文意がつかめないようではいけない。TOEFL では、短時間で十分に文意をつかむことが重要であり、必要な「戻り読み」は奨励されるべきだ。ここでは、the wild grass seeds が主語となる。
　(13) early tribes seldom resided in one place very long は何を意味しているか？ seldom resided in one place は「定住しなかった」ということだから、hunter-gatherer (狩猟採集生活者) だったことをほのめかしている。この (13) と次の部分から、**問 12 は (A) が正解**だとわかる。
　問 6 で rudimentary (基本の、初歩の) の同義語が問われているが、文脈から考えて**正解は (A)** の elementary (基本の) である。rudimentary も TOEFL で高得点を取るには必須語彙だ。

4 Gradually, (14)however, they observed that plants needed water to grow, especially to withstand the scorching summer months.(e) They began to scatter seeds near springs and on the ground near waterways, such as the flood plains of the Tigris, Euphrates, and Nile rivers, and their tributaries. Fortunately, the earliest grains were resistant to pests, presumably (15)since they were exposed to them in the wild. Therefore, in the temperate climates of the Middle East the first permanent settlements sprang up as early peoples learned to grow not only grains but also vegetables, and to tend them carefully so that they would ripen without rotting. (16)It was when they started to dig small channels to bring water to irrigate their crops that agriculture began to thrive, and large cities could form.(f)

(14) however は、文中に挿入されることが多いが、基本的にその前の文や段落を否定する形で使われる。ここではそのあとに、「特に暑さの厳しい夏の時期を乗りきるためには、水が必要であることを知った」とある。そして第4段落の最後の文 (16) を見れば、agriculture began to thrive (農業が発展しはじめた) とある。要するにこの段落では、「農業の進展」を具体的に語っていると思われる。段落の最初と最後の文だけを見て、段落を要約するのは、TOEFL のリーディング問題を解く1つのテクニックで、全体をすばやく理解する上で有効だ。

ただし、そのような読み方だけでは、(15) since they were exposed to them in the wild を理解するのはむずかしい。まず、代名詞の they と them を確認しよう。この文の前半は the earliest grains were resistant to pests で、they と them はこの部分にそのまま対応している。つまり、they は the earliest grains (初期の穀物) を、them は pests (害虫) を指す。よって、**問7は (C) が正解**。

最後の文 (16) は、It was (when ...) that ～ の強調構文である。水を引き入れる (irrigate) ことができるようになってはじめて農業が発展しはじめた、と言っているので、農業発展の鍵は水だったことがわかる。第1文にあるように、scorching summer (厳しい夏) にも耐えなければならなかったのだ。そういう厳しい環境の中で幸運だったのは、作物が害虫に強い種だったということである。このように理解すれば、**問8は (B) が正解**で、**問9の第4段落の要約問題は (D) が正解**であるとわかる。

| 1. Reading Section 攻略法 | 2. Listening Section 攻略法 | 3. Speaking Section 攻略法 | 4. Writing Section 攻略法 |

⑤ One of the interesting natural experiments connected with the emergence of agriculture is that [(17)]it appeared on different continents in the Old and New World at somewhat different times but largely followed the same course. During the rise of agriculture, there is no evidence that there was any direct contact between the peoples of North America and the peoples of Africa, Europe, the Mideast and the Far East. And the lack of common species of food crops between the New World and the Old World is evidence to [(18)]suggest there was none. Yet the evolution of agriculture proceeded along almost identical lines in all of these regions, suggesting [(19)]its independent origination and adaptation among diverse peoples on opposite sides of the Atlantic and Pacific oceans. [(20)]This suggests that all human populations are **genetically** disposed to carefully observe their natural environment and to use their intelligence to adapt it to their own ends.

　では、最後の第5段落を確認しよう。
　(17) の部分で「農業は旧世界と新世界の異なる大陸でいくらか異なる時期に起こったにもかかわらず、ほぼ同じ過程をたどって発達した」と言いながら（ここで**問11の正解は (C) とわかる**)、「それはなぜか？」と問題を提起している。そしてこのあと、それに対する答えが得られるだろうと予測できる。
　(18) suggest there was none の none は何のことだろうか？　none = no ＋名詞であるから、この名詞は既出である。そうでなければ名詞を省略することはできない。英語では、「省略されているものは、それよりも前にある」というルールを意識しておかないとならない。ここでは、evidence to suggest there was none とよく似た部分が前にある。no evidence that there was any direct contact だ。この any direct contact の繰り返しを避けるために、none（＝ no direct contact）が使われている。
　そして、(17) で提起された問題に対する答えが、(20) の This suggests that で始まる文だ。文頭の This が何を指しているかといえば、直前の (19) its dependent origination ... and Pacific oceans（大西洋と太平洋の反対側に暮らす多様な人々の間で、それぞれ独自に農業が起こり、適応されていった）で、そのことから「人間はみな遺伝的に、周囲の自然環境を注意深く観察し、知能を使って目的に応じて適応させるようにできている」

と結論づけられている。

(20) にある genetically は、この場合は「遺伝子的に」。よって、**問 10 は (A) inherently（先天的に）が正解**。

最後に、**問 14** のパッセージの要約問題を確認しよう。その要約の最初の 1 文が示されるので、まずはそれをしっかり読まないといけない。

The invention of agriculture had an enormous influence on how humans lived.（農業の発明は人間の生き方に大きな影響を与えた）

(A) は第 3 段落の (c) と (d) で述べられているので、**正解**。

(B) の初期の野生の穀物が「害虫に対して抵抗力がある」は細かい点であり、そして「水をほとんど必要としなかった」（needed little water）とはどこにも書かれていない。そうではなく、第 4 段落の (e) にあるように、「水が必要である」と示されている。

(C) はパッセージで述べられていない。

(D) は第 4 段落の (f) で述べられているので、**正解**。

(E) は要旨に関連することではない。

(F) は第 2 段落の (a) と (b) で述べられているので、**正解**。

リーディング問題　1　訳と注

農業の起源

1　産業革命が起こる以前に人類の生活環境をもっとも大きく変えたものは農業の発明だった。種を植え、木の実、果実、野菜、穀物を栽培することができるという発見は、マニュファクチュア（工場制手工業）の始まりに匹敵するほどの大きな変化を人間社会にもたらした。農業によって、餓死者や飢えに苦しむ人が減少した。農業は所有物としての領地という新たな考え方を生み、区画された土地が一家や一族に割り当てられ、中央権力が管理するものとなった。本当なら見捨てられるような老人や障がい者の大半が扶養家族として大家族の中で生活できるようになった。彼らも軽い労働であれば従事でき、余分な食料を与えてもらえるようになったからだ。

2　**A** また、農作物の成長期に、種を植えてから収穫するまでにかかると予測される期間を算出する必要があったことから、週、月、季節といった抽象的な概念が生まれた。**B** 農業は移住も可能にした。先人たちは新たな未開拓地に種を持っていき、耕作地の近くに定住できるようになったのだ。**C** [こうした新たな土地への定住により、村ができ、村人同士で仕事を役割分担するようになった。] やがて、メソポタミアやエジプトなどで文明が起こり、そして隣接地域の併合、近隣の部族や王国との戦争、あるいは近隣の都市国家との協定という 3 つの方法のいずれかによって領地を広げていった。**D** さらに、最初期の機械が穀物をひいたり、農作物を加工したりするための製粉機であったことから、農業が産業革命そのものを引き起こしたともいえる。

| 1. Reading Section 攻略法 | 2. Listening Section 攻略法 | 3. Speaking Section 攻略法 | 4. Writing Section 攻略法 |

3　最初に作物が植えられた正確な時期は誰にもわからないが、考古学者たちは 1 万年から 1 万 2000 年前と考えている。おそらく先人たちは、ときどき食べていた野草の種（最初の穀物）が地面に落ちると、その場所から芽を出すことが多いと気づき、農業の基本的な理解を得たのだろう。昔の部族は一か所に長く定住することがなかったため、作物の栽培についてのあらゆる専門知識を積み重ねるまでに長い時間がかかった。

4　しかし、やがて作物が育つには、特に暑さの厳しい夏の時期を乗りきるためには、水が必要であることを知った。そこで、泉の近くや、チグリス川、ユーフラテス川、ナイル川およびその支流の氾濫原など河川付近の土地に種を撒くようになった。幸い、初期の穀物は害虫に対する抵抗力が強かった。おそらく野生でそれらにさらされていたためだろう。こうして、温暖な気候の中東地域で、穀物だけでなく野菜も栽培すること、熟すまで腐らせないように注意しながら育てることを先人たちが学ぶにつれて、定住地も現われてきた。浅い水路を掘り、作物にやる水を引き入れるようになると、農業は発展し、大都市が形成されるようになった。

5　農業の誕生に関連する興味深い自然実験の 1 つは、農業は旧世界と新世界の異なる大陸でいくらか異なる時期に起こったにもかかわらず、ほぼ同じ過程をたどって発達したということである。農業の黎明期に、北アメリカの人々と、アフリカ、ヨーロッパ、中東および極東の人々の間に直接的な交流があったという証拠はない。新世界と旧世界に共通する食用作物がないことも、直接的な交流がなかったことを示す証拠だ。しかし農業の進化はこれらすべての地域でほぼ同一の道をたどっている。つまり農業は大西洋と太平洋の反対側に暮らす多様な人々の間で、それぞれ独自に起こり、適応されていったと考えられる。このことから、人間はみな遺伝的に、周囲の自然環境を注意深く観察し、知能を使って目的に応じて適応させる性質があるといえるかもしれない。

<注>

1 □ origin　起源、始まり　□ agriculture　農業　□ prior to ...　... より前に、... より先に　□ the Industrial Revolution　産業革命　□ invention　発明　□ discovery　発見　□ grain　穀物、穀類　□ cultivate　耕す、栽培する　□ massive　大きい、かなりの　□ manufacturing　製造（業）　□ suffering　苦しみ　□ starvation　飢餓、餓死　□ territory　領土、領地　□ property　財産、所有物　□ plot　小区画　□ parcel　一区画　□ allocate　割り当てる　□ clan　氏族、一族　□ administer　管理する、(国などを) 治める　□ authority　権力、権威　□ elderly　年配の人、高齢者　□ otherwise　もしそうでなかったら　□ abandon　捨てる、見捨てる　□ extended family　拡大家族（親子だけでなく近親も同居する家族）　□ dependent　扶養家族　□ engage in ...　... に従事する、携わる　□ allot　割り当てる　□ surplus　余分な、過剰の

2 □ abstract　抽象的な　□ calculate　計算する　□ predictable　予測できる　□ interval　間隔　□ harvest　収穫する　□ crop　農作物、収穫物　□ growing season　(植物・農作物の) 成長期　□ migration　移住　□ pioneer　開拓者、先駆者　□ frontier　辺境 (開拓地と未開拓地の境界地域)　□ settle　定住する　□ settlement　定住　□ division　分割、分配　□ resident　居住者　□ ultimately　最終的に、ついに　□ launch　始める、起こす　□ civilization　文明　□ enlarge　大きくする、拡張する　□ domain　領地、領土　□ annexation　併合　□ tract　土地、地域　□ adjoining　隣接する　□ neighboring　近隣の、隣接した　□ tribe　部族、種族　□ treaty　条約、協定　□ city-state　都市国家　□ mill　製粉機　□ grind　(穀物などを) ひいて粉にする

3 □ archaeologist　考古学者　□ rudimentary　基本の、初歩の　□ sprout　芽を出す　□ reside　住む　□ accumulate　ためる、蓄積する　□ expertise　専門的技術 (知識)　□ cultivation　耕作、栽培

4 □ gradually　次第に、徐々に　□ observe　観察する　□ withstand　... によく耐える　□ scorching　焼けつくような、ひどく暑い　□ scatter　ばらまく、まき散らす　□ waterway　水路 (川、運河など)　□ flood plain　氾濫原 (洪水時に水で覆われる平地)　□ tributary　(川の) 支流　□ fortunately　幸いにも、運よく　□ resistant　抵抗力のある、... に耐える　□ pest　有害生物、害虫　□ presumably　たぶん　□ expose　... にさらす　□ temperate　温暖な　□ climate　気候　□ permanent　永続する、永久的な　□ tend　(植物などの) 手入れをする　□ ripen　熟す、実る　□ rot　腐る　□ dig　掘る　□ channel　水路　□ irrigate　水を注ぐ、灌漑する　□ thrive　育つ、成長する

5 □ emergence 出現、発生　□ the Old World 旧世界（アジア、ヨーロッパ、アフリカ）　□ the New World 新世界（南北アメリカ大陸）　□ evolution 進化、発展　□ proceed 進行する　□ identical まったく同じ、同一の　□ region 地方、地域　□ independent 独立した、独自の　□ adaptation 適合、適応　□ genetically 遺伝子的に　□ be disposed to ... ...する傾向がある　□ intelligence 知性、知能　□ adapt 適応させる、順応させる

1.　正解　(B)

第1段落で著者が農業の発明と比較しているのはどれですか？
(A) 火の発見
(B) 大量生産の活用
(C) 文明の誕生
(D) 都市の形成
□ mass production 大量生産

2.　正解　(A)

第1段落では、農業が起こる以前の社会について、どんなことが暗示されていますか？
(A) 過酷な生活環境だった。
(B) 共有財産に基礎を置いていた。
(C) おおむね民主主義的だった。
(D) 最初の機械を発明した。
□ pre- ...以前の　□ harsh 厳しい、過酷な

3.　正解　(C)

第2段落で述べられている知識の発達とは何ですか？
(A) 個人財産という概念
(B) 自由貿易という概念
(C) 暦という概念
(D) 自治の原理
□ intellectual 知的な、知力の

4.　正解　(C)

次の領土拡大の手段のうち、第2段落で述べられていないのはどれですか？
(A) 所有権の主張
(B) 戦争
(C) 直接購入
(D) 正式な合意

5.　正解　(B)

パッセージ中の"allocated to"（〜に割り当てられる）という語句にもっとも意味が近いものはどれですか？
(A) confined within（〜の中に閉じ込められる）

| 1. Reading Section 攻略法 | 2．Listening Section 攻略法 | 3．Speaking Section 攻略法 | 4．Writing Section 攻略法 |

(B) distributed to（～に割り当てられる）
(C) absorbed from（～から吸収される）
(D) withheld by（～に引き止められる）

6．正解　(A)
パッセージ中の"rudimentary"（基本の）という語にもっとも意味が近いものはどれですか？
(A) elementary（基本の）
(B) spacious（広々とした）
(C) hostile（敵意のある）
(D) comprehensive（包括的な）

7．正解　(C)
パッセージ中の"them"（それら）が指しているものはどれですか？
(A) 支流
(B) 初期の穀物
(C) 害虫
(D) 温暖な気候

8．正解　(B)
第4段落で暗示されている作物の栽培にとっての最大の困難の1つはどれですか？
(A) 害虫
(B) 夏の暑さ
(C) 遺伝的な多様性の欠如
(D) きれいな水の不足

9．正解　(D)
第4段落は主に何について論じていますか？
(A) 農業がいかに都市化につながったか
(B) 考古学者が中東で何を掘り出したか
(C) 初期の文明の広まり方
(D) 農業が最初にどのようにして発展したか

10．正解　(A)
パッセージ中の"genetically"（遺伝子的に）という語にもっとも意味が近いものはどれですか？
(A) inherently（先天的に）
(B) remarkably（著しく）
(C) infrequently（まれに）
(D) recklessly（無謀に）

11. 正解 （C）
第5段落によると、旧世界と新世界の農業について正しいものはどれですか？
(A) 同じ種の植物がみられる。
(B) 同じ時期に起こった。
(C) おおむね同じように発達した。
(D) 人々が新しい地域に移住できるようになった。

12. 正解 （A）
次の選択肢のうち、パッセージ中でハイライトされた文の要点をもっとも正確に表わしているものはどれですか？

昔の部族は一か所に長く定住することがなかったため、作物の栽培についてのあらゆる専門知識を積み重ねるまでに長い時間がかかった。

(A) 先人たちは決まった場所に定住しなかったため、農業の知識はゆっくり発達した。
(B) 多くの異なる場所で植物を観察することで、先人たちは栽培についての専門的な知識を深めることができた。
(C) 植物の栽培には時間がかかるため、先人たちは辛抱強く農業を理解していった。
(D) 初期の部族には植物の栽培に関する知識を蓄積する手段がなかった。
□ fixed　定着した、決まった　□ expert　専門的な　□ patiently　忍耐強く、根気よく

13. 正解 （C）
パッセージ中の4つの四角［■］のいずれかに次の文が入ります。

新たな土地への定住が進んだ結果、村ができ、村人同士が仕事を役割分担するようになった。

この文を挿入するのにいちばん適した箇所はどこですか？

14. 正解 （A）(D)(F)
ディレクション：以下に、パッセージの要約の最初の文が示されています。ここで述べられているもっとも重要な考えを表わす選択肢を3つ選び、要約を完成させてください。いくつかの選択肢の内容は、パッセージ中で述べられていないか、もしくは、パッセージ中では重要でないため、要約には含まれません。本設問の配点は2点です。

農業の発明は人間の生き方に大きな影響を与えた。
-
-
-

1. Reading Section 攻略法　　2．Listening Section 攻略法　　3．Speaking Section 攻略法　　4．Writing Section 攻略法

選択肢

(A) 最初に植物が栽培されたのはおそらく1万年から1万2千年前のことで、農業についての知識は長い時間をかけてゆっくり発達した。
(B) 初期の野生の穀物は害虫に対する抵抗力が強く、水をほとんど必要としなかった。
(C) 産業革命によって農業に新たな技術がもたらされ、生産性が上がった。
(D) 灌漑の利用などによって農業の専門性が高まると、作物の生産性が上がり、都市の形成を助長した。
(E) 最初の農業はチグリス川、ユーフラテス川、ナイル川の川岸で起こった。
(F) 農業が起こったことにより、抽象的な理論が生まれ、やがて文明が誕生した。

□ introductory　導入となる　□ enormous　非常に大きい、巨大な　□ productive　生産的な　□ specialized　専門化した　□ eventually　結局、ついに

JOHN D. ROCKEFELLER

[1] When one thinks about the person most responsible for the transformation of the American economy in the last half of the 19th century, the name that routinely springs to mind is John D. Rockefeller. Utilizing his intelligence and working hard to take advantage of fortunate economic circumstances, Rockefeller was able to forge the largest business enterprise of his time: the Standard Oil Company. Although the organizational structure of the company is vastly different today than it was in the 19th century, the legacy of John D. Rockefeller lives on even today.

[2] Rockefeller started his first business enterprise in 1859, six years after arriving in his adopted hometown of Cleveland, Ohio. With the production of oil expanding in the adjacent state of Pennsylvania, Rockefeller recognized a huge business opportunity. In 1863, he built his first oil refinery* near Cleveland because of its freshwater port on Lake Erie. In only two years it became the largest in the state. After that, Rockefeller concentrated exclusively on the oil business. By 1872, Standard Oil Company of Ohio, the firm he had formally incorporated only two years earlier, controlled virtually every oil refinery in the area. By actively acquiring other oil companies, obtaining pipelines and storage facilities, and negotiating favorable cargo rates from railroads, Standard Oil was able to achieve a near monopoly on the oil business in the entire United States by the beginning of the next decade. Standard Oil was the envy of the business world, not only in the United States, but around the world. Its streamlined operations were the model of efficiency at the end of the 19th century. Indeed, it was the standard by which other corporations measured themselves.

[3] Unfortunately, popular opinion in the United States at that time was turning against large organizations and Rockefeller himself was unjustly criticized for his business practices. ■A Anti-monopoly legislation that prevented a single company from controlling a particular product or segment of the economy was passed by the United States Congress in

1890 in the form of the Sherman Anti-Trust Act. **B** When the Ohio Supreme Court ruled that Standard Oil was officially a monopoly, Rockefeller ingeniously worked within the law to ensure the continuation of the firm he had built. He dissolved Standard Oil as a unified company and dispersed its assets to newly formed companies in other states. **C** One of Rockefeller's nine closest associates was installed as the head of each firm, reporting to Rockefeller. **D** Eventually, the companies were able to re-unite as the Standard Oil Company of New Jersey.

[4] Even though Rockefeller is usually thought of as a shrewd businessperson out to make a profit, he was in fact genuinely concerned about sharing his wealth with others. Throughout his lifetime, he donated more than 500 million dollars to various non-profit organizations. One of these was the University of Chicago, which Rockefeller helped found in 1890, and to which he contributed more than 80 million dollars before he died. The university is famous for its innovative educational programs which have produced many world-class scientists, educators, and business leaders. One example is the establishment in 1892 of the first department of sociology at an American university. The University of Chicago became renowned not only in social science but also in science. Fifty years later, for example, the university was considered the leader in nuclear research. The world's first controlled nuclear reaction was conducted there in 1942, and the isolation and first weighing of the element plutonium took place there the same year. All in all, more than 70 Nobel Prize winners have been associated with the university Rockefeller helped found. Rockefeller also donated funds to many libraries and art museums around the country. His generosity and vision greatly contributed to American educational and cultural life.

*refinery: a facility for processing petroleum products

1. Paragraph 1 implies that John D. Rockefeller
   (A) was very lucky to have been as successful as he was
   (B) had a considerable influence on business in the 19th century
   (C) created the organizational structure most widely used today
   (D) was responsible for many of the 19th century's economic problems

2. According to paragraph 2, what is true of Pennsylvania?
   (A) It is located immediately next to Ohio.
   (B) It was where Rockefeller originally came from.
   (C) It was the location of America's first oil refinery.
   (D) It is one of the largest states in the United States.

3. When did Standard Oil gain full control over the oil business throughout the United States?
   (A) In the late 1850s
   (B) In the early 1860s
   (C) In the late 1870s
   (D) In the early 1880s

4. According to paragraph 3, how did Rockefeller respond to the ruling by the Ohio Supreme Court?
   (A) He decided to challenge the ruling in a higher court.
   (B) He paid money to have the legislation altered.
   (C) He broke up his company into smaller firms.
   (D) He sold off his company's assets to private investors.

5. The word "acquiring" in the passage is closest in meaning to
   (A) quantifying
   (B) purchasing
   (C) blocking
   (D) closing

6. The word "unjustly" in the passage is closest in meaning to
   (A) severely
   (B) convincingly
   (C) unexpectedly
   (D) unfairly

7. The word "innovative" in the passage is closest in meaning to
   (A) inventive
   (B) conservative
   (C) controversial
   (D) affluent

8. In paragraph 4, why does the author describe Rockefeller as "usually thought of as a shrewd businessperson"?
   (A) To support criticism of Rockefeller's character
   (B) To illustrate how famous Rockefeller became
   (C) To contrast Rockefeller's image with his actions
   (D) To explain why Rockefeller behaved as he did

9. All of the following types of organizations are mentioned in paragraph 4 as having benefitted from Rockefeller's assistence EXCEPT
   (A) schools
   (B) hospitals
   (C) libraries
   (D) museums

10. What does paragraph 4 mainly discuss?
    (A) The immense wealth Rockefeller accumulated in his lifetime
    (B) The university Rockefeller attended when he was a student
    (C) A specific example of how Rockefeller shared his wealth
    (D) A prize awarded to Rockefeller for his business innovations

11. How can the author's attitude toward Rockefeller in paragraph 4 best be described?
    (A) Highly critical
    (B) Essentially neutral
    (C) Somewhat supportive
    (D) Extremely positive

12. Which of the sentences below best expresses the essential information in the highlighted sentence in the passage?

    Indeed, it was the standard by which other corporations measured themselves.

    (A) Other companies admired and imitated Standard Oil's business practices.
    (B) Standard Oil used different standards to measure its performance.
    (C) No other company would likely ever be as profitable as Standard Oil.
    (D) The operations of Standard Oil were less efficient than other firms.

13. Look at the four squares [■] that indicate where the following sentence could be added to the passage.

    Ironically written by a senator from Ohio, John Sherman, the clear target of the legislation was the Standard Oil Company.

    Where would the sentence best fit?

14. **Directions:** An introductory sentence for a brief summary of the passage is provided below. Complete the summary by selecting the THREE answer choices that express the most important ideas in the passage. Some sentences do not belong in the summary because they express ideas that are not presented in the passage or are minor ideas

in the passage. **This question is worth 2 points.**

John D. Rockefeller was not only hugely successful in business, he was also deeply concerned with doing good for society.

-
-
-

Answer Choices

(A) Rockefeller chose Cleveland for his first oil refinery because of its location on Lake Erie.

(B) In less than 20 years Rockefeller built his firm into one of the most efficient and respected companies of its time.

(C) Rockefeller's contributions to the preservation of the environment are perhaps his greatest legacy.

(D) Rockefeller's closest associates neglected their responsibilities, so he had to do things himself.

(E) Rockefeller generously donated large amounts of money to benefit many non-profit organizations.

(F) Rockefeller found a clever way of ensuring his company would survive, even when it was ruled an illegal monopoly.

リーディング問題　2　解答と解説

■正解

1. (B)	2. (A)	3. (D)	4. (C)	5. (B)	6. (D)	7. (A)	8. (C)	9. (B)	10. (C)	11. (D)
12. (A)	13. (B)	14. (B)(E)(F)								

　リーディング問題 2 のパッセージは、ジョン・D・ロックフェラー（1839-1937）についてである。Rockefeller Center（ロックフェラーセンター）でもおなじみの人物だが、どんなことが書かれているのだろうか？

1　When one thinks about (1)the person most responsible for the transformation of the American economy in the last half of the 19th century, the name that routinely springs to mind is John D. Rockefeller. (2)Utilizing his intelligence and working hard to take advantage of fortunate economic circumstances, Rockefeller was able to forge the largest business enterprise of his time: the Standard Oil Company. Although the organizational structure of the company is vastly different today than it was in the 19th century, (3)the legacy of John D. Rockefeller lives on even today.

　第 1 段落を見てみよう。
　まず、ロックフェラーは、(1) the person most responsible for the transformation of the American economy in the last half of the 19th century（19 世紀後半のアメリカ経済の変容にもっとも関与した人物）と紹介されている。そして (3) の部分にあるように、ロックフェラーが遺したものは現在も受け継がれているのである。これが第 1 段落のみならず、パッセージ全体の要旨にもなっている。TOEFL のリーディング問題では、最初の段落にパッセージの全体像が提示されることを覚えておこう。そして、それがそのまま問 14 の要約問題として出題されることがよくある。
　第 1 段落のそのほかの重要なポイントとして、(2) の部分でロックフェラーの成功要因が挙げられている。intelligence（知力）、working hard（勤勉）、fortunate economic circumstances（恵まれた経済環境）がそれだ。
　では、問 1 を考えてみよう。(A) は very lucky とあるが、ロックフェラーが成功できた

のは、大変幸運だっただけではない。また、(C) は第1段落からだけでは断定できない。(D) の内容もここには書かれていない。よって、**正解は (B)**。

2 ⁽⁴⁾<u>Rockefeller started his first business enterprise in 1859</u>, six years after arriving in his adopted hometown of Cleveland, Ohio. ⁽⁵⁾<u>With the production of oil expanding in the adjacent state of Pennsylvania</u>, Rockefeller recognized a huge business opportunity. In 1863, he built his first oil refinery* near Cleveland because of its freshwater port on Lake Erie. In only two years it became the largest in the state. After that, Rockefeller concentrated exclusively on the oil business. ⁽⁶⁾<u>By 1872, Standard Oil Company of Ohio, the firm he had formally incorporated only two years earlier, controlled virtually every oil refinery in the area.</u>⁽ᵃ⁾ By actively ⁽⁷⁾**<u>acquiring</u>** <u>other oil companies</u>, obtaining pipelines and storage facilities, and negotiating favorable cargo rates from railroads, Standard Oil was able to achieve a near monopoly on the oil business in the entire United States ⁽⁸⁾<u>by the beginning of the next decade</u>. Standard Oil was the envy of the business world, not only in the United States, but around the world. Its streamlined operations were the model of efficiency at the end of the 19th century. ⁽⁹⁾<u>Indeed, it was the standard by which other corporations measured themselves.</u>

　第 2 段落は、(4) Rockefeller started his first business enterprise in 1859 と、ロックフェラーがはじめて創業した会社の話から始まっているので、その成功の軌跡が紹介されているのだろうと予測できる。
　(5) With the production of oil expanding ... の with の用法に注意。これは「…して、…しながら」と付帯状況を表わす with だ。文の後半の recognized a huge business opportunity まで読んで、その意味も明らかになる。「石油の生産が隣の州にまで拡大していたので」ということだ。問 2 はペンシルヴェニア州に関する問題なので、この文から判断する。adjacent（隣接した）の意味から**正解は (A)**。adjacent は next to と同じ意味で使われる。
　このパッセージはどうやら年代順に記述されているようだ。そこで、(6) By 1872, ... the firm he had formally incorporated only two years earlier の部分に注意してほしい。had formally incorporated と過去完了が使われている理由がわかるだろうか？　1872

45

年よりさらに2年前の話だからである。また、ago ではなく earlier が用いられていることにも注意。この副詞が過去完了とともに使われると、「それより前に」という意味を表わすことができる。ago は、「今から…前に」（つまり、two years ago は「おととし」のこと）という意味になるので、この文では使えない。

（7）acquiring other oil companies とは、今でいう M&A（mergers and acquisitions［企業の合併・吸収］）のことだ。動詞 acquire は「（財産・物を）手に入れる、取得［購入、買収］する」という意味で、問5は purchase（購入する）の動名詞形 purchasing の (B) が正解。

（8）by the beginning of the next decade は、ここでは1880年代を指している。よって、問3は (D) が正解。問題文の gain full control は、achieve a near monopoly の言い換えである。

（9）の文の it は、2つ前の文にある Standard Oil を指している。by which の which の先行詞は the standard で、その「基準」（つまり、スタンダードオイル社）によって、ほかの企業は自らのことを測ると言っているのだ。indeed（まさに）が使われているのは、Standard Oil Company の社名と、standard をかけているからだろう。ダジャレはともかく、他社が目標にしていたということだから、問12はこの文をそのように言い換えた (A) が正解。

3　Unfortunately, popular opinion in the United States at that time was turning against large organizations and Rockefeller himself (10)was **unjustly** criticized for his business practices. **A** Anti-monopoly legislation that prevented a single company from controlling a particular product or segment of the economy was passed by the United States Congress in 1890 in the form of (11)the Sherman Anti-Trust Act. **B** **[Ironically written by a senator from Ohio, John Sherman, the clear target of the legislation was the Standard Oil Company.]** (12)When the Ohio Supreme Court ruled that Standard Oil was officially a monopoly, Rockefeller ingeniously worked within the law to ensure the continuation of the firm he had built. (b) He dissolved Standard Oil as a unified company and dispersed its assets to newly formed companies in other states. **C** One of Rockefeller's nine closest associates was installed as the head of each firm, reporting to Rockefeller. **D** Eventually, the companies were able to re-unite as the Standard Oil Company of New Jersey.

(10) was unjustly criticized for ... は、「…を不当に批判された」という意味。his business practices は「彼の商慣習」、すなわち「彼のビジネスのやり方」である。**問6** では unjustly の同義語を問われているので、**正解は (D)** の unfairly（不公平に、不当に）を選べばよい。

(11) the Sherman Anti-Trust Act（シャーマン反トラスト法）が、「取引制限に関する契約や経済的独占を禁じた米国連邦法（1890年制定）」とすぐにわかるのが望ましい。これは発案者であるジョン・シャーマン（1823–1900）の名が付けられた法律で、高校の世界史でおそらく学んだのではないだろうか？ ただ、この法律についての理解が不十分であっても、問題は解ける。そして受験者は、こうした「十分な知識がなくても、正解を引き出せる力」を養わなければならない。

(12) の文の ingeniously に注目。ingeniously は「巧妙に、器用に」という意味なので、ここは、「オハイオ州最高裁判所で判決が出されると、ロックフェラーはうまく立ちまわった」という主旨になる。そして、次の文 He dissolved Standard Oil as a unified company and dispersed its assets to newly formed companies in other states.（彼は統合された1つの会社であるスタンダードオイル社を解散して、ほかの州に新たに設立した複数の会社にその資産を分配した）で、具体的にロックフェラーが何をしたか述べている。この文から**問4の正解は (C)** であるとわかる。

ここで**問13**も解いてみよう。挿入する文は、Ironically written by a senator from Ohio, John Sherman, the clear target of the legislation was the Standard Oil Company である。「この法律はジョン・シャーマンによって起草された」ということから、the legislation は当然 the Sherman Anti-Trust Act を指しているはずである。したがって、**(B) が正解**。文の挿入問題では、「written の主語は何か？」「代名詞 it は何を指しているか？」と、1つひとつ読み解いていくことが大切だ。

[4] (13)Even though Rockefeller is usually thought of as a shrewd businessperson out to make a profit, he was in fact genuinely concerned about sharing his wealth with others. Throughout his lifetime, he donated more than 500 million dollars to various non-profit organizations.(c) One of these was (14)the University of Chicago, which Rockefeller helped found in 1890, and to which he contributed more than 80 million dollars before he died. The university is famous for its (15)**innovative** educational programs which have produced many world-class scientists, educators, and business

leaders. (16)One example is the establishment in 1892 of the first department of sociology at an American university. The University of Chicago became renowned not only in social science but also in science. Fifty years later, for example, the university was considered the leader in nuclear research. The world's first controlled nuclear reaction was conducted there in 1942, and the isolation and first weighing of the element plutonium took place there the same year. All in all, more than 70 Nobel Prize winners have been associated with the university Rockefeller helped found. (17)Rockefeller also donated funds to many libraries and art museums around the country. His generosity and vision greatly contributed to American educational and cultural life.

　(13) の文の out to に注目。この形容詞 out は、「…をめざして、…を心がけて」の意味で使われる。be out to ...（…しようと努めて［決意して］いる）の形でよく使われる。例：They are out to publish the best TOEFL book possible.（彼らは限りなく最高の TOEFL 本を出そうとしている）

　そして問 8 は、この文（13）が問題になっている。文の前半では「一般的に金儲けに躍起なやり手の実業家と思われている」と言っているが、その後半には「実際には、自分の富を人に分け与えることを心から望んだ」とある。そして、寄付の具体例が (14) と (17) で挙げられている。以上のことを考えれば、**問 8 の正解は (C)** の To contrast Rockefeller's image with his actions（ロックフェラーのイメージと行動を対比させるため）であるとわかる。さらに、**問 9 は (B) が正解**で、**問 10 は (C) が正解**であるとわかる。そして**問 11 は (D) が正解**だ。とりわけパッセージの最後の文には、著者が Extremely positive（きわめて好意的）にロックフェラーを評価していることが確認できるだろう。

　このように、リーディング問題では、同じ段落に関する複数の問題が、1 つの情報を手がかりにまとめて解けてしまうこともあるので、重要と思われる文や表現を見逃してはならない。

　順番が逆になったが、**問 7 は** (15) innovative（革新的な）の同義語を問う問題で、**正解は (A)** の inventive（独創的な）だ。

　(16) one example とは何の 1 例だろうか？　出題されていなくても、こういった細かい点をつねに明確にしながら読む癖をつけておきたい。これは直前の文にある its innovative educational programs（シカゴ大学の斬新な教育プログラム）の 1 例のことである。

　最後に、**問 14** の要約問題を確認しよう。最初の文は次のように示されている。

| 1. Reading Section 攻略法 | 2. Listening Section 攻略法 | 3. Speaking Section 攻略法 | 4. Writing Section 攻略法 |

John D. Rockefeller was not only hugely successful in business, he was also deeply concerned with doing good for society.（ジョン・D・ロックフェラーは事業で大成功を収めただけでなく、社会のためになることにも尽力した）

(A) は情報としては正しいが、要旨に関連することではない。

(B) は第 2 段落の (a) の文以降で具体的に述べられているので、**正解**。

(C) はパッセージで述べられていない。

(D) は事実ではない。側近たちが責任を放棄したのではなく、第 3 段落で述べられているように、「側近たちを複数の会社のトップに就任させ、ロックフェラーの監督下に置いた」のである。

(E) は第 4 段落の (c) の文以降で具体例を含めて述べられているので、**正解**。

(F) は第 3 段落の (b) の文以降で具体的に述べられているので、**正解**。

リーディング問題 2 訳と注

ジョン・D・ロックフェラー

[1] 19 世紀後半のアメリカ経済の変容にもっとも関与した人物は誰かを考える時、必ず思い浮かぶのがジョン・D・ロックフェラーの名前だ。彼は知力を活かし、恵まれた経済環境を有利に活用することに励んで、当時の最大企業であるスタンダードオイル社を設立した。現在と 19 世紀では会社の組織構造が大きく異なるものの、ジョン・D・ロックフェラーが遺したものは今なお受け継がれている。

[2] ロックフェラーが最初の会社を創業したのは 1859 年、第 2 の故郷であるオハイオ州クリーヴランドに移住してから 6 年後のことだった。石油の生産が隣のペンシルヴェニア州にまで拡大すると、ロックフェラーは大きな商機があることを見てとった。1863 年、淡水湖であるエリー湖岸の港があることからクリーヴランドの近くに最初の製油所*を建設した。この製油所は設立からたった 2 年で州内最大規模になった。その後、ロックフェラーは石油業だけに専念した。1872 年には、わずか 2 年前に正式に法人として設立したスタンダードオイル・オハイオ社が地域全体の製油所を事実上すべて支配下に置いていた。積極的にほかの石油会社を買収し、パイプラインと貯蔵施設を獲得し、鉄道会社と交渉して有利な貨物運賃で輸送することにより、スタンダードオイル社はその後の 10 年間のはじめにはアメリカ全土の石油業をほぼ独占するまでになっていた。スタンダードオイル社はアメリカ国内のみならず、全世界の産業界の羨望の的であった。19 世紀末には、同社の合理的な運営手法が効率のよい事業のモデルとなった。実際、同社はほかの会社が自らの効率性を測る基準になっていた。

[3] あいにく、当時のアメリカ国内の世論は大会社に批判的な風潮に変わりつつあり、ロックフェラー自身もその経営手法について不当な批判を浴びた。**A** 1 つの会社が経済において特定の製品や分野を支配することを防ぐための独占禁止法が、1890 年にシャーマン反トラスト法として連邦議会を通過した。**B** [皮肉なことに、オハイオ州選出の上院議員ジョン・シャーマンが起草したこの法律は、明らか

49

にスタンダードオイル社を標的にしていた。] オハイオ州最高裁判所が、スタンダードオイル社は独占企業であると正式に判決を下すと、ロックフェラーは法に触れない形で自分の設立した会社が存続できるように巧妙に動いた。統合された1つの会社としてのスタンダードオイル社を解散し、ほかの州に新たに設立した複数の会社に資産を分配した。C 9人の側近をそれぞれの会社のトップに就任させ、ロックフェラーの監督下に置いた。D やがて、これらの会社はスタンダードオイル・ニュージャージー社として再統合された。

4 ロックフェラーは一般的に金儲けに躍起なやり手の実業家と思われているが、実際には自分の富を人と分け合うことを心から望んだ人だった。彼はさまざまな非営利団体に生涯で5億ドル以上の寄付をしている。その1つが、1890年にロックフェラーの支援を受けて設立されたシカゴ大学で、彼は亡くなるまでに8千万ドル以上もこの大学に寄付している。この大学は斬新な教育プログラムで知られ、世界的な科学者や教育者や財界人を数多く輩出している。その1例が、1892年にアメリカの大学としては初の社会学部を創設したことである。シカゴ大学は社会科学だけでなく自然科学の分野でも有名になった。たとえば、50年後には原子力研究における先駆の大学として知られるようになった。1942年に世界初の制御核反応が同大学で行なわれ、同年には元素であるプルトニウムの分離と初の計量も実施された。合計70名以上のノーベル賞受賞者がロックフェラーが設立を支援したこの大学の関係者である。また、ロックフェラーは国内の多くの図書館や美術館へも資金を寄付している。彼の気前のよさと先見の明はアメリカの教育および文化生活に大きく貢献した。

＊製油所―石油製品を加工する施設

<注>
1 □ responsible 責任がある　□ transformation 変形、変化　□ routinely 決まって　□ utilize 利用する、活用する　□ intelligence 知性、知能　□ take advantage of ... ...を利用する　□ fortunate 運のよい、幸運な　□ forge 築く　□ enterprise 企業、会社　□ organizational 組織の　□ vastly 非常に　□ legacy 遺産、遺物
2 □ adopted hometown 第2の故郷　□ concentrate 集中する　□ exclusively 排他的に、独占的に　□ formally 正式に　□ incorporate 法人組織にする　□ virtually 事実上、実質的に　□ actively 積極的に　□ acquire 買収する　□ obtain 手に入れる、得る　□ pipeline (石油・ガスなどの) 輸送管、パイプライン　□ storage facilities 貯蔵施設　□ negotiate 交渉する、取り決める　□ favorable 有利な、好都合な　□ cargo rate 貨物運賃　□ monopoly 独占、専売　□ envy 羨望の的　□ streamlined 能率的な、合理化された　□ efficiency 能率、効率　□ corporation 法人、株式会社
3 □ unfortunately 不運にも　□ unjustly 不公平に、不当に　□ criticize 批判する　□ legislation 法律　□ segment 部分　□ ironically 皮肉にも　□ senator 上院議員　□ Supreme Court 最高裁判所　□ officially 公式に、正式に　□ ingeniously 巧妙に　□ ensure 確実にする、保証する　□ continuation 継続　□ dissolve (議会・会社などを) 解散する　□ unified 統一［統合］された　□ disperse 分散する　□ asset 資産　□ associate 同僚　□ install 就任させる　□ report to ... ...の監督下にある、...を上司とする　□ eventually 結局、ついに　□ re-unite 再統合する
4 □ shrewd 洞察力のある、抜け目のない　□ genuinely 心から　□ donate 寄付する　□ non-profit organization 非営利団体　□ innovative 革新的な　□ establishment 設立、創立　□ sociology 社会学　□ renowned 有名な　□ nuclear reaction (原子) 核反応　□ conduct 行なう、実施する　□ isolation 分離、隔離　□ weigh 重さを量る　□ generosity 気前のよさ

1. 正解　(B)
第1段落が暗示しているところによると、ジョン・D・ロックフェラーは
(A) 幸運に恵まれてあのような成功を収めた
(B) 19世紀の産業界に多大な影響を与えた

(C) 現在もっとも広く採用されている組織構造を創った
(D) 19世紀の経済問題の多くに責任がある
□ considerable　かなりの

2.　正解　(A)
第2段落によると、ペンシルヴェニア州について正しいのはどれですか？
(A) オハイオ州のすぐ隣に位置している。
(B) ロックフェラーの生まれ故郷である。
(C) アメリカで最初の製油所が建設された場所である。
(D) アメリカ最大の州の1つである。

3.　正解　(D)
スタンダードオイル社がアメリカ全土の石油産業を支配下に置くようになったのはいつですか？
(A) 1850年代末
(B) 1860年代初頭
(C) 1870年代末
(D) 1880年代初頭

4.　正解　(C)
第3段落によると、オハイオ州最高裁判所の判決を受けてロックフェラーはどのように対処しましたか？
(A) 判決について上級裁判所に上訴することにした。
(B) 法律を改定するためにお金を払った。
(C) 会社を複数の小さな会社に分割した。
(D) 個人投資家に会社の資産を売却した。
□ alter　変える　□ private investor　個人投資家

5.　正解　(B)
パッセージ中の "acquiring"（買収する）という語にもっとも意味が近いものはどれですか？
(A) quantifying（量を決める）
(B) purchasing（買収する）
(C) blocking（封鎖する）
(D) closing（閉鎖する）

6.　正解　(D)
パッセージ中の "unjustly"（不当に）という語にもっとも意味が近いものはどれですか？
(A) severely（厳しく）
(B) convincingly（納得のいくように）
(C) unexpectedly（思いがけなく）

(D) unfairly（不当に）

7. 正解 (A)
パッセージ中の "innovative"（革新的な）という語にもっとも意味が近いものはどれですか？
(A) inventive（独創的な）
(B) conservative（保守的な）
(C) controversial（議論の的になる）
(D) affluent（裕福な）

8. 正解 (C)
第4段落で著者がロックフェラーについて「一般的に金儲けに躍起なやり手の実業家と思われている」と述べているのはなぜですか？
(A) ロックフェラーの人格に対する批判を援護するため
(B) ロックフェラーがどれほど有名人になったかを説明するため
(C) ロックフェラーのイメージと行動を対比させるため
(D) ロックフェラーがなぜそのように行動したのか説明するため
　□ criticism　批評、批判

9. 正解 (B)
第4段落で述べられている、ロックフェラーの支援によって恩恵を受けた機関にあてはまらないものはどれですか？
(A) 学校
(B) 病院
(C) 図書館
(D) 美術館

10. 正解 (C)
第4段落は主に何について論じていますか？
(A) ロックフェラーが生涯で築き上げた莫大な富
(B) ロックフェラーが学生の時に通っていた大学
(C) ロックフェラーが自分の富を分け与えた具体例
(D) 事業の革新によってロックフェラーが受賞した賞
　□ immense　莫大な　□ accumulate　ためる、蓄積する

11. 正解 (D)
第4段落における著者のロックフェラーに対する態度をもっともよく表わしているのはどれですか？
(A) とても批判的
(B) 基本的に中立的
(C) やや擁護的

(D) きわめて好意的

12. 正解 (A)
次の選択肢のうち、パッセージ中でハイライトされた文の要点をもっとも正確に表わしているものはどれですか？

実際、同社はほかの会社が自らの効率性を測る基準になっていた。

(A) ほかの会社はスタンダードオイル社の経営手法を賞賛し、それに倣った。
(B) スタンダードオイル社は自社の業績を測るために異なる基準を用いた。
(C) スタンダードオイル社に比肩するほどの利益をあげられる会社はなさそうだった。
(D) スタンダードオイル社の運営は他社に比べて非効率的だった。
　□ admire　賞賛する　□ imitate　模倣する、まねる　□ efficient　能率［効率］のよい

13. 正解 (B)
パッセージ中の4つの四角［■］のいずれかに次の文が入ります。

皮肉なことに、オハイオ州選出の上院議員ジョン・シャーマンが起草したこの法律は、明らかにスタンダードオイル社を標的にしていた。

この文を挿入するのにいちばん適した箇所はどこですか？

14. 正解 (B)(E)(F)
ディレクション：以下に、パッセージの要約の最初の文が示されています。ここで述べられているもっとも重要な考えを表わす選択肢を3つ選び、要約を完成させてください。いくつかの選択肢の内容は、パッセージ中で述べられていないか、もしくは、パッセージ中では重要でないため、要約には含まれません。本設問の配点は2点です。

ジョン・D・ロックフェラーは事業で大成功を収めただけでなく、社会のためになることにも尽力した。
-
-
-

選択肢
(A) 彼がクリーヴランドを最初の製油所の建設地に選んだ理由は、クリーヴランドがエリー湖岸に位置しているからである。
(B) 彼は20年足らずで自分の会社を当時でもっとも生産効率がよく評価の高い会社の1つにした。
(C) 彼が遺した最大の功績はおそらく環境保護への貢献である。
(D) 側近たちが責任を放棄したため、彼は自分でものごとを進めなければならなかった。
(E) 多くの非営利団体を支援するため、彼は気前よく高額の寄付をした。
(F) 違法な独占会社であるという判決が下った時でも、会社が生き残れるように賢明な方法を見つけた。

ELEMENTS OF LITERATURE

1　In the broadest sense, the term "literature" refers to two categories of writing: fiction and nonfiction. The word "fiction" comes from the Latin word *fictio* for "fabricate" and "feign"; it is also sometimes called "imaginative literature" because it encompasses poems, plays, and novels, among other writings, which the author invents or imagines. On the other hand, nonfiction refers to writing that is assumed to be true, to describe the world, and to record actual events. Biographies, autobiographies, diaries, and essays are the principal types of nonfiction literature, but great works of philosophy or religion, such as the Bible or the Bhagavad Gita, are also literary and nonfiction.

2　Almost all literary fiction—and a few types of literary nonfiction such as biography and autobiography—includes five elements: setting, character, plot, theme, and style. Each may be more or less complex depending upon the scope and the skill of the poet, playwright, biographer, or novelist.

3　To begin, all works of literature are grounded in setting: the time and the place where they occur. It may be the remote past or the distant future, an imaginary planet or a particular hometown. The setting is the place where the action occurs and the time when the story or poem unfolds.

4　Writers sometimes claim that they are only interested in ideas (such as freedom or love) or only in language (the beauty of the meter and rhyme in verse), but a piece of literature invariably includes character. In a lyric poem, the character may be the speaker of the poem (the voice one imagines saying or conveying the poem); in a dramatic work, such as a comedy or a tragedy, there may be many different characters vying with each other. The characters are the actors in a poem, play, or novel—they may be human, they may be animals, or they may be any kind of creature or object as long as they have a voice. **A** In novels, biographies, and autobiographies, the characters move the action forward. **B** They speak, they perform actions, they think thoughts, they come into conflict and resolve conflict. They have individual thoughts, appearances, manners of speech, and grounds for what they do. **C** These particular reasons are called motivation. **D**

5 Motivation is one of the deeper elements of literature. Just as in real life in which we have a hard time knowing why people perform the actions they do, or sometimes why we ourselves do the things we do, the motives for why characters in literature act are often murky and hard to discern. As in real life, they must be inferred from their words, thoughts, and actions. Usually, in a work of literature, a character's actions follow from his or her motives. This distinguishes characters from each other and makes them unique. It's also why you can't take a protagonist or antagonist from one novel or play and just insert him or her into another. They belong where they belong. Hemingway's fictional character Nick Adams doesn't fit into a play by Shakespeare or a novel by William Faulkner.

6 In the best works of literature, character and motivation tend to drive the next element of literature: "plot." Plot simply means the actions and events that make up the story: what happens to whom and when. In narrative fiction, a plot begins with the introduction of tension in the form of a problem or conflict. In the story, the characters attempt to overcome the conflict, which leads to suspense, or rising action. Just before the ending of the story, the conflict peaks and some resolution occurs. The story and plot then come to an end. Plot is what makes a story exciting and what keeps us reading.

7 The two other important elements of literary fiction are theme and style. Theme refers to the deeper message of the work—what it tells us about life, about society, and about human beings. Style refers to the way that the author uses words to create the work—the kinds of words, the types of sentences, the literary devices such as metaphor and simile, and other aspects of language.

1. What is the main purpose of paragraph 1?
   (A) To define the word "fiction"
   (B) To contrast two kinds of literature
   (C) To explain the intention of literature
   (D) To outline similarities between fiction and nonfiction

2. The word "encompasses" in the passage is closest in meaning to
   (A) prohibits
   (B) fabricates
   (C) connotes
   (D) includes

3. In paragraph 1 what does the author imply about sacred texts?
   (A) They may be regarded as literature.
   (B) They are the earliest literary works.
   (C) They are the most widely read nonfiction.
   (D) They are a type of fiction.

4. Which of the following type of writer is NOT referred to in paragraph 2?
   (A) A dramatist
   (B) A journalist
   (C) A writer of novels
   (D) An author of biographies

5. The word "scope" in the passage is closest in meaning to
   (A) experience
   (B) range
   (C) attitude
   (D) reputation

6. The word "vying" in the passage is closest in meaning to
   (A) conversing

(B) competing
(C) contrasting
(D) compelling

7. The word "they" in the passage refers to
   (A) people
   (B) things
   (C) characters
   (D) motives

8. According to paragraph 5, what is true about characters in literature?
   (A) They sometimes have a life beyond the work.
   (B) They often reflect people the writer knows.
   (C) They express the values of a particular culture.
   (D) They are distinct to the works they appear in.

9. In paragraph 6, what does the author say about plot?
   (A) It stimulates people to continue reading a story.
   (B) It begins in the middle of a narrative.
   (C) It is more essential than character and motive.
   (D) It is mainly found in popular fiction.

10. Why does the author mention "metaphor" in the passage?
    (A) To suggest an element of theme
    (B) To illustrate an aspect of style
    (C) To demonstrate how deeper messages are conveyed
    (D) To show the connection between theme and style

11. Which of the sentences below best expresses the essential information in the highlighted sentence in the passage?

Just before the ending of the story, the conflict peaks and some resolution occurs.

   (A) Toward the close of a story, a climax occurs and the tension is somewhat resolved.
   (B) When a story ends, the resolution requires conflict to come to a peak.
   (C) Conflict can be best seen in how a story solves its tension.
   (D) For a resolution to occur, the conflict of a story must end.

12. Look at the four squares [■] that indicate where the following sentence could be added to the passage.

    In other words, they act for particular reasons.

    Where would the sentence best fit?

13. **Directions:** Complete the table below by matching six of the nine answer choices with the literary element they are associated with. **This question is worth 3 points.**

    Categories

Character	Motivation	Plot

    (A) The events in a story
    (B) Included in all literature
    (C) Closely related to the language of a work
    (D) Difficult to perceive in life and literature
    (E) Usually involves suspense
    (F) More often found in poetry
    (G) Involves voice
    (H) Occurs only in nonfiction
    (I) Explains actions

ELEMENTS OF LITERATURE

■正解

1. (B)　2. (D)　3. (A)　4. (B)　5. (B)　6. (B)　7. (D)　8. (D)　9. (A)　10. (B)　11. (A)
12. (C)　13. Character (B)(G), Motivation (D)(I), Plot (A)(E)

　リーディング問題3では、「文学の要素」というタイトルのパッセージを読む。読みはじめる前に「さて、何の話だろうか？」と10秒くらい考えてみるといいだろう。その予測があたっていても、はずれていても、内容が頭に残りやすくなるのではないだろうか。

1　In the broadest sense, the term "literature" refers to two categories of writing: fiction and nonfiction. The word "fiction" comes from the Latin word *fictio* for "fabricate" and "feign"; it is also sometimes called "imaginative literature" because it (1)**encompasses** poems, plays, and novels, among other writings, which the author invents or imagines. On the other hand, (2)nonfiction refers to writing that is assumed to be true, to describe the world, and to record actual events. Biographies, autobiographies, diaries, and essays are the principal types of nonfiction literature, but (3)great works of philosophy or religion, such as the Bible or the Bhagavad Gita, are also literary and nonfiction.

　第1段落を見てみよう。ここではまず、パッセージのタイトルにある「文学」の定義について説明している。
（1）encompassは「取り囲む」という意味だが、この場合はinclude（含む）の意味で使われている。よって、**問2は(D)が正解**。
（2）nonfictionは数えられない名詞（不可算名詞）であるから、nonfictionsと複数形にすることはできない。fictionも同じく数えられない名詞である。
（3）worksと複数形になっているのは、「作品」という意味で使われているからである。「仕事」の意味で用いられる場合は、数えられない名詞扱いになり、複数形にはならない。
　この段落は決してむずかしくない。文学をフィクションとノンフィクションに分けて、

それぞれ説明しているので、**問 1 の正解は (B)** であるとすぐにわかる。また、段落最後の文から、**問 3 の正解は (A)** であると即答できるだろう。ここで時間を取られてはいけない。

2　Almost all literary fiction—and a few types of literary nonfiction such as biography and autobiography—includes (4)five elements: setting, character, plot, theme, and style. Each may be more or less complex depending upon (5) the **scope** and the skill of the poet, playwright, biographer, or novelist.

　第 2 段落では、文学作品に含まれる (4) five elements (5 つの要素) を挙げている。setting (背景), character (登場人物), plot (プロット), theme (テーマ), style (スタイル) と並んでいるので、普通はこれ以降の段落で、それぞれの要素がこの順序で説明されるはずだ。
　(5) の部分の scope は、ここでは「範囲」という意味であるから、**問 5 は (B) が正解**。また、このあとの poet (詩人), playwright (劇作家), biographer (伝記作家), novelist (小説家) は、文学作品を作る人たちである。よって、**問 4 は当然 (B) が正解**。これも瞬時に解答してもらいたい。

3　To begin, all works of literature are grounded in (6)setting: the time and the place where they occur. It may be the remote past or the distant future, an imaginary planet or a particular hometown. The setting is the place where the action occurs and the time when the story or poem unfolds.

　(6) setting は、まさしく、第 2 段落で文学作品の 5 つの要素として最初に挙げられている setting のことだ。setting の直後には：(コロン) がある。これは、「つまり」というような意味で、直前の語を説明するのによく使われる。

4　Writers sometimes claim that they are only interested in ideas (such as freedom or love) or only in language (the beauty of the meter and rhyme in verse), (7) but a piece of literature invariably includes character. In a lyric poem, the character may be the speaker of the poem (the voice one imagines saying or conveying the poem); in a dramatic work, such as a comedy or a tragedy, there may be (8)many different characters **vying** with

| 1. Reading Section 攻略法 | 2. Listening Section 攻略法 | 3. Speaking Section 攻略法 | 4. Writing Section 攻略法 |

each other. The characters are the actors in a poem, play, or novel—they may be human, they may be animals, or they may be any kind of creature or object as long as they have a voice. **A** In novels, biographies, and autobiographies, the characters move the action forward. **B** They speak, they perform actions, they think thoughts, they come into conflict and resolve conflict. They have individual thoughts, appearances, manners of speech, and grounds for what they do. **C** [In other words, they act for particular reasons.] ⁽⁹⁾These particular reasons are called motivation. **D**

(7) but a piece of literature invariably includes character（しかし登場人物がいない文学作品はない）と、文学作品の5つの要素の2つ目の character が取り上げられている。そして、これが第4段落のトピックにもなっている。

(8) vying は vie（優劣を争う、張り合う）の現在分詞。each other は代名詞で、その前に with が必要となる。よって、**問6の正解は (B)** の competing（競争している）だ。

ここで問12を考えよう。挿入する文は、In other words, they act for particular reasons.（つまり、彼らはある特定の理由があるために行動を起こすのだ）である。in other words という表現があるから、それまでの内容をまとめて、わかりやすく言い換えようとしていることがわかる。実際、they act for particular reasons は、その前の2文の They speak, they perform actions, they think thoughts, they come into conflict and resolve conflict. They have individual thoughts, appearances, manners of speech, and grounds for what they do.（登場人物は語り、行動を起こし、考えをいだき、問題に直面し、それを解決する。彼らにはそれぞれ個々の考えや外見、話し方、そして行動の根拠がある）をわかりやすく言い換えている。そしてそのあとに These particular reasons があるので、挿入箇所は **C** しかない。よって、**問12は (C) が正解。**

最後の文(9)に新たに motivation（動機）という語が出てくる。これが次の段落のトピックになることは予測できるだろう。こうした文の書き方にも注意してほしい。

5   Motivation is one of the deeper elements of literature. Just as in real life in which we have a hard time knowing why people perform the actions they do, or sometimes why we ourselves do the things we do, the motives for why characters in literature act are often ⁽¹⁰⁾murky and hard to discern. As in real life, ⁽¹¹⁾**they** must be inferred from their words, thoughts, and actions.

Usually, in a work of literature, a character's actions follow from his or her motives. <u>(12)This distinguishes characters from each other and makes them unique.</u> It's also why you can't take a protagonist or antagonist from one novel or play and just insert him or her into another. They belong where they belong. Hemingway's fictional character Nick Adams doesn't fit into a play by Shakespeare or a novel by William Faulkner.

　（10）の部分にある murky（[意味・表現などが] 曖昧な）は、なかなかむずかしい単語かもしれない。しかし、意味がわからなくても、そのあとの hard to discern（判断しづらい）という表現から、「はっきりしない」といった意味であると推測できるはずだ。
　問7は(11) they must be inferred の they を問う問題。代名詞 they は人も物も指すが、must be inferred（推測されなければならない）と受身形で使われているので、ここでは「人」の可能性は低い。**正解は (D)** の motives だ。
　問8は登場人物について正しい文を選ぶ問題で、選択肢 (B) に注意。(B) They often reflect people the writer knows.（著者の知人が反映されていることがしばしばある）は、可能性としてはありうるが、第5段落では触れられていない。(12) This distinguishes characters from each other and makes them unique.（動機こそがそれぞれの登場人物を区別し、それぞれに独自の性格を与えるものである）から、**正解は (D)** であるとわかる。

6　In the best works of literature, character and motivation tend to drive the next element of literature: (13)"plot." Plot (14)<u>simply means</u> the actions and events that make up the story: what happens to whom and when. In narrative fiction, a plot begins with the introduction of tension in the form of a problem or conflict. In the story, the characters attempt to overcome the conflict, which leads to suspense, or rising action. <u>(15)Just before the ending of the story, the conflict peaks and some resolution occurs.</u> The story and plot then come to an end. <u>(16)Plot is what makes a story exciting and what keeps us reading.</u>

　第6段落の最初の文で、文学作品の次の要素として、(13) "plot" が提示されている。したがって、この段落では、この3つ目の要素について、詳しい情報が得られるはずである。
　(14) simply means ...（単純に言えば…）とある。プロットというのはなかなか説明する

| 1. Reading Section 攻略法 | 2. Listening Section 攻略法 | 3. Speaking Section 攻略法 | 4. Writing Section 攻略法 |

のがむずかしいが、それを一言で説明しようとしている、ととらえればいいだろう。

　問9では、著者がプロットについて何を言っているかが問われている。(16) Plot is what makes a story exciting and what keeps us reading.（プロットがあるからこそ物語は刺激的になり、読者の興味をひきつづけることができるのだ）とあるので、それを言い換えた (A) が正解。

　ここで問11を解いてみよう。(C) を選ぶ人もいるかもしれないが、これでは conflict peaks［そして］some resolution occurs の並列関係は表わされていない。(15) Just before the ending of the story, the conflict peaks and some resolution occurs.（物語の終末近くでその葛藤は絶頂に達し、なんらかの解決策が示される）をその並列関係も含めてもっとも正確に言い表わしているのは、やはり (A) だ。よって、**正解は (A)**。"some" が "a" のように「なんらかの」「ある」という意味で使われていることから、(A) の somewhat とも結びついている。

7　(17) The two other important elements of literary fiction are theme and style. Theme refers to the deeper message of the work—what it tells us about life, about society, and about human beings. (18)Style refers to the way that the author uses words to create the work—the kinds of words, the types of sentences, the literary devices such as metaphor and simile, and other aspects of language.

　最後の第7段落では、(17) の文にあるように、文学作品の4つ目と5つ目の要素である theme と style について語られている。

　(18) から、metaphor は simile とともに literary device であり、それがここにあるほかのものとともに an aspect of style を形成していることがわかる。よって、**問10は (B) が正解**。

　では、最後に問13を見てみよう。これは、パッセージの主題となっている、文学作品の5つの要素のうちの character, motivation, plot についての要約問題といえる。

　Closely related to the language of a work（作品の言語に深く関わっている）は style に関わるもの。More often found in poetry（詩に多く見られる）はパッセージで言及されていない。Occurs only in nonfiction（ノンフィクションのみで生じる）は、パッセージの内容とは関係がない。

したがって、**Character** は、**(B) Included in all literature**（すべての文学作品に含まれている）、**(G) Involves voice**（声をともなう）が正解。**Motivation** は、**(D) Difficult to perceive in life and literature**（人生においても文学においても認識するのがむずかしい）、**(I) Explains action**（行動を説明する）が正解。**Plot** は、**(A) The events in a story**（物語中の出来事）、**(E) Usually involves suspense**（たいていサスペンスをともなう）が正解。

リーディング問題 3 訳と注

文学の要素

[1] 広義では、「文学」という言葉は 2 種類の書き物を意味している。つまりフィクションとノンフィクションである。「フィクション」という言葉の語源は、「でっち上げる」や「装う」を意味するラテン語の "fictio" だ。「想像文学」とも呼ばれることがあるが、それはフィクションが数ある書き物の中でも特に詩や戯曲、小説など、書き手自身が考え出したり想像したりする作品を含むからである。一方ノンフィクションとは、事実であること、世界を描写すること、そして実際に起きた出来事を記録することを前提とした作品のことをいう。伝記や自叙伝、日記、エッセイなどが主要なノンフィクション文学として分類されるが、偉大な哲学書や宗教書、たとえば聖書やバガヴァッドギーターのような書物もノンフィクションである。

[2] ほぼすべてのフィクション作品、そして伝記や自叙伝のようなノンフィクション作品には、5 つの要素が含まれている。背景、登場人物、プロット、テーマ、そしてスタイルだ。これらの要素がそれぞれ複雑になるかどうかは、詩人、劇作家、伝記作家、小説家それぞれの能力のおよぶ範囲や技術に応じて変わってくる。

[3] まず第 1 に、すべての文学作品は背景、つまり作品世界が生じる時代や場所をベースに書かれている。遠い昔の場合もあれば、はるか先の未来のこともある。空想上の惑星や、ある特定の故郷が舞台になることもある。背景とはつまり、ある行為が生じる場所であり、物語や詩が展開される時代のことである。

[4] 作家の中には、概念（自由や愛など）、または言語（詩句に綴られる韻律や脚韻の美しさ）にしか関心がないと主張する者もいる。しかし登場人物がいない文学作品はない。叙情詩においては、詩の語り手（詩を語り、伝えていると読み手が想像する声）が登場人物だといえるだろうし、喜劇や悲劇などの演劇作品においては、多種多様な登場人物が劇中で張り合うこともある。登場人物とは、詩や演劇や小説における役者であり、人間や動物のこともあれば、声がある限りどんな生物や物体でもありうる。**A** 小説や伝記、自叙伝では、登場人物はエピソードを先に進める役割をはたす。**B** 彼らは語り、行動を起こし、考えをいだき、問題に直面し、それを解決する。登場人物にはそれぞれ個々の考えや外見、話し方、そして行動の根拠がある。**C** [つまり、彼らはある特定の理由があるために行動を起こすのだ。] こうした特定の理由を動機と呼ぶ。**D**

[5] 動機は文学の奥底にひそむ要素の 1 つである。現実の世界では、なぜ人々がこうした行動を取るのか、また時には自分自身のことであっても、なぜそんなことをしてしまうのかを理解するのはむずか

| 1. Reading Section 攻略法 | 2. Listening Section 攻略法 | 3. Speaking Section 攻略法 | 4. Writing Section 攻略法 |

しい。同様に、文学作品においても登場人物の行為の動機は曖昧で、判断しにくい場合が多い。現実でも同じことがいえるが、それらは、その人物の言葉や考え、行動をもとに推測されることになる。たいていの文学作品では、登場人物の行為の前にはその動機がある。動機こそがそれぞれの登場人物を区別し、それぞれに独自の性格を与えるものである。ある小説や戯曲から主人公や敵役を引き抜いて、別の作品に登場させることができないのもこのためだ。登場人物にはそれぞれ登場するべき作品がある。ヘミングウェイの作品に出てくるニック・アダムズが、シェイクスピアの戯曲やウィリアム・フォークナーの小説に登場すれば違和感がある。

6 よくできた文学作品では、登場人物とその動機が、3つ目の文学的要素である「プロット」を発展させる一助となる。プロットとは、簡単にいえば物語を構成する行為や出来事、つまり何が誰にいつ起こるかということである。物語作品では、問題や葛藤といった形で緊張を提示することからプロットが始まる。登場人物は物語の中で葛藤を乗り越えようとするのだが、それが緊迫感をもたらし、行動を呼び起こす。物語の終末直前でその葛藤は絶頂に達し、なんらかの解決策が示される。そして物語とプロットは結末を迎える。プロットがあるからこそ物語は刺激的になり、読者の興味を引きつづけることができるのだ。

7 文学の重要な要素となる残りの2つはテーマとスタイルだ。テーマとは、作品が人生や社会、人間について読者に伝えている深いメッセージのことをいう。またスタイルとは、著者が作品を書く上での言葉の使い方のことである。つまり、言葉や文章の種類、隠喩や直喩などの文芸的技法、そのほかの言語の要素などをいかに用いるのかを示すものである。

<注>
1 □ fabricate 作り上げる、でっち上げる □ feign … に見せかける、… を装う □ encompass 取り囲む、含む
□ principal 主な、第1の
2 □ scope (知力・研究・活動などの)範囲、領域
3 □ ground [普通は受動態で] … に根拠を置く、基礎を与える □ imaginary 想像上の □ unfold (物語・事態・景色などが)明らかになる、展開する
4 □ meter (詩の)韻律 □ rhyme 韻、脚韻 □ verse 詩の1行、詩句 □ vie 優劣を争う、張り合う □ manner 手法、様式
5 □ murky (意味・表現などが)曖昧な □ discern 識別する、見分ける □ infer 推測する □ protagonist 主役、主人公 □ antagonist 敵役
6 □ drive 追いたてる、駆りたてる □ narrative 物語の □ suspense 持続的緊張感、サスペンス □ peak 絶頂に達する、ピークに達する □ resolution 解決、解明
7 □ metaphor 隠喩、暗喩 □ simile 直喩、明喩

1. 正解 (B)
第1段落は何を目的にしていますか？
(A)「フィクション」という言葉を定義すること
(B) 2種類の文学を比較すること
(C) 文学の意図を説明すること
(D) フィクションとノンフィクションの類似点の概略を述べること
□ outline あらましを述べる

2. 正解 (D)
パッセージ中の "encompasses" (含む) という語にもっとも意味が近いものはどれですか？

(A) prohibits（禁止する）
(B) fabricates（でっち上げる）
(C) connotes（暗示する）
(D) includes（含む／包含する）

3. 正解　(A)
第1段落で著者は聖典について何を暗示していますか？
(A) それらが文学として認められることもあること。
(B) それらが最古の文学作品であること。
(C) それらがもっとも読まれているノンフィクションであること。
(D) それらがフィクションの種類に入ること。
□ sacred　神聖な、宗教上の

4. 正解　(B)
次の著者の種類のうち、第2段落で言及されていないものはどれですか？
(A) 劇作家
(B) ジャーナリスト
(C) 小説家
(D) 伝記作家

5. 正解　(B)
パッセージ中の"scope"（範囲、領域）という語にもっとも意味が近いものはどれですか？
(A) experience（経験）
(B) range（範囲）
(C) attitude（態度）
(D) reputation（評判）

6. 正解　(B)
パッセージ中の"vying"（張り合っている）という語にもっとも意味が近いものはどれですか？
(A) conversing（会話をしている）
(B) competing（競争している）
(C) contrasting（対比している）
(D) compelling（強制している）

7. 正解　(D)
パッセージ中の"they"（それら）が指しているものはどれですか？
(A) 人々
(B) 物事
(C) 登場人物

(D) 動機

8.　正解　(D)
第5段落によると、文学作品の登場人物について正しいのはどれですか？
(A) 作品の外の世界にも人生がある場合がある。
(B) 著者の知人が反映されていることがしばしばある。
(C) ある特定の文化の価値を表わしている。
(D) 登場する作品ごとにはっきりとした違いがある。
□ beyond　…を越えて

9.　正解　(A)
第6段落では、著者はプロットについて何と言っていますか？
(A) 読者が物語を読みつづけるように促す。
(B) 物語の中盤で始まる。
(C) 登場人物や動機よりも重要である。
(D) 主に大衆小説中に見られる。
□ stimulate　刺激する、活気づける

10.　正解　(B)
著者がパッセージ中で"metaphor"（隠喩）について言及しているのはなぜですか？
(A) テーマの要素を示唆するため
(B) スタイルの特徴を例を挙げて説明するため
(C) 深いメッセージがどのように伝えられるのか具体的に説明するため
(D) テーマとスタイルの関連を示すため
□ demonstrate　（具体的に、実物で）説明する

11.　正解　(A)
次の選択肢のうち、パッセージ中でハイライトされた文の要点をもっとも正確に表わしているものはどれですか？

物語の終末近くでその葛藤は絶頂に達し、なんらかの解決策が示される。

(A) 物語が終わりに近づいた時にクライマックスを迎え、緊張状態がいくぶん緩和される。
(B) 物語が終わる時、問題が解決されるためには葛藤がピークを迎える必要がある。
(C) 物語の中でどのように緊張状態が緩和されるかにおいて、もっとも顕著に葛藤が見られる。
(D) 問題が解決されるためには、物語中の葛藤が終わりを迎える必要がある。
□ climax　山場、クライマックス　□ somewhat　やや、いくぶん

12.　正解　(C)
パッセージ中の4つの四角［■］のいずれかに次の文が入ります。

つまり、彼らはある特定の理由があるために行動を起こすのだ。

この文を挿入するのにいちばん適した箇所はどこですか？

13. 正解　Character (B)(G), Motivation (D)(I), Plot (A)(E)

ディレクション：下の表に示されている文学の要素に関連するものを、9つの選択肢のうち6つ選んで表を完成させてください。本設問の配点は3点です。

カテゴリー

登場人物	動機	プロット

(A) 物語中の出来事
(B) すべての文学作品に含まれている
(C) 作品の言語に深く関わっている
(D) 人生においても文学においても認識するのがむずかしい
(E) たいていサスペンスをともなう
(F) 詩に多く見られる
(G) 声をともなう
(H) ノンフィクションのみで生じる
(I) 行動を説明する

Listening Section
2. リスニング・セクション攻略法

第1部 | 各セクション攻略法

1 | TOEFL リスニング・セクションについて

● **リスニング・セクションの特徴**

　リスニング・セクションも、特にはじめて受験する人たちにとっては、なかなか厳しいものであると思う。

　このあとでも述べるが、TOEIC などと違って、TOEFL はリスニングもコンピュータ受験になるため、その試験形式にまず慣れないといけない。

　また、アメリカの大学で聞くような講義や会話が流され、それぞれに関する問題が出題されるが、会話も講義も平均 5, 6 分と長い。そして解答時間もきっちり設定されているので、タイム・マネージメント（時間の管理）も必要だ。

　TOEFL のリスニングは、まさしく大学の一般教養の講義を英語で聞くような問題が出題される。基本的な英語のリスニング力に加えて、文系、理系を超えた幅広い知識に対応する能力が求められる。

　しかし、スピーキングでもライティングでもリスニング力が求められることを考えると、TOEFL 受験者はこのセクションを確実に攻略しなければならない。

　本章ではリスニング・セクションの効果的な対策を考えてみよう。

● **問題構成はどうなっているか？**

　リスニング・セクションの問題形式、採点評価は、以下のとおり。

試験時間：60 〜 90 分

問題形式：1 つの会話と 2 つの講義を聴いて、それぞれに対する問題に答える。1 つの会話や講義に対して、問題がそれぞれ 5, 6 問出題される。これが 2 セット、もしくは 3 セット出題される。

採点評価：正答数（素点）を 0 〜 30 のスコアに換算

※画面の右上に、残りの解答時間が表示される。1 セットをそれぞれ 10 分以内に答えなければならない

| 1. Reading Section 攻略法 | **2. Listening Section 攻略法** | 3. Speaking Section 攻略法 | 4．Writing Section 攻略法 |

● どんな問題が出題されるか？

　TOEFL リスニング・セクションでは、アメリカのキャンパスで聞くことができるような会話や講義が問題として出題される。その会話や講義は平均 5, 6 分で、TOEIC などと比べると長い（TOEIC の Part 3, Part 4 の問題は、平均 1 分 30 秒ぐらいだ）。よって、ほかの試験以上に、集中力が必要とされることになる。

　さらに、TOEFL (iBT) はパソコンを使って実施されるため、ペーパー試験の TOEIC などとは違って、選択肢の「先読み」ができない。よって、「会話や講義を聴きながらメモを取る」→「問題に順に答える」という TOEFL のテスト形式に慣れる必要がある。

　また、リスニング・セクションでは問題が 2 セットもしくは 3 セット出題されるが（「問題構成はどうなっているか？」を参照）、それぞれ解答時間が 10 分と定められており、この制限時間を過ぎてしまうと、解答できなくなってしまう。TOEFL では、リスニングでもタイム・マネージメントが求められるのだ。よって、普段の学習でも、解答時間を確認しながら問題を解く練習をしてほしい。

　そして、これがいちばん重要なことであるが、リスニング・セクションでは、文系、理系を問わず、さまざまな教科の講義を聴くことになる。さらに会話文でも、アメリカの文化や社会事情に基づく情報が流される。したがって、リーディング・セクション同様、リスニング・セクションでも、幅広い好奇心を持って、幅広い知識を身につけることが得策といえる。そして、こうした知識があるかないかで、スコアも変わることになる。これについては、2.「リスニング問題完全攻略法」と 3.「リスニング問題を解いてみよう」で詳しく述べる。

● リスニング問題はどのように出題され、そして解いていくか？

　それぞれのセットにおいて、会話→講義→講義の順で問題文が流される。受験者はヘッドセットを使って会話や講義を聴く。この際にメモを取ってよい。特に講義では、パソコンの画面に重要と思われる語句などが表示されることもある。

　会話と講義はそれぞれ 5, 6 分流され、そのあと問題を解くことになる。各会話と講義に対して、それぞれ 5, 6 問の問題を解く。まず問題文が画面に現われ、それが読まれたあと、その下に 4 つの選択肢が現われる。その中から正しいと思われる選択肢の前にある丸をクリックする。そして次の問題に進むのだが、そのためには画面右上の Next ⇨ ボタンをクリックし、そのあとその左の OK ボタンをクリックしないとならない。はじめて受験する人はぜひ注意してほしい。というのも、リスニング・セクションでは解答時間が決まっているので、ここでまごついてしまって、係員などを呼んだりすると、大きなタ

イムロスになってしまうからだ。

● **問題を解く順序は？　一度解いた問題を見直しできるか？**

　もう1つ注意してほしいことがある。このOKボタンをクリックして、次の問題に進んでしまうと、リーディング・セクションと違って、その問題には2度と戻ることができない。よって、よく問題を吟味した上で、迅速な反応が求められるのだ。

　リスニングでは、1つの会話と2つの講義に対するそれぞれの問題が、2セットもしくは3セット出題される。しかし、補足情報としてとらえておいてほしいことがある。

　ETSのホームページの「TOEFL iBTテストの内容」に、以下の記述がある。

> 「テストによっては、ReadingまたはListeningセクションに、スコアに加算されない追加の設問が含まれる場合があります。これらの設問は、ETSが毎回同程度の基準でスコアを評価できるようテストを管理したり、新しいタイプの設問が実際のテスト環境でどのように機能するかを確認するためのものです」

　したがって、リスニング・セクションにも、いくつか採点されない問題が含まれている可能性があるわけだ。しかし受験者がすべきことは、「出題された問題は、すべて全力で答える」ということでよい。3セット出題されたら、3セットの問題すべてに真剣に答えよう。どれがいわゆるダミー問題かを探るのは「テスト対策」として健全な姿ではない。またダミー問題だとわかっていても、念のためすべてに解答しておこう。受験後に「前回からダミー問題は終了しました」と事後的にアナウンスされる可能性を考えると、ゾッとするではないか。

| 1. Reading Section 攻略法 | **2. Listening Section 攻略法** | 3. Speaking Section 攻略法 | 4. Writing Section 攻略法 |

2　リスニング問題完全攻略法

● **リスニング問題対策にははてしない努力が求められるか？**

　リスニング問題の対策について、何をどうすべきか、具体的なアイデアがある教師や学習者はきわめて少ないだろう。多くの中級者（本書の読者層である TOEFL スコア 60~80 の学習者は、まさにそういう層であろう）は、異口同音に「音読」や「シャドーイング」の重要性を挙げる。しかし、「音読」や「シャドーイング」を必死に繰り返した結果、「リスニングのスコアが上がらない」と失望する人をこれまで何人も見てきた。リスニングが苦手だという学習者は確かに多いし、スピーキングやライティングのスコアが向上しないのも、リスニング力が思うように伸びていないのが最大の原因である。つまり、リスニング力の向上こそが TOEFL 全体のスコアアップにおける最重要要素であり、これなしにはどんな受験対策テクニックも成立しない。

　では、リスニングで高得点を取るためには、はてしない努力が要求されるのだろうか？私（四軒家）はそうは思わない。たとえば私は TOEFL のリスニング問題を全問正解できる。しかし、ヒップホップの音楽の歌詞にはほとんどついていけないし、洋画を観てもわからないセリフが山ほどある。ネイティブと話していると、相手が言ったことを聞き返すことも度々ある。

　TOEFL のリスニング問題はそれほどむずかしくない。ある意味「ぬるま湯」なのだ。5 分の講義や会話を聴いて 5, 6 問の質問に答えればよく、すべて聴き取ることさえ要求されていない。よって、この状況を想定して、どういうトレーニングを積み、何を準備し、試験本番では何に注意し、どんなふうに答えるか、考えるべきだ。

● **実際の問題と同じ環境でトレーニングする**

　1.「TOEFL リスニング・セクションについて」で述べたように、リスニング・セクションは 2 セットもしくは 3 セットからなる。2 セットであれば、各セットは、「会話に対して問題 5 問」、「講義に対して問題 5 もしくは 6 問」、同じく「講義に対して問題 5 もしくは 6 問」といったような構成だ。それぞれ講義の長さは 800 語程度で、1 つのリーディング・パッセージより多少長い。それが 5, 6 分かけて話されるので、スピードは非常に速いというわけではない。英米の大学には、おそろしく早口でしゃべる教授もいる（と同時に、おそろしくゆっくり話す教授もいる）。会話問題も、実際に大学のキャンパスで交わされ

るような学生同士の会話や、学生と教師や大学関係者の会話を聴くことになるが、論理的でわかりやすいものになっている。話の脱線や言いよどみもほとんどない。しかも、講義も会話もヘッドセットで聞くので、雑音はほぼ気にならない。このTOEFLリスニング・セクションのスピードと環境でトレーニングすることが大事だ。そしてそれは、英語圏の大学に留学して講義を理解するのにも役立つ。

TOEFLにおけるリスニングのポイントをまとめると、次のようになる。
「聞こえてくるのは、わかりやすい英語による、比較的ゆっくりとした会話と講義」であり、それを「5分聴く」。そのあとそれぞれに対して「5, 6問の質問に選択式で答える」。「リスニング中にメモが取れる」。「リーディング同様、アカデミックな内容」で、「全問正解する必要はない」ということになるだろう。

では、これからリスニング・セクションの攻略法を詳しく説明する。まずは23点を安定して出せるリスニング力の養成をめざそう。

● **短期記憶保持力の向上**

実際に問題に挑戦する前に確認しておきたいのは、「どのように聴くか？」という心構えだ。TOEFLではメモを取ることもできるが、普通に聴いているだけではスコアは上がらない。リスニング力に加えて何かが必要となる。

その1つとして私が提唱したいのが、短期記憶保持力（retention）の向上である。
"......dinosaurs." と聴けば、「ああ、恐竜のことだな」と容易にわかる。しかし、そのような聴き方ではスコアを上げることは期待できない。その段階でdinosaursしか頭に入っていないからだ。「恐竜は何の例として出されているか？」「恐竜の何について語られているか？」といったことが聴き取れていなければ正解は出せないのだ。それには、このdinosaursから少し（場合によっては、かなり）前の部分を記憶した上でdinosaursという単語を聴き取り、それによって全体の情報を整理しなければならない。こうした「情報の記憶と全体像の整理」を文単位だけでなく、状況によっては段落単位、さらにはパッセージ単位で求められることもある。「記憶保持力の向上」がリスニング・セクションのスコアアップに欠かせないのだ。そしてここまで読んでお気づきの方も少なくないだろうが、リーディング・セクションでも、同じことが求められる。まさしく、記憶保持力の向上が、TOEFLを制する上でもっとも求められる能力なのだ。

記憶の維持などと言うと、記憶力の問題なのか、と思われるかもしれないが、まったくそうではない。日本語でニュースを5分間聴いたとしても（もし十分に注意深く聴いたならば）、その内容はほぼすべて記憶できるはずである。それは私たちの記憶力がいいから

| 1. Reading Section 攻略法 | **2. Listening Section 攻略法** | 3. Speaking Section 攻略法 | 4. Writing Section 攻略法 |

ではない。私たちに日本語を十分に操り、むりなく情報を処理できる能力が備わっているからである。日本語なら、ある程度長い文も聴いただけでリピートできるのに、英文となると、たとえば "For your homework this week you will be reading a lot about the function of the blood in general." と聴いて、最初の For さえ口から出てこないことがよくある。最後 の "in general" だけしか覚えていないのだ。それでは TOEFL のリスニング問題に対処するのはむずかしい。

● 必要最低限のメモで十分

「そのために十分にメモを取るのだ！」という姿勢も、私はお勧めしない。細かくメモを取ろうとして、あらゆる情報を書き取ろうとすれば、一体何が重要なのか、わからなくなってしまうからだ。以下の②「重要な情報を繰り返し意識できるように工夫する」で述べることに注意して、メモは取るようにしてほしい。

たかだか5分の講義に1ページ以上のノートを取れば、大学の90分の講義では18ページにもなってしまう。そもそも授業の内容を理解するのであれば、重要な情報だけ書き取れば十分だ。大学で授業を受けることを考えても、メモは必要最低限にして、記憶保持力を磨くことが必要だと思う。

では、1度しか聴けない英語の講義を記憶するにはどうすればいいのだろうか？

● 基礎知識を身につけ、リスニング技術を磨く

① 基礎知識を身につける

TOEFL のすべてのセクションにいえることであるが、講義などで論じられることに関して基礎知識があるかないかで、理解度は大きく異なる。特にリスニング・セクションは、これによって点数に大きな差が出る。たとえば、「冥王星（Pluto）は、なぜ太陽系の惑星とはいえないのだろうか？」という趣旨の講義が始まったとする。冥王星に関して 1) その星は圧倒的に小さい、2) 周囲すべて木星型のガス型惑星であるのに、冥王星だけ異なる、3) 公転の軌道が傾いている、4) 衛星が大きすぎる、などと思い起こせる受験者は、この講義を聴くまでもなく、問題に答えられるだろう。今挙げたような情報を問う問題がおそらく出題されるからである。

すべての問題に関して基礎知識を備える必要はないし、それはおそらく不可能だろう。しかし、そういった知識を身につけようと特に意識せず、ただ聴き流すような学習を繰り返していれば、結果としてスコアは伸びない。私はそういう受験者を何人も見てきた。

あらゆるメディアの英文の記事や放送などをとおして、英語で中学から高校レベルの

基礎知識を身につけることを、TOEFL の受験者はぜひ心がけてほしい。

② 重要な情報を繰り返し意識できるように工夫する

講義や会話の内容に関して十分な基礎知識がない場合は、全神経を集中して聴き取ることになる。多くの受験者は講義や会話を1度しか聴けないことを嘆くが、それは十分なリスニング技術が備わっていないからだ。1度しか聴くことができなくても、情報が繰り返し想起されるように工夫すればいい。例を挙げよう。

Another problem of ... と聞こえたら、これから「...」についてもう1つ別の問題を述べようとしていることがわかる。そこでまずその部分の情報をメモして、そこに②と番号をふる。そして、おそらくその前に one problem of ... といった言い方があったと思われるので、もしそれを書きとめていたら、そこに①と番号をふるとよい。すると、「...には2つの問題がある。それぞれの違いは何か？」というようなことを意識しながら聴くことができる。

However, we should not forget all the benefits ... と聞こえたら、今まで書いたメモの下に大きく横線を引いて、話を区切るといい。However の前後で、情報が正反対になるからだ。

Chopin was also an influential figure ... といった言い方が聞こえたらどうしたらいいか？　まず、固有名詞は要注意だ。固有名詞が出てきたら、これは誰か、何の目的で紹介されているのか、といったことを即座に考えよう。また also があることから、その前にほかの固有名詞が出てきて、その人物はショパンと何らかの点で比較されていると考えられる。ここでも Chopin に②と、そしてその前に出てきた固有名詞に①と番号をふり、これから流されるこの2人の関連性などの情報を注意してとらえるようにしよう。

③ 1文を明確に聴き取れるかが重要

記憶保持力の向上の肝は、1文を聴き取ったあと、同じことをリピートできるか、ということにある。まったく同じでなくてもよいから、同一の内容の英語をリピートできるようにしたい。この技術を向上させるために、3.「リスニング問題を解いてみよう」の解説では、「書き取り」を指示している部分がある。「大体わかる」から「確実にわかる」ようになるまで、各自訓練を積んでほしい。

リスニングの技術については、3.「リスニング問題を解いてみよう」の解説でさらに詳しく述べる。

| 1. Reading Section 攻略法 | 2. Listening Section 攻略法 | 3. Speaking Section 攻略法 | 4. Writing Section 攻略法 |

3 リスニング問題を解いてみよう

では、リスニング問題を、試験と同様に2セット解いてみよう。問題に挑戦しながら、その対策を考えよう。

リスニング問題 1

Part 1 | Passage 1　CD 01 01-06

Conversation

1. Why does the student go to visit the professor?　CD 01 02
   (A) He was not accepted in graduate school.
   (B) He is having a difficult time finding a job.
   (C) He doesn't know what he wants to do when he graduates.
   (D) He hasn't completed his graduation requirements.

2. What does the professor imply about the student?　CD 01 03
   (A) He should talk to her more often.
   (B) He has excellent grades.
   (C) He should consider changing his major.
   (D) He won't be able to graduate this spring.

3. What does the professor offer to do for the student?
   (A) Help him apply for more financial aid
   (B) Hire him part-time as a research assistant
   (C) Write him a letter of recommendation
   (D) Introduce him to a local business

4. What does the man plan to do next?
   (A) Consult with the university's job placement office
   (B) Contact as many potential employers as possible
   (C) Focus on finishing his required courses
   (D) Begin full-time graduate study

5. *Listen again to part of the conversation and then answer the question.*

   What does the student mean when he says this?
   (A) He is afraid of doing what the professor suggests.
   (B) He didn't expect the professor to offer a simple solution.
   (C) He doesn't want to follow the professor's advice.
   (D) He wishes he could face his problem more realistically.

1. Reading Section 攻略法　**2. Listening Section 攻略法**　3. Speaking Section 攻略法　4. Writing Section 攻略法

リスニング問題　1　解答と解説

■正解

1. (C)　2. (B)　3. (C)　4. (A)　5. (B)

■音声スクリプト　**CD 01 01**

Listen to a conversation between a student and his academic advisor.

M: Hi, Professor Moore. (1)I'd really like your advice about something. Do you have a minute?

W: Sure, Karl. Come in and sit down. I've been thinking about you and wondering what you plan to do after graduation.

M: That's actually why I came to talk to you today. I'm having a hard time making a decision.

W: Okay. I know that (2)you've done very well as a student here, so I'm sure you'll have lots of opportunities.

M: (3)My big dilemma right now is whether to immediately go to graduate school in economics or whether to first work and to get some experience in business.

W: (4)I can understand your difficulty. I guess … there might not be one clear solution. It depends upon you and what you feel is best for you at the time.

M: Given how you help people think through their problems rather than giving them direct advice, **I was afraid you would say that**. [laughing]

W: Carl, (5)your GPA is very high, and (6)I am happy to be a reference for you. I can write you a favorable letter for either graduate school or for employment at a company.

M: Thanks, I really appreciate that. But it still doesn't help me find a solution.

W: Maybe, Carl, you are approaching this too much as an either/or choice.

79

Maybe it's possible for you to get some work experience *and* continue studying at the same time.

M: What do you mean?

W: Well, why not take an interesting job with a company and continue your study by taking courses in the evening. For example, you begin working and earning some money and getting some experience. But at the same time you could start an M.A. in economics and take courses part-time towards your master's degree, or begin an MBA program but just take night classes.

M: I never thought of that. Combining the two—employment and study—might make both a lot more meaningful.

W: There you go. I know it would be demanding but there's no question in my mind that you could handle it. By the way, I've heard there are some good local companies that are recruiting new employees through our Career Planning Office. You ought to check out the job postings.

M: (7)That's a great idea. I'm going to go over there right now.

■音声スクリプトの訳と注

学生と指導教官の会話を聴いてください。

男性: こんにちは、ムーア教授。(1)あることについて、ぜひ先生のアドバイスをいただきたいんです。ちょっとよろしいですか？

女性: もちろんよ、カール。どうぞ入っておかけなさい。あなたのことを考えていたの、卒業後どうするつもりなのかしらって。

男性: 今日はまさにそのことでおうかがいしたんです。なかなか決めることができないんです。

女性: そう。(2)あなたはとても優秀な学生だから、いろんな就職口があるでしょうね。

男性: (3)目下の難題は、すぐに経済学で大学院に進むべきか、それともまずは働いて仕事の経験を得たほうがいいのか、ということなんです。

女性: (4)あなたの問題はよくわかるわ。そうね…明確な唯一の解決策があるわけではないんじゃないかしら。あなた次第であり、その時にあなたが何をベストだと思うかにもよるわね。

男性: 先生は直接的なアドバイスをするより、その人が抱えている問題について十分に考えさせる方ですから、**そんなふうにおっしゃるんじゃないかと思っていました。**[笑い]

| 1. Reading Section 攻略法 | **2. Listening Section 攻略法** | 3. Speaking Section 攻略法 | 4. Writing Section 攻略法 |

女性：カール、⁽⁵⁾あなたの GPA はとても高いし、⁽⁶⁾喜んであなたの身元保証人を引き受けるわ。大学院や会社で働くための推薦状を書いてあげるわ。

男性：ありがとうございます、本当に感謝します。だけどそれではまだ解決策は見つかりませんね。

女性：ねえカール、あなたはどちらか一方を選ばなくちゃいけないって考えすぎよ。場合によっては、仕事の経験を積むことと勉強を続けることを同時にすることもできるんじゃないかしら。

男性：どういうことですか？

女性：つまり、企業でおもしろそうな仕事を得ると同時に夜間のコースで勉強を続けるというのはどうかしら。たとえば、仕事を始めて、お金を稼ぎながら経験を積むの。同時に経済学の修士課程を始めて修士号に向けてパートタイムでコースを取るか、あるいは MBA 課程を始めて夜間クラスだけ受講することだってできるわね。

男性：それは考えたこともなかった。仕事と勉強の 2 つを組み合わせるなんて、両方がさらに有意義なものになりそうですね。

女性：ほらね。大変なことだけど、あなたなら必ずできると思うわ。ところで、地元の優良企業がいくつか、大学の就職支援課をとおして新しい従業員を募集しているそうよ。求人広告を見に行ってみたらいいんじゃないかしら。

男性：⁽⁷⁾それはすばらしい考えですね。今すぐ行ってみます。

□ academic advisor　指導教員　□ opportunity　就職の機会、就職口　□ dilemma　苦しい選択、難題
□ graduate school　大学院　□ economics　経済学　□ reference　身元保証人　□ favorable　好意的な、推薦する
□ program　学習課程　□ meaningful　有意義な　□ demanding　骨の折れる、きつい　□ job posting　求人広告

■解答と解説

1.　正解　(C)
なぜ学生は教授のもとを訪ねているのですか？
(A) 大学院に合格しなかったから。
(B) 職探しに苦労しているから。
(C) 卒業後に何をしたいのかがわからないから。
(D) 卒業要件を満たしていないから。

　リスニングで出題される会話の場合、多くは教授と学生の組み合わせだ。学生はある目的で教授の研究室を訪問する。教授が学生を研究室に受け入れて、各種の相談に乗る時間帯を、**office hour** という。

　学生が教授のもとを訪ねる理由はよく問われるし、ここでもまさにそれが出題されている。(1) の部分から、学生は何かアドバイスを求めて教授の元を訪れている。その「何か」は (3) の部分から判断できる。**正解は (C)**。ただ、ここで聴き逃しても、全体から判断

できるはずだ。

2.　正解　(B)
教授は学生について何と言っていますか？
(A) もっと頻繁に自分と話すべきだ。
(B) 成績が優秀である。
(C) 専攻を変えることを考えたほうがいい。
(D) 今年の春には卒業できないだろう。

(2) と (5) の部分から判断できる。**正解は (B)**。

GPA というのは Grade Point Average の略で、成績を優 (A) = 4, 良 (B) = 3…として合計を出し、総単位数で割った平均の成績のこと。4.0 が満点である。

3.　正解　(C)
教授は学生に何を申し出ていますか？
(A) もっと多くの学資援助を申請するのを手伝う。
(B) 研究助手としてパートタイムで彼を雇う。
(C) 彼のために推薦状を書く。
(D) 地元の企業を紹介する。
☐ financial aid　学資援助　☐ a letter of recommendation　推薦状

質問文にある offer に注目。「(…しようと) 申し出る」という意味で使われているので、(6) の部分が聴き取れていれば、問題なく答えられるだろう。reference は、「身元保証人」のこと。職務経歴や学業成績の内容や、個人の資質について、就職先の企業などからの照会先となる人のことをいう。**正解は (C)**。

4.　正解　(A)
男性はこのあと何をするつもりですか？
(A) 大学の就職支援課に相談する。
(B) できるだけ多くの雇用主になる可能性のある人に連絡を取る。
(C) 必修科目を終えることに集中する。
(D) フルタイムで大学院の研究を始める。
☐ consult　相談する　☐ placement　職業紹介　☐ required course　必修科目

会話文では、このような問題もよく出題されるが、もっとも易しいものの 1 つといえる。(7) が聴き取れれば、答えは明らかだ。そもそもこの男性が相談に来た理由を思い出せば、(C) と (D) ではないことがわかる。リスニング・セクションでも、選択肢を十分に吟味す

ることが大切だ。選択肢を明確に理解すれば、聴き取れなかったことが推測できることもよくある。**正解は (A)**。

5.　正解　(B)
もう1度会話の一部を聴いてください。そして質問に答えてください。[下線部（4）参照]

学生はどのような意味でこの発言をしていますか？［下線部（4）太字参照］
(A) 教授が提案してくれたことを行なうのが不安である。
(B) 教授が簡単な解決策を提案してくれるとは思っていなかった。
(C) 教授のアドバイスに従いたくない。
(D) 自分の抱える問題に対してもっと現実的に向き合いたいと思っている。

　会話の中の I was afraid you would say that. はどういう意味で使っているか尋ねている。

　該当部分の英文に注目。まずはここを書き取ってみよう。Given how you help people think through their problems rather than giving them direct advice, I was afraid you would say that.（先生は直接的なアドバイスをするより、その人が抱えている問題について十分に考えさせる方ですから、そんなふうにおっしゃるんじゃないかと思っていました）と言っている。rather than giving them direct advice（直接助言をするというよりは）とあることから、教授が単純に解決策を出してくれると学生は考えていなかったことがわかる。**正解は (B)**。Given ... は、「…を考えれば、…を考慮に入れれば」という意味。

リスニング問題 2

Part 1 | Passage 2 | CD 01 07-12

Anatomy

1. What is the talk mainly about?   CD 01 08
   (A) Ways that the blood circulates in the body
   (B) The function of the blood in the body
   (C) Characteristics of three types of blood cells
   (D) Where blood circulates in the body

2. What has the class just finished studying?   CD 01 09
   (A) The nervous system
   (B) The respiratory system
   (C) The circulatory system
   (D) The skeletal system

3. What does the professor say about blood cells?   CD 01 10
   (A) They are very flexible.
   (B) They live only a short time.
   (C) They are extremely strong.
   (D) They vary from person to person.

4. What functions of the blood does the professor mention in the lecture? Answer YES or NO.

`CD 01 11`

	YES	NO	
(A)			Providing water to the cells
(B)			Regulating the temperature in the body
(C)			Producing minerals for the bones
(D)			Battling harmful bacteria
(E)			Removing cell waste

5. *Listen again to part of the lecture and then answer the question.*

`CD 01 12`

What does the professor mean when he says this?

(A) The students have had to wait a long time for this quiz.
(B) The students are afraid of taking quizzes.
(C) The students are not looking forward to the quiz.
(D) The students have had to take many quizzes.

第Ⅰ部　｜　各セクション攻略法

リスニング問題　2　解答と解説

■正解

1. (B)　2. (D)　3. (A)　4. YES (B)(D)(E), NO (A)(C)　5. (C)

■音声スクリプト　　CD 01 07

Listen to part of a lecture from an anatomy class. The students have been studying the various systems of the human body.

　(1)As you know, we've now finished the portion of this anatomy course that's dedicated to the skeletal system. You should have memorized the names and locations of all of the bones in the body, and you should know their functions. (2)At the end of my lecture today I will be giving you a quiz on them—it won't count a lot for your grade but it should give you some indication of how prepared you are for the mid-term exam next week. (3)Starting today we'll be shifting our attention to the blood and for your homework this week you will be reading a lot about the function of the blood in general and the characteristics of the three different kinds of blood cells in particular.

　To begin, blood is the main life-giving fluid in the body. Even in prehistoric times people had a strong sense of its importance. For example, when Stone Age people speared an animal and blood poured out of it, they knew it would soon be dead. They also knew that when a human lost a lot of blood, he or she would die. Some societies believed that various spirits lived in the blood, and they had a sense that one's good or bad health was somehow related to the red liquid that flows in our veins. That's why medieval physicians would let blood out of their patients' veins in order to cure them from illnesses: they believed that "bad blood" caused their sickness.

Now for an overview. As you know, the body is made up of all kinds of cells that need food to live, to grow, and in some cases to reproduce. Basically, ⁽⁴⁾the first function of the blood is to supply food to these cells. Actually, probably "fuel" is a better metaphor. In some respects, cells burn their food more than they "eat it," and to do that, they need oxygen, just like a fire needs oxygen to burn. That is ⁽⁵⁾the second function of the blood. It bears oxygen to the cells so that the cells can burn the nutrients that they need. Of course, just as with a fire or any consumptive process, cells also give off waste when they consume chemicals and oxygen. The main part of this waste is carbon dioxide. So ⁽⁶⁾the third function of the blood is ⁽⁷⁾to carry off this waste and to keep the cells clean and able to continue burning fuel. Every part of the body is involved in these three functions, and that is why the blood system is so crucial to health everywhere in the body.

⁽⁸⁾There are a few other vital functions of the blood. For example, blood plays a major role in distributing heat in the body. ⁽⁹⁾When the body gets too hot—such as, for instance, when a person exercises—the blood tries to cool off the body by flowing rapidly and carrying the excess heat away. In the same way, when some areas of the body, such as the feet or the fingers, begin to get cold, the body tries to send more blood to that area of the body. This is even truer in the case of infection—I think your textbook reading will discuss in detail the role of white blood cells in fighting infection. ⁽¹⁰⁾When harmful bacteria enter the body, the blood-flow to those areas greatly increases. That's to help your body fight off the microbes causing the infection. The more white blood cells it can get to the point of infection, the better.

Now, because the blood and its blood cells have all of these tasks to perform, they are quite amazing in the way they are constructed. Within the body, of course, the blood is distributed by arteries which get smaller and smaller the farther they are from the heart, and then through the capillaries, extremely small blood vessels, which also become tinier and tinier to the point at which they can't be seen without a microscope. Blood cells themselves are designed with incredibly flexible membranes—⁽¹¹⁾they are so flexible that they can squeeze through the smallest of capillaries and reach all of the tissues of the body. In fact, in our lab tomorrow, we'll use microscopes to take a close look at various types of blood cells.

(12)All right. **I'm afraid it's the moment you've all been waiting for—time for a quiz**. Please take out a pen and remove everything from your desks.

■音声スクリプトの訳と注

解剖学の授業での講義の一部を聴いてください。学生は人体のさまざまな器官について勉強しています。

(1) 知ってのとおり、この解剖学の講義の骨格組織に関する部分が終わりました。みなさんは体のあらゆる骨の名称と位置を暗記してきたはずですし、それらの機能についてもわかっているはずです。(2) 今日の講義の最後に、それらについての小テストをします。成績にはそれほど影響しませんが、来週の中間試験に向けてどれくらい準備ができているかの目安にはなるでしょう。(3) 今日から、話題は血液に移ります。 今週の宿題として、血液のはたらき全般について、そしてとりわけ3つの異なる種類の血球の特徴について、たくさん読んできてもらいます。

はじめに、血液は生命のもととなる主要な体液です。有史以前の時代でさえ、人々はその重要性を強く認識していました。たとえば、石器時代の人々は動物を槍で突き、そこから血液が流れ出たら、その動物がもうすぐ死ぬことを知っていたのです。また、人間が大量の血液を失うと死んでしまうことも知っていました。一部の社会では、血液の中にいろいろな精霊が住んでいると信じられていました。そして人間の健康あるいは不健康は、血管の中を流れている赤い液体にいくぶん関係があるのだと考えていました。このため、中世の医者は、病気を治すために患者の血管から血液を抜いていました。「悪い血液」が病気の原因だと信じていたのです。

つぎに概要です。みなさんご存じのとおり、体はありとあらゆる細胞からできていますが、細胞は生きるため、成長するため、そして場合によっては増殖するために食物を必要とします。基本的に、(4) 血液の第1のはたらきは、これらの細胞に食物を供給することです。実際には「燃料」というほうが良いたとえかもしれません。これは細胞は食物を「食べる」というよりもむしろ燃やすことがあるからなのですが、その時に酸素が必要になります。火が燃えるためには酸素が必要なのと同じです。これが (5) 血液の第2のはたらきです。細胞に酸素を運び、必要な栄養分を燃やせるようにするのです。もちろん、火やそのほかの消費過程と同様に、細胞も化学物質や酸素を消費する時に燃えカスを出します。この燃えカスの大部分は二酸化炭素です。したがって、(6) 血液の第3のはたらきは、(7) この燃えカスを運び出して、細胞を清潔に保ち、燃料を燃やしつづけられるようにすることです。体のすべての部分がこれら3つの機能に関係があり、したがって血液系が体のあらゆる部分の健康にとって大変重要である理由なのです。

(8) ほかにもいくつか、とても重要な血液のはたらきがあります。たとえば、血液は体内の熱を分散さ

1. Reading Section 攻略法	2. Listening Section 攻略法	3. Speaking Section 攻略法	4. Writing Section 攻略法

せる際に重要な役割を担っています。⁽⁹⁾体が熱くなりすぎた場合、たとえば人が運動をした時などに、血液は体を冷やそうとして急速に流れ、余分な熱を運び去ります。同様に、体の一部、たとえば足先や手の指などが冷たくなりはじめると、体はその部分にもっと血液を送ろうとします。これは、感染の場合にもいっそう顕著に見られます。教科書を読めば、感染と戦う際の白血球の役割が詳しく書いてあると思います。⁽¹⁰⁾有害なバクテリアが体内に侵入した場合、その部分への血流は大幅に増加します。これは、体が感染を引き起こす細菌を撃退するのを助けるためなのです。感染した部分により多くの白血球が届けば届くほど良いのです。

　さて、血液とその血球はこれらをすべて行なわなくてはならないので、その構造は非常にすばらしくできています。体の中では、もちろんのことですが、血液は心臓から遠ざかるほどどんどん細くなっていく動脈により運ばれ、さらに毛細血管を通っていきます。これはきわめて微細な血管で、顕微鏡を使わないと見えないくらいの大きさまで、どんどん小さくなっていきます。血球自体は、とてもしなやかな細胞膜でできています——⁽¹¹⁾非常にしなやかなので、もっとも細い毛細血管の中にも入り込むことができ、体のあらゆる組織に届くのです。実際、明日は実験室で顕微鏡を使っていろいろな種類の血球を詳しく観察します。

　⁽¹²⁾では、**そろそろみなさんお待ちかねの小テストの時間のようです。ペンを出して、机の上のものをみんな片づけてください。**

□ anatomy　解剖学　□ system　組織、器官　□ portion　一部　□ skeletal　骨格の　□ quiz　簡単な試験、小テスト　□ mid-term　中間の　□ blood cell　血球　□ life-giving　生命を与える　□ fluid　体液　□ prehistoric　有史以前の　□ Stone Age　石器時代の　□ spear　槍で突く　□ spirit　霊　□ vein　静脈、血管　□ medieval　中世の　□ physician　医者　□ cure　治す　□ overview　概要　□ metaphor　比喩　□ oxygen　酸素　□ bear　運ぶ　□ nutrient　栄養素　□ consumptive　消費の　□ give off ...　...を放出する　□ chemical　化学物質　□ carbon dioxide　二酸化炭素　□ crucial　非常に重要な　□ vital　きわめて大きな　□ infection　感染、感染症　□ white blood cell　白血球　□ microbe　微生物、細菌　□ artery　動脈　□ capillary　毛細血管　□ microscope　顕微鏡　□ membrane　細胞膜　□ tissue　組織

■解答と解説

1.　正解　(B)
主な話題は何ですか？
(A) 血液が体内を循環する仕組み
(B) 体内での血液のはたらき
(C) 3 つのタイプの血球の特徴
(D) 血液が体内のどこを循環するのか

　　講義の中で、(4) the first function of the blood is ...（血液の第 1 のはたらきは…）、(5) the second function of the blood（血液の第 2 のはたらき）、(6) the third function of the blood（血液の第 3 のはたらき）、(8) There are a few other vital functions of the blood.（ほかにもいくつか血液の重要なはたらきがある）のように、bloodがfunctionと結びついて何度か出てきた記憶があるだろう。こういった表現が出てきたら、1, 2, 3 ... やa, b ... などと数字や記号を付けてメモしておこう。

正解は (B) だ。

2. 正解　(D)
このクラスでは何について勉強したばかりですか？
(A) 神経系
(B) 呼吸器系
(C) 循環系
(D) 骨格組織

☐ nervous system　神経系　☐ respiratory system　呼吸器系　☐ circulatory system　循環系

これは最初の（1）の文（As you know, we've now finished the portion of this anatomy course that's dedicated to the skeletal system.）の内容を問う問題だ。書き取ってみよう。

CD 01 40

これが聴き取れれば、(D) が正解とわかる。

「記憶保持力」を養成するために、英文を瞬時に記憶し、書き取る練習をしていることを意識してほしい。問題を解いて、答えあわせを終えたあと、指示された文を書き取ってみてほしい。**聴きながらではなく、聴き終えてからチャレンジしてみてほしい**。聴きながら "this" が聞こえたから "this" を書くのでは何の練習にもならない。(1) で "skeletal system" を聴いたあと、"As you know" と書き出せるようになってほしい。

この講義が skeletal system についてではないことは、そのあとの（3）の部分（Starting today we'll be shifting our attention to the blood）でわかる。これも書き取ってみよう。

CD 01 41

さらに同じパラグラフの（2）の文も書き取ってみよう。　**CD 01 42**

At the end of my lecture today I will be giving you a quiz on them—it won't count a lot for your grade but it should give you some indication of how prepared you are for the mid-term exam next week.

「授業後に小テストがあること」「小テストは成績にあまり関係ないこと」「中間テストがあること」の3点を意識しながら書き取ってみてほしい。こういう授業の概要などはメイントピック（主題）とは無関係であるにもかかわらず、問われることがあるので、注意しよう。

| | 1. Reading Section 攻略法 | 2. Listening Section 攻略法 | 3．Speaking Section 攻略法 | 4．Writing Section 攻略法 |

繰り返すが、**必ず聴き終えたあとに書き取る**ようにしてほしい。「記憶保持力」の向上を意識しよう。文脈・文法・キーワードのすべてがからみ合うことで、記憶のネットワークも広がっていく。

3. 正解 (A)
教授は血球について何と言っていますか？
(A) とてもしなやかである。
(B) 短時間しか生きられない。
(C) きわめて強い。
(D) 人によって異なる。

(11) they are so flexible that they can squeeze through the smallest of capillaries and reach all of the tissues of the body から、**(A) が正解**とわかる。(B)(C)(D) の選択肢の内容が講義では論じられていないことからも裏付けられる。

この flexible は、「融通が利く」という意味ではなく、「曲げやすい、しなやかな」という意味だ。この文も記憶保持力養成のために書き取ってみよう。 CD 01 43

4. 正解 YES (B)(D)(E), NO(A)(C)
講義の中で教授は血液のどのはたらきについて触れていますか？ YES か NO で答えてください。

	YES	NO	
(A)		✔	細胞に水を供給する
(B)	✔		体温を調節する
(C)		✔	骨のためのミネラルを作り出す
(D)	✔		有害なバクテリアと戦う
(E)	✔		細胞のゴミを取り除く

詳細を問う問題。「記憶」「メモ」「常識」を総動員して全問正解をめざそう。YES の根拠を示す部分は、以下のとおり。

(B) は (9)、(D) は (10)、(E) は (7)。

そして、この英文も書き取る練習をしてみてほしい。

CD 01 44 (9) _____
CD 01 45 (10) _____
CD 01 46 (7) _____

5. 正解 (C)

もう1度講義の一部を聴いてください。そして質問に答えてください。[下線部 (12) 参照]

教授はどのような意味でこの発言をしていますか？ [下線部 (12) 太字参照]
(A) 学生たちは長いあいだ、この小テストを待たなくてはならなかった。
(B) 学生たちは小テストを受けるのをおそれている。
(C) 学生たちは小テストを楽しみにしていたわけではない。
(D) 学生たちはこれまでにたくさんの小テストを受けなくてはならなかった。

　時々このように皮肉を含む表現が問題として出題されることがある。しかし、心配は無用だ。しっかり英語が聴き取れれば、日本語に直訳して理解できる程度の皮肉である。「残念ながら、お待ちかねの小テストの時間です」ということになる。よって、**正解は (C)**。よくできる受験者が間違えてしまうのは、こういった問題である。あまり深く考えすぎないことが重要だ。TOEFL では深く考えないと理解できないような文学的発言が使われることはない。

リスニング問題 3

Part 1 | Passage 3　　CD 01 13-19

Art History

1. What is the lecture mainly about?　　CD 01 14
   (A) The origins of American painting
   (B) The European influence on American painting
   (C) The major movements in American painting
   (D) The most famous painters in America

2. How does the professor organize the information he presents to the class?
   　　CD 01 15
   (A) By contrasting American painting with European painting
   (B) By discussing each painting movement as it occurred in time
   (C) By describing the most famous paintings of each movement
   (D) By relating the movements in painting to other historical events

3. According to the lecture, what painter belonged to the American Scene Painters?　　CD 01 16
   (A) Thomas Cole
   (B) Edward Hopper
   (C) George Bellows
   (D) Grant Wood

93

4. What will the professor most likely do next?
   (A) Show photographs of the major artists of each painting movement
   (B) Explain the philosophy of each major painting movement
   (C) Display paintings from each major painting movement
   (D) Offer criticisms of each major painting movement

5. Which of the following are characteristics of all of the major American painting movements discussed in the lecture? **This question is worth 2 points.**

	YES	NO	
(A)			Strongly influenced by European art
(B)			Mainly portrayed people
(C)			An emphasis on realism
(D)			A focus on expressing beauty
(E)			A distinctly American sensibility

6. *Listen again to part of the lecture and then answer the question.*

   What does the professor mean when he says this?
   (A) He won't be able to describe the art movements in detail.
   (B) He plans to offer definitions of the words "brief" and "overview."
   (C) The class will finish soon so he will now summarize his points.
   (D) Each of the movements lasted only a brief length of time.

| 1. Reading Section 攻略法 | 2. Listening Section 攻略法 | 3. Speaking Section 攻略法 | 4. Writing Section 攻略法 |

リスニング問題　3　解答と解説

■正解

1. (C)　2. (B)　3. (D)　4. (C)　5. YES (C)(E), NO (A)(B)(D)　6. (A)

■音声スクリプト　CD 01 13

Listen to part of a talk from an art history class.

Since we are now beginning the part of this course devoted to American art, ⁽¹⁾I'm going to give you a brief overview of the different painting movements in the United States from the early 19th century to the mid-20th century. **I want to emphasize the words "brief" and "overview" because** each of these movements is far more complex than I'm going to be able to explain here in the limited time available.

To begin, let me give you two organizing principles and then discuss how these movements in art and painting occurred over time. The first principle is that ⁽²⁾one basic impulse in American art is simply to be "American," that is, to come to some kind of understanding and expression that reflects this particular and fairly young country in the New World. Even after Independence, American art and literature were completely dominated by European trends and movements for at least 50 years. The second principle is one found in art all over the world: a shifting back and forth between realism and imagination, or realism and abstraction. ⁽³⁾Most American art movements especially reflect an emphasis on realism rather than imagination, at least at their start.

The first distinct American style of painting emerged in the 1830s: the Hudson River School. Rather than depicting Greek Gods or famous war battles, painters in the Hudson River School painted the rugged mountains, breathtaking forests, and plunging waterfalls of upstate New York. Thomas

Cole was the founder of this movement in painting. Although it was called "a school," it was really just a loosely organized group of painters. In 1825, Cole made a trip up the Hudson River from where he lived in New York City, and he was awed by what he saw. At that time, upstate New York was almost entirely wilderness, and the mountain, forest, and river scenery was spectacular; there were no paintings in Europe that portrayed such scenes. The values and sensibilities of the Hudson River School influenced American painting for decades afterwards as the frontier expanded in the West. In fact, until the end of the 19th century, the most common American paintings were of the country's rugged natural landscapes.

The next distinctly American style of painting emerged at the close of the 19th century, around the year 1900, and it was called the "Ashcan School." Like the Hudson River School, the painters associated with the founder Robert Henri were a loosely knit group, not a strict organization. The Ashcan School was in part a reaction to the Hudson River School and its identification of American art with grand scenes of mountains and rivers, Native Americans and the wild west. Painters of the Ashcan School—the most famous were Edward Hopper and George Bellows—wanted to portray "real life" in the big cities of America. They themselves lived in large cities on the East Coast and they painted poor people, lunch counters, meat markets, city streets, and scenes from everyday urban life. <u>(4)They regarded themselves as "realists" capturing life as it really was for them in the city</u>, not as it existed in the artist's imagination or on the rugged frontier.

About thirty years later, in the 1930s, a third distinctly American style of painting emerged: the American Scene Painters. In contrast to painters of the Hudson River and Ashcan schools, the American Scene Painters lived mainly in the Midwest. <u>(5)The artist Grant Wood, from Iowa, was its most important figure.</u> <u>(6)To some degree, the American Scene Painters, like Grant Wood, drew on some of the principles and sensibilities of the Hudson River and Ashcan schools in that they rejected forms of painting that were European and focused on the landscapes and people of the United States.</u> They painted typical American people in rural or small town settings. <u>(7)They</u>

| 1. Reading Section 攻略法 | **2. Listening Section 攻略法** | 3. Speaking Section 攻略法 | 4．Writing Section 攻略法 |

regarded themselves as realists, not romantics, and their paintings were realistic representations of farm landscapes and small-town life.

　Of course, I've left a lot out in this brief survey of American painting, such as the more recent Abstract Expressionists and Pop Art movements. But I hope you've at least gotten a sense of the general characteristics of these three major movements—and [8]their recurring emphasis on realism and Americanism—and that my overview can provide you with a framework for your further understanding as the course proceeds. [9]Now, let's turn off the lights and I'm going to show you some of the paintings associated with each of these three movements.

■音声スクリプトの訳と注

美術史の授業での講義の一部を聴いてください。

　これからこのコースのアメリカ美術に関する部分を始めますので、[1]19世紀初頭から20世紀半ばにかけてアメリカの絵画界で起こったさまざまな動きについて、概観をざっとお話しします。「ざっと」と「概観」という言葉を強調しておきたいのですが、なぜならそれらの動きの1つひとつは、この場で限られた時間内に私が説明できることより、ずっと複雑だからです。

　はじめにアメリカ美術の基礎となる2つの原則を説明したのち、時代とともに美術界および絵画界においてそれらの動きがどのように起こったのかをお話ししましょう。1つ目の原理は、[2]アメリカ美術における基本的衝動は単純に「アメリカ的」であることだという点です。つまり、ほかならぬこの新世界にあるかなり新しい国を映し出すある種の解釈や表現となることです。独立後も、少なくとも50年のあいだ、アメリカの美術と文学はヨーロッパの流行や動向に完全に支配されていました。2つ目の原理は、世界中の美術に見られるものです。それは、写実主義とイマジネーション、あるいは写実主義と抽象主義を行き来する変遷です。[3]特にアメリカ美術界における動きのほとんどは、イマジネーションよりも写実性を重視していることが反映されています。少なくとも初期の頃は。

　明確にアメリカの絵画様式とされるものが最初に現れたのは1830年代で、ハドソン・リバー派と呼ばれました。ギリシャ神話の神々や有名な戦争シーンよりも、ハドソン・リバー派の画家たちは、ニューヨーク州北部の険しい山々や、息をのむような森林、勢いよく落下する滝などを描きました。トマス・コールはこの画派の創始者です。「派」と呼ばれてはいたものの、実際にはゆるやかなまとまりの画家のグループでした。1825年、コールはニューヨーク市の住まいからハドソン川を上って旅をし、そこで目にしたものに畏れおののきました。当時、ニューヨーク州北部はほぼ全域が手付かずの自然が広がっており、山や森、川の景観は見事なものでした。そしてそのような景色を描いた絵画は、ヨーロッパにはありませんでした。ハドソン・リバー派の価値観や感性は、西部の開拓拡大が進むあいだも、

その後何十年にもわたってアメリカ絵画に影響を与えました。実際、19世紀の終わりまで、アメリカ絵画においてもっともよく見られたのは自国の険しい自然の風景を描いたものでした。

　明確にアメリカの絵画様式といえるものが次に現れたのは19世紀の終わりの、1900年頃のことで、それは「アッシュカン派」と呼ばれました。ハドソン・リバー派と同じく、創始者のロバート・ヘンリー率いる画家たちは結びつきの弱いグループで、堅固な組織ではありませんでした。アッシュカン派はある面では、ハドソン・リバー派と、アメリカ美術とは山や川の壮大な風景やアメリカ先住民や西部の自然を描いたものだとする同画派の考えに対する反動でもありました。アッシュカン派の画家たちは——中でももっとも有名なのはエドワード・ホッパーやジョージ・ベローズですが——アメリカ大都市の「現実的な生活」を描き出そうとしました。彼ら自身も東海岸の大都市に住み、貧しい人々、軽食堂、食肉市場、街路、そして都市生活の日常風景を描きました。(4) 彼らは、自分たちは「写実主義者」であり、都市の生活のありのままの姿をとらえていると考えていました。それはアーティストの空想の中や辺境地帯に存在するようなものではありませんでした。

　それから約30年後の1930年代に、明確にアメリカ的である3つ目の絵画様式が現れました。アメリカン・シーンの画家たちです。ハドソン・リバー派やアッシュカン派の画家とは対照的に、アメリカン・シーンの画家たちは主に中西部に住んでいました。(5) アイオワ出身のアーティストであるグラント・ウッドは、この中でもっとも重要な人物でした。(6) 多かれ少なかれ、グラント・ウッドなどのアメリカン・シーンの画家たちは、ハドソン・リバー派とアッシュカン派の原理や感性に基づいて描いていたところもあります。それは、彼らがヨーロッパ風の絵画様式を拒み、アメリカの風景や人々に焦点をあてたという点からいえることです。彼らは田舎の町や小さな町を舞台に、平凡なアメリカの人々を描きました。(7) また、自分たちをロマン主義者ではなく写実主義者とし、彼らの絵は農場の風景や小さな町での暮らしを写実的に描き出したものでした。

　もちろん、アメリカ絵画についての今回の簡単な概説の中で、触れていないことはたくさんあります。より近年に現われた抽象表現主義者たちや、ポップ・アートの動きなどです。それでも、少なくともみなさんがこれら3つの主要な動きの全体的な特徴と、(8) そこで繰り返し写実主義とアメリカ主義が重要視されていることを感じ取ってもらえたらと思います。そして、これから授業が進むにつれて理解を深めていくための枠組みが、私の概説で与えられたのであれば幸いです。(9) それでは、電気を消して、これら3つの動きそれぞれに関係のある絵画をいくつかお見せしましょう。

☐ devoted to ...　...を扱った　☐ brief　簡潔な　☐ overview　概観　☐ emphasize　強調する　☐ limited　限られた
☐ impulse　衝動　☐ dominate　支配する　☐ realism　写実主義、リアリズム　☐ abstraction　抽象（主義）
☐ distinct　明確な　☐ depict　（絵画・彫刻で）描く　☐ rugged　でこぼこした、険しい　☐ breathtaking　息をのむような　☐ plunge　飛び込む、勢いよく下降する　☐ waterfall　滝　☐ upstate　州北部　☐ loosely　ゆるく、漠然と
☐ awe　畏れさせる　☐ wilderness　未開地、荒野　☐ scenery　風景　☐ spectacular　壮観な　☐ portray　（人物・風景を）描く　☐ sensibility　感覚、感性　☐ the frontier　アメリカ西部の辺境地帯　☐ knit　結合する　☐ grand　壮大な　☐ lunch counter　簡易食堂　☐ urban　都市の　☐ realist　写実主義者　☐ capture　とらえる、巧みに表現する
☐ rural　田舎の　☐ setting　設定、背景　☐ romantic　ロマン主義者　☐ representation　表現、描写　☐ leave out　省く　☐ recur　繰り返し起こる　☐ framework　枠組み

| 1. Reading Section 攻略法 | **2. Listening Section 攻略法** | 3. Speaking Section 攻略法 | 4．Writing Section 攻略法 |

■解答と解説

1. 正解　(C)
この講義が主に扱っている内容は何ですか？
(A) アメリカ絵画の発祥
(B) アメリカ絵画に対するヨーロッパの影響
(C) アメリカ絵画界における主要な動き
(D) アメリカでもっとも有名な画家たち

　リスニングに自信のない受験者も、この全体の要約を問う問題は、必ず正解してほしい。中身が詳しく聴き取れなくても、比較的容易に答えられるだろう。**正解は (C)** だ。
　試験本番ではまったく必要ないが、普段の練習では、この選択肢を見ずに、講義の内容を一言でまとめることもしてみてほしい。

2. 正解　(B)
教授はどのようにして学生たちに伝える情報をまとめていますか？
(A) アメリカ絵画をヨーロッパ絵画と比較している
(B) 年代ごとの絵画界の動きをそれぞれ考察している
(C) それぞれの動きにおけるもっとも有名な絵画を説明している
(D) 絵画界の動きをほかの歴史上の出来事と関連づけている

　この問題も、全体を問う質問であるので、落としたくない。講義を聴いて、その全体の構成を把握する練習を、普段からしておこう。重要なことをメモに書き取り、かつ detail を記憶にとどめる（記憶保持力）訓練を心がけてほしい。**正解は (B)**。(B) のような方法は chronological order（年代順）と表現されることもよくある。

3. 正解　(D)
講義によると、アメリカン・シーンの画家は誰ですか？
(A) トマス・コール
(B) エドワード・ホッパー
(C) ジョージ・ベローズ
(D) グラント・ウッド

　(5) や (6) の the American Scene Painters, like Grant Wood, ... の部分で、**正解は (D)** とわかる。
　この質問に答えてみれば、リーディングとリスニングの違いに気づくだろう。リーディ

ングでこの問題が出題されても、パッセージを何度でも確認できるので、容易に正解を選ぶことができる。しかし、リスニングは1回しか音声スクリプトが流されないので、聴き逃してしまえばそれで終わりだ。

また、この講義は特に固有名詞が多いので、それに注意して聴くことも大切だ。(6) の部分はちゃんと聴き取れただろうか？ ｟ CD 01 47 ｠

To some degree, the American Scene Painters, like Grant Wood, drew on some of the principles and sensibilities of the Hudson River and Ashcan schools in that they rejected forms of painting that were European and focused on the landscapes and people of the United States.

この質問の正解の根拠となる情報がここで得られるのみならず、American Scene Painters, Hudson River School, Ashcan School という3つのグループに共通する情報がうまくまとめられている。ここはしっかり聴き取らないといけない。後半部分の in that they rejected forms of painting that were European ... も重要だ。共通点を明確に述べている。

4. 正解 (C)
教授が次にすると考えられることは何ですか？
(A) それぞれの絵画運動における主要なアーティストの写真を見せる
(B) それぞれの主要な絵画運動の原理を説明する
(C) それぞれの主要な絵画運動における絵画を見せる
(D) それぞれの主要な絵画運動に対して批評を行なう

正解は (C)。最後の文（9）に根拠があり、まだ聴き終えて間もないから、問題なく正解を得られるはずだ。

5. 正解 YES (C)(E), NO (A)(B)(D)
次の特徴のうち、講義で説明されたアメリカ絵画界の主要な動きすべてにあてはまるものはどれですか？ 本設問の配点は2点です。

	YES	NO	
(A)		✔	ヨーロッパ美術から強い影響を受けた
(B)		✔	主に人々を描いた
(C)	✔		写実性を重視した
(D)		✔	美の表現に焦点をあてた
(E)	✔		明確にアメリカ的な感性を持っていた

| 1. Reading Section 攻略法 | 2. Listening Section 攻略法 | 3. Speaking Section 攻略法 | 4. Writing Section 攻略法 |

(C) の根拠については、(3) のほか、(4) や (7) にも言及されている。(E) の根拠については、(2) や (6) でわかる。また (8) の部分は (E) と (F) 両方の根拠となる。

6. 正解　(A)

もう1度講義の一部を聴いてください。そして質問に答えてください。[下線部 (1) 参照]

教授はどのような意味でこの発言をしていますか？［下線部（1）太字参照］
(A) 芸術運動を詳細まで説明することはできない。
(B)「ざっと」と「概観」という言葉の定義をするつもりだ。
(C) 授業はもうすぐ終わるので、これから要点をまとめるつもりだ。
(D) それぞれの動きは短い期間しかつづかなかった。
□ summarize　要約する

該当箇所を書き取る練習をしてみよう。何度か聴きなおしてもかまわない。

CD 01 48

I'm going to give you a brief overview of the different painting movements in the United States from the early 19th century to the mid-20th century. I want to emphasize the words "brief" and "overview" because each of these movements is far more complex than I'm going to be able to explain here in the limited time available.

この部分が聴き取れれば、自然と**正解は (A)** と判断できる。

リスニング問題 4

Part 2 | Passage 1   CD 01 20-25

Conversation

1. Why does the student visit the professor?　　CD 01 21
   (A) He doesn't understand the writing assignment.
   (B) He would like the professor to grade his essay.
   (C) He would like advice on the paper he is writing.
   (D) He doesn't know how to begin his essay.

2. Why does the professor say she gets feedback from other professors when she writes an article?　　CD 01 22
   (A) To help the student to relax
   (B) To imply the student should work independently
   (C) To illustrate the process of doing good research
   (D) To suggest the student get feedback from other teachers

3. According to the professor, what should the student include in the introduction of the essay? *Choose two answers.*   CD 01 23

   (A) The research background
   (B) An opening technique
   (C) The main argument
   (D) The major supporting points

4. What does the professor say about making an outline?   CD 01 24

   (A) It should always be done before drafting an essay.
   (B) It can help a writer see how to reorganize an essay.
   (C) It is required for the research essays in her class.
   (D) It is useful in helping the reader understand an essay.

5. *Listen again to part of the conversation and then answer the question.*   CD 01 25

   What does the professor mean when she says this?
   (A) She must leave soon.
   (B) It is time for the student to go.
   (C) She feels the student understands her point.
   (D) She will be available to meet the student later.

第I部　|　各セクション攻略法

リスニング問題　4　解答と解説

■正解

1. (C)　2. (A)　3. (C)(D)　4. (B)　5. (C)

■音声スクリプト　　CD 01 20

Listen to a conversation between a student and a professor.

M: <u>(1)I really appreciate you taking the time to give me advice on my essay, Dr. Klein.</u> I feel it needs improvement but I just don't know where to start.

W: <u>(2)I know the feeling, John. It's nothing unusual. I think all writers need feedback on their work—I know I do.</u> <u>(3)I often ask my colleagues for their comments and criticism on my own writing.</u> Now, what do you think is your biggest challenge in this essay?

M: I think it's my organization. I'm not sure if my major points are in the right order.

W: Okay. <u>(4)Let's take a look at your thesis first. It seems to me it's somewhat vague. Do you think your main point—I mean, your overall argument— could be sharper and more specific in your introduction?</u>

M: Yeah, I think I could state it more clearly. When I wrote the first draft, I wasn't sure exactly what my argument would be.

W: All right. <u>(5)Next, I think you should put your two or three major supporting points in the introduction, too,</u> along with your thesis. That helps keep you focused on exactly what you are saying, section by section, throughout your essay, and it also helps the reader know exactly what your argument is.

M: Well, I think that may be my problem. I'm not sure what my major supporting points are. <u>(6)There's so much text that I've written and it's kind of confusing. I get a little lost with all the details and the facts.</u>

| 1. Reading Section 攻略法 | **2. Listening Section 攻略法** | 3. Speaking Section 攻略法 | 4. Writing Section 攻略法 |

W: That's where making an outline helps. For myself, I find that this is the stage when an outline is especially useful: I'm not ready to map out an entire paper with an outline at the beginning when I first start writing, because I partly find out what I want to say by writing. <u>(7)But after the first draft is finished, making an outline of the main points helps me reorganize an essay.</u> I think that might be helpful to you, too.

M: <u>(8)I get it. I can already see how I could move some of the paragraphs around and maybe cut some of the other paragraphs that are not so relevant.</u>

W: **There you go**.

M: You know, Professor Klein, this has been very helpful. I think I have a better idea of how to revise my essay.

W: Great. Now, don't hesitate to drop by again during my office hours if you would like feedback on another draft. That's what I'm here for.

■音声スクリプトの訳と注

学生と教授の会話を聴いてください。

男性： (1) 僕の論文に対するアドバイスのために時間を取っていただき、本当にありがとうございます、クライン先生。改善が必要だとは感じているのですが、どこから手を付ければいいのかわからなくて。

女性： (2) 気持ちはわかりますよ、ジョン。よくあることですからね。文章を書いた人はみんな、フィードバックが必要なものでしょうし、私だってそうです。(3) 私もよく自分が書いたものについて同僚にコメントや批評を求めますよ。それで、あなたはこの論文の中でいちばんの問題は何だと思うのかしら？

男性： 構成だと思っています。要点がきちんと順序だっているかが不安で。

女性： わかりました。(4) それではまず、論旨について見てみましょう。私には少し曖昧に思えますね。あなたが主に言いたいこと、つまり主張の概略を、序論の中でもっと明確かつ具体的にできますか？

男性： はい、もっとはっきり述べられると思います。最初に下書きをした時は、自分の主張がどのようなものになるか正確にわかっていなかったんです。

女性： なるほど。(5) 次に、序論には論旨を支える主な根拠も2つ3つ入れたほうがいいでしょう、論旨と一緒にね。そうすれば、論旨からぶれることなく節を進めて論文を書きとおせるし、読み

105

手もあなたの主張を正確に理解できます。
男性： あの、そこが僕の問題かもしれないんです。主な根拠が何なのか、自分でもよくわからないんです。⁽⁶⁾あまりにたくさんの文を書いたので、ちょっと混乱していて。詳細や具体的事実が多くて、ちょっとわけがわからなくなってしまっているんです。
女性： そういう時には概要をまとめるといいでしょう。私の場合、概要作成が特に役立つと思うのはこういう段階です。最初に論文を書き出したばかりの時には、まだ概要を作って論文全体の構成を細かく決めることはできません。ある程度は、文章を書くことで自分が何を伝えたいかがわかってくる部分もありますからね。⁽⁷⁾でも、最初の下書きが出来上がれば、要点を概略にしてまとめることで論文を構成し直せるんです。あなたにも役立つんじゃないかしら。
男性： ⁽⁸⁾なるほど。いくつかの段落を並べ替えたり、関連性の薄い段落をいくつか削除するやり方がもう浮かんできました。
女性： **そうでしょう。**
男性： ええと、クライン教授、本当に助かりました。論文のより良い修正方法がわかりました。
女性： 良かったわ。それでは、また次の草稿についてフィードバックがほしくなったら、遠慮せずオフィスアワーのあいだに寄ってくださいね。そのために私はここにいるんですから。

☐ essay 小論文、レポート ☐ feedback 反応、意見 ☐ thesis 論旨 ☐ vague ぼんやりとした ☐ overall 総合的な ☐ draft 草稿 ☐ confusing 混乱させるような ☐ outline 概要 ☐ map out 細かい点まで取り決める ☐ relevant 関連性のある ☐ revise 修正する ☐ hesitate ためらう ☐ drop by 立ち寄る ☐ office hours オフィスアワー（教授が学生の質問などを受け付けるために研究室に待機している時間帯）

■解答と解説

1. 正解 （C）
なぜ学生は教授のもとを訪ねているのですか？
(A) 論文課題が理解できないから。
(B) 教授に論文を採点してほしいから。
(C) 書いている途中の論文についてアドバイスがほしいから。
(D) どのように論文を書き出せばいいのかわからないから。
☐ assignment （学生の）研究課題 ☐ grade 採点する

　会話問題ではおなじみの、学生が教授のもとを訪ねる目的を問う問題。最初の文（1）からすぐに**正解は (C)** とわかる。この（1）の部分も余裕を持って聴き取ってみよう。**CD 01 49** こういう問題は確実に正解してほしい。

2. 正解 （A）
なぜ教授は、自分も論文を書く時にはほかの教授からフィードバックを受けると言っているのですか？

1. Reading Section 攻略法	**2. Listening Section 攻略法**	3. Speaking Section 攻略法	4. Writing Section 攻略法

(A) 学生をリラックスさせるため
(B) 学生は自力で取り組むべきだと示すため
(C) すぐれた調査方法を説明するため
(D) 学生はほかの教師たちからフィードバックをもらうべきだと提案するため

　（3）で教授は自分が論文を書く時もほかの教授からフィードバックを受けると言っていて、（2）でその理由を述べている。（2）から判断すれば、答えが出せる。**正解は (A)**。
　質問の個所にその答えとなる情報があることは多いが、このように答えとなる情報が先に出てくることはめずらしいかもしれない。
　いずれにしろ、この部分を問題なく聴き取れるようにしなければならない。この（2）と（3）の文を書き取る練習をしてみることをお勧めする。

CD 01 50　(2) _____
CD 01 51　(3) _____

3. 正解　(C)(D)
教授によると、学生は論文の序論に何を含めるべきですか？
解答を 2 つ選んでください。
(A) 研究背景
(B) 読み手を引きつける導入表現
(C) 主な主張
(D) 論旨を支える主な根拠

　質問の該当部分（5）を書き取ってみよう。　**CD 01 52**
　Next, I think you should put your two or three major supporting points in the introduction, too, along with your thesis.
　この Next は重要だ。これを耳にした瞬間、2.「リスニング問題完全攻略法」（73 ページ参照）で説明したメモの取り方を思い出してほしい。まずはすばやく Next のあとに示される内容をメモし、②と番号をふる。つづいて、（4）の部分をすでにメモしていたら、大きく丸で囲み、①と番号をふる。そうすれば、論文の修正点としてまず示されているのが序論の中で論旨を明確にすることであり、Next のあとに「そのほかの修正点」が示されているとわかる。いずれもここで問われている「序論に含めるべきこと」として述べられている。ただし、1 つ目は聴き逃していても（5）の along with your thesis からも判断できる。**正解は (C) と (D)** となる。

4. 正解 (B)

概要作成について教授は何と言っていますか？
(A) 論文の下書きをする前に必ず行なうべきである。
(B) 書き手が論文の再構成の仕方を考えるのに役立つ。
(C) 自分の授業で作成する研究論文においては必須である。
(D) 読み手が論文を理解するために有効である。

　なぜ教授が outline（概要）を書くことを提案したかといえば、学生から論文を書く上での悩みを聞いたからである。それが（6）の部分だ。　CD 01 53

M:（There's so much text that I've written and it's kind of confusing. I get a little lost with all the details and the facts.）
W: That's where making an outline helps.

　この That's where ... という導入法を覚えておくとよい。前の文を受けて、「そんな場合に…だ」という意味でよく使われる。

　問題に直接関係があるのは、(7) の部分で、(B) が正解となる。ここも書き取ってみよう。
CD 01 54

5. 正解 (C)

もう1度会話の一部を聴いてください。そして質問に答えてください。[下線部（8）参照]

教授はどのような意味でこの発言をしていますか？[下線部（8）太字参照]
(A) 自分はもうすぐこの場を去らなくてはならない。
(B) もう学生は出ていく時間だ。
(C) 自分の言いたいことを学生は理解しているようだ。
(D) 後日また学生に会うことができる。

　これは「会話表現」の問題である。こういった問題は、必ず状況から判断しよう。この There you go. は「そうそう、その調子」という意味であり、相手が自分の期待に応えてくれそうな時に使うフレーズだ。よって、正解は (C) と判断できる。

1. Reading Section 攻略法 | 2. Listening Section 攻略法 | 3. Speaking Section 攻略法 | 4. Writing Section 攻略法

リスニング問題 5

Part 2 | Passage 2 | CD 01 26-32

Geology

1. What is the main purpose of the lecture? CD 01 27
   (A) To demonstrate how volcanoes erupt
   (B) To describe the Earth's surface
   (C) To compare mountains and volcanoes
   (D) To explain how mountains form

2. According to the professor, what has the class recently completed?
   CD 01 28
   (A) A field trip to a volcano
   (B) An examination
   (C) A unit on how continents form
   (D) A laboratory experiment

3. What is the professor's opinion of volcanic mountains?

(A) They are the most dangerous for humans.
(B) They are the most attractive to look at.
(C) They are the most interesting to study.
(D) They are the most poorly understood.

4. Why does the professor ask the students to take out a piece of paper?

(A) He would like them to take notes.
(B) He plans to give them a brief test.
(C) He wishes to illustrate a process.
(D) He wants them to write down their reaction.

5. What are the main types of mountains formed where the surface plates of the Earth's crust meet? **This question is worth 2 points.**

	YES	NO	
(A)			Volcanic Mountains
(B)			Fold Mountains
(C)			Fault-Block Mountains
(D)			Dome Mountains
(E)			Plateau Mountains

6. *Listen again to part of the lecture and then answer the question.*

What does the professor mean when he says this?

(A) The students have already seen the model of the jigsaw puzzle.
(B) The students should be familiar with the concept being discussed.
(C) The students learned this material in a previous course.
(D) The students may have previously misunderstood the process.

| 1. Reading Section 攻略法 | 2. Listening Section 攻略法 | 3. Speaking Section 攻略法 | 4. Writing Section 攻略法 |

リスニング問題　5　解答と解説

■正解

1. (D)　2. (B)　3. (B)　4. (C)　5. YES (B)(C), NO (A)(D)(E)　6. (B)

■音声スクリプト　　CD 01 26

Listen to part of a lecture in a geology class.

Well, students, (1)I'm sure you're happy to have your mid-term exams behind you and rather than testing we can focus once again on learning. (2)As you know, we've now completed our unit on volcanoes and I'd like to move on to mountain formation today.

(3)All right, in general, there are five major ways that mountains form, and the first one connects with the topic we've just finished: volcanoes. Obviously, as you know, sustained volcanic eruptions result in large volcanic mounds as the debris from a volcanic eruption builds up around a base, often creating a mountain. (4)I'd like to point out that volcanoes have formed some of the most impressive and beautiful mountains in the world, such as Mt. Fuji in Japan, Mt. Kilimanjaro in Africa, and Popocatepetl in Mexico. Frankly, these are some of my favorite mountains and many of them are so lovely I literally can't stop looking at them. One of the things that distinguishes mountains formed by volcanoes is that they tend to be freestanding and alone, which is why they are often so impressive and beautiful. By contrast, the other four types of mountains are a result of different kinds of processes.

(5)First, **as you remember from our previous study**, the entire surface crust of the Earth is composed of six plates that fit together like a six-piece jigsaw puzzle. (6)Where these six plates meet, there is a lot of pressure. This results in fault lines which generate earthquakes, and it also is the most important source of mountain building. Where two plates collide, the land can be pushed upwards, forming mountains.

⁽⁷⁾To illustrate this process, go ahead and take out a piece of paper. All right. Now push it together from the two edges. You see, the paper crumbles, buckles upwards, and forms ridges. ⁽⁸⁾That principle is the same for the most common and widespread type of mountain, what we call "Fold Mountains." In fact, when two long plates push together, they usually fold upwards and form an entire mountain range along their edge. The most famous Fold Mountains are the Himalayas in Asia, the Alps in Europe, the Andes in South America, and the Rockies in North America.

A third type of mountain—in addition to Volcanic Mountains and Fold Mountains—is Fault-Block Mountains. ⁽⁹⁾Like Fold Mountains, Fault-Block Mountains form when faults or cracks in the Earth's crust meet. However, with Fault-Block Mountains the Earth's crust doesn't buckle upwards like paper but instead it breaks or fractures into blocks. Some of these "blocks" are forced upward and become almost stacked on top of each other. Interestingly, often Fault-Block Mountains are steep on one side, where the block was forced up, but sloping on the other side. The Harz Mountains in Germany and the Sierra Nevada mountains in North America are two examples.

The fourth type of mountain is called Dome Mountains. Their name reflects their common appearance: they tend to form rather symmetrical, rounded domes. Dome Mountains are related to Volcanic Mountains rather than Fold Mountains and Fault-Block Mountains because Dome Mountains form when melted rock—or magma—is forced upwards from inside the Earth. In the case of a volcano, this magma exits the volcano and gradually forms a mountain. But in the case of a Dome Mountain, the magma pushes up the rock layers above it but does not erupt on the Earth's surface. Instead, it cools and hardens and the rock that it has pushed upward above it forms a dome that looks like half of a big ball sticking up from the ground.

The fifth and final type of mountain I want to address here is formed differently than the others. Where Volcanic, Folded, Fault-Block, and

| 1. Reading Section 攻略法 | 2. Listening Section 攻略法 | 3. Speaking Section 攻略法 | 4. Writing Section 攻略法 |

Dome mountains are all the result of forces from within the Earth—either movements of magma or tectonic plates—Plateau Mountains are formed by forces from the surface of the Earth. They are the result of water and wind. Plateau Mountains are formed when rivers and streams, and to a much lesser extent wind, erode a landscape so that the remaining land seems to rise up above valleys to form mountains. Some of the mountains of New Zealand are a good example of this. The land used to be relatively level, but over hundreds of millions of years erosion ate away the land, created deep valleys, and the unaffected and uneroded land now rises above it as mountains.

■音声スクリプトの訳と注

地学の授業での講義の一部を聴いてください。

　学生のみなさん、(1) 中間試験が終わって嬉しく思っていることでしょう。これからはまたテストよりも学ぶことに集中できます。(2) 火山に関する単元が終わったところでしたね。今日は山の形成に進みたいと思います。
　(3) さて、一般的に、山が形成されるには主に5つの方法があります。その1つが、ちょうど勉強したばかりの火山です。当然知っていると思いますが、火山の噴火がつづくと、噴火で生じた岩石の破片がふもとの周りに大きく積み上がり、それが山になることがよくあります。(4) ここで指摘しておきたいのですが、火山によって形成される山々は、日本の富士山やアフリカのキリマンジャロ、メキシコのポポカテペトルなど、世界でも有数の壮大で美しい山です。実を言うと、これらは私の大好きな山で、あまりにきれいなので、文字どおりいつまででも見ていたくなります。火山によって形成された山の特徴は、単体で自立している山が多いことです。そのため、とても壮大で美しい姿をしています。一方、ほかの4タイプの山は異なる過程で形成されます。
　(5) まず、**前に勉強したので覚えていると思いますが**、地球全体の地殻は6つのプレートがそれぞれジグソーパズルのピースのように組み合わさって構成されています。(6) プレート同士が接触する場所には大きな圧力がかかります。それが断層線になり、地震を引き起こすと同時に、山を作る重要な原因となります。2つのプレートが衝突することによって、地面が上に押し上げられ、山を形成するのです。(7) この現象を説明しますので、紙を1枚出してください。いいですか。それでは両端から同時に押してみましょう。ほら、紙が上に向かってゆがみ、山のように隆起するでしょう。(8) もっとも一般的で広く見られるタイプの山は、これと同じ原理でできたもので、「褶曲山地」と呼びます。事実、2枚の長いプレートが押し合うと、上に折れ曲がり、プレートの端に沿って1つの山脈ができます。特に有名な褶曲山地はアジアのヒマラヤ山脈、ヨーロッパのアルプス山脈、南アメリカのアンデス山脈、そ

して北アメリカのロッキー山脈です。

火山と褶曲山地に次ぐ3つ目のタイプは、断層山地です。(9) 褶曲山地と同じで、地殻の断層やひび割れが接触する時に山ができます。ただし、断層山地の場合は紙で実験した時のように地殻が上に褶曲するのではなく、割れて塊になります。「塊」の一部が押し上げられて、どんどん上に積み重なっていきます。興味深いのは、断層山地の多くは塊が押し上げられる側が急勾配で、反対側は緩やかな勾配になることです。その典型例が、ドイツのハルツ山地と北アメリカのシエラネヴァダ山脈です。

4つ目のタイプの山はドーム山と呼ばれています。このタイプの山は、ほぼ左右対称で丸いドーム型であることが一般的なので、その見た目から呼び名が付いています。ドーム山は褶曲山地や断層山地に比べて火山との関わりが深いです。なぜなら、ドーム山は溶岩、あるいはマグマが地中から上に押し上げられる時にできるからです。火山の場合は、このマグマが山の外側まで噴出して徐々に山を形成します。しかし、ドーム山の場合、マグマは上に乗っている岩の層を押し上げますが、地上に噴出することはありません。外には出ずにそのまま冷えて固まるので、上に押し上げた岩がドーム状になり、大きなボールを半分に割ったような形が地上から突き出ているように見えます。

最後の5つ目のタイプについて話したいと思いますが、このタイプはこれまでの4つとは違う方法で形成されます。火山、褶曲山地、断層山地、ドーム山はいずれも、マグマにしろ、構造プレートにしろ、地球内部からの力によってできるのに対し、高台山地は地上の力によって形成されます。水と風によってできるのです。高台山地は河川や、まれに風が地表を侵食し、周囲に残った土地が谷の上にそびえるように見える結果、山になります。ニュージーランドには、その典型例といえる山がいくつかあります。地面はかつては概ね平坦でしたが、何百万年もの年月をかけて地面が侵食されて深い谷を作り、侵食の影響を受けなかった土地が今では山になっています。

□ mid-term exam 中間試験 □ volcano 火山 □ formation 形成、成立 □ obviously 明らかに □ sustained 持続した □ volcanic 火山の、火山性の □ eruption （火山の）噴火 □ mound （積み上げた）山、小丘 □ debris （山の下に積もった）岩石の破片 □ impressive 印象的な、感銘を与える □ literally 文字どおり、本当に □ distinguish 区別する □ freestanding 支えなしで立っている、自立している □ previous 先の、以前の □ crust 地殻 □ be composed of ... ...から成り立っている □ fault line 断層線 □ generate 生み出す、引き起こす □ collide 衝突する □ illustrate 説明する □ crumble ぼろぼろに崩れる □ buckle 曲がる □ ridge 山の背、尾根 □ principle 原理 □ widespread 広く行き渡った、一般的な □ Fold Mountain 褶曲山地 □ fold 折り重なる、折りたためる □ Fault-Block Mountain 断層山地 □ fault 断層 □ crack 割れ目、裂け目 □ fracture 割れる □ stack 積み重ねる □ steep 急勾配の、険しい □ slope 傾斜する、傾く □ appearance 外観、外見 □ symmetrical （左右）対称の □ melted 溶けた □ layer 層 □ erupt 噴火する □ tectonic plate （地殻）構造プレート □ extent 程度 □ erode 侵食する □ landscape 地表、地形 □ remaining 残りの □ relatively 比較的に □ erosion 侵食 □ unaffected 影響を受けていない □ uneroded 侵食されていない

■解答と解説

1. 正解 （D）

この講義の主な目的は何ですか？
(A) 火山がどのように噴火するか説明すること
(B) 地表を描写すること
(C) 山と火山を比較すること

| 1. Reading Section 攻略法 | 2. Listening Section 攻略法 | 3. Speaking Section 攻略法 | 4. Writing Section 攻略法 |

(D) 山がどのように形成されるか説明すること

（2）から容易に（D）が**正解**だとわかる。メモを取るとすれば、（2）と（3）の情報が重要だろう。 CD 01 55

(2) As you know, we've now completed our unit on volcanoes and I'd like to move on to mountain formation today.

(3) All right, in general, there are five major ways that mountains form, and the first one connects with the topic we've just finished: volcanoes.

私がこの部分をメモにすると、こんな感じになる。

山　form
①　火山（済）

英語の講義を日本語でメモしてもまったく問題ない。メモで mountain とつづるのは時間がかかると感じる人もいるのではないだろうか？　もちろん Mt. と短縮できるが、すべての単語を同じように短縮できるわけではない。mountain であれば、「山」とメモすればよいのではないか？　日本人はそれで十分に認識できる。そして「山」と書きながら、問題なく英語の音声に集中できる。

このようにメモには、英語だけでなく、日本語、数字、矢印、絵など、自分が理解できるものを書き込めばよい。

2.　正解　(B)
教授によれば、この授業では最近何を終えましたか？
(A) 火山の見学
(B) 試験
(C) 大陸がどのように形成されたかについての単元
(D) 研究室での実験

最初の文の（1）から **(B) を正解**として簡単に選択できる。

3.　正解　(B)
教授は火山についてどう思っていますか？
(A) 人間にとってもっとも危険である。
(B) 見た目がもっとも魅力的である。

(C) 学ぶ題材としてもっとも興味深い。
(D) もっとも理解が進んでいない。

　このような話者の意見を問う問題が時々出題される。どのように対処すべきか？　こういった問題が出題される場合、パッセージの中に妙に恣意的というか主観的な部分があるので、それを意識して耳を傾ければよい。
　ここでは、(4) の部分がそうだ。下のスクリプトの（　）を埋めてみるとよい。その部分が話者の主観となっている。

CD 01 56

I'd like to point out that volcanoes have formed some of (the most impressive and beautiful mountains in the world), such as Mt. Fuji in Japan, Mt. Kilimanjaro in Africa, and Popocatepetl in Mexico. (Frankly, these are some of my favorite mountains and many of them are so lovely I literally can't stop looking at them). One of the things that distinguishes mountains formed by volcanoes is that (they tend to be freestanding and alone, which is why they are often so impressive and beautiful).

　リスニングの際には、このあたりにも注意してほしい。**正解は (B)**。

4.　正解　(C)
なぜ教授は学生に紙を 1 枚出すように指示しているのですか？
(A) メモを取らせたいから
(B) 簡単なテストをしようと思っているから
(C) 過程を説明したいから
(D) 自分たちの反応を書き留めさせたいから

　(7) の部分から (C) が**正解**と判断できる。**CD 01 57**
　this process は、直前の Where two plates collide, the land can be pushed upwards, forming mountains. を指している。「2 つのプレートが衝突するところでは、地面が両方から押されて隆起し、それが山となる」ことを、紙を使って実験しようとしているのだ。

5.　正解　YES (B)(C), NO (A)(D)(E)
地殻表面のプレートが接触することによって形成される、もっともよく見られるタイプの山はどれですか？　本設問の配点は 2 点です。

	YES	NO	
(A)		✔	火山
(B)	✔		褶曲山地
(C)	✔		断層山地
(D)		✔	ドーム山
(E)		✔	高台山地

Fold Mountains（褶曲山地）の生成については（6）および（8）で、Fault-Block Mountains（断層山地）については（9）で説明されている。それぞれの定義を聴き取ろう。

CD 01 58 (6) ＿＿＿＿＿＿＿＿＿＿＿＿＿＿＿＿＿＿＿＿＿＿＿
CD 01 59 (8) ＿＿＿＿＿＿＿＿＿＿＿＿＿＿＿＿＿＿＿＿＿＿＿
CD 01 60 (9) ＿＿＿＿＿＿＿＿＿＿＿＿＿＿＿＿＿＿＿＿＿＿＿

よって(B)と(C)が、地殻表面のプレートが接触することによって形成されるタイプの山であることがわかる。

この問題がまさにそうなのだが、TOEFLのリスニング・セクションでは、講義の多くの部分が問題で問われないことが多い。細かい内容を気にすることなく、鍵となる語に集中して耳を傾ければ、22点は取れると思う。

6. 正解　(B)
もう1度講義の一部を聴いてください。そして質問に答えてください。［下線部（5）参照］

教授はどのような意味でこの発言をしていますか？［下線部（5）太字参照］
(A) 学生は前にジグソーパズルの模型を見たことがある。
(B) 学生はこれから話す概念を知っているはずだ。
(C) 学生はこの物質について以前の科目で学習した。
(D) 学生はそれまではこの過程を誤解していたかもしれない。

最後は「言外の意味」（implication）を問う問題だ。**正解は (B)** になるだろう。この The students should be の should は「〜のはずだ」という意味なので注意が必要である。

リスニング問題 6

Part 2 | Passage 3 CD 01 33-39

Economics

1. What is the professor mainly discussing? CD 01 34
   (A) The effect of declining populations
   (B) The true cost of energy consumption
   (C) The future impact of environmental destruction
   (D) The need for better mathematical models

2. How does the professor organize the information she presents to the class? CD 01 35
   (A) By describing a problem and analyzing its cause
   (B) By comparing advantages and disadvantages
   (C) By presenting events in the order in which they occur
   (D) By making an argument with supporting points

3. Why does the professor mention countries in Africa? CD 01 36
   (A) To provide an example of expanding economies
   (B) To identify areas with serious environmental destruction
   (C) To illustrate how birth rates shift over time
   (D) To demonstrate the relation between education and wealth

4. What factors does the professor say should be taken into account in economic calculations? *Choose two answers.*　　CD 01 37
   (A) Technological innovation
   (B) Population trends
   (C) Environmental destruction
   (D) Economic inequality

5. What does the professor want the students to do in the future?
   　　CD 01 38
   (A) Work to solve environmental problems
   (B) Develop more sophisticated economic analyses
   (C) Study harder to learn traditional economic concepts
   (D) Avoid making errors in monetary calculations

6. *Listen again to part of the lecture and then answer the question.*
   　　CD 01 39
   What does the professor mean when she says this?
   (A) The woman didn't get what she was saying.
   (B) The woman has anticipated her point.
   (C) The woman should speak more precisely.
   (D) The woman can try to answer again.

第1部 | 各セクション攻略法

リスニング問題 6 解答と解説

■正解

1. (C)　2. (D)　3. (A)　4. (B)(C)　5. (B)　6. (B)

■音声スクリプト　CD 01 33

Listen to part of a lecture in an economics class.

　I know since you all are economics majors you are used to thinking quantitatively and empirically about issues such as monetary policy, the effect of interest rates on the economy, supply and demand, and other kinds of economic issues. Today, however, I want to expand your horizons and get you to consider broader social and environmental issues that I'm going to argue are essential to the future of economics. At present, our mathematically based scientific models simply ignore them.

　⁽¹⁾Here, in short, is my argument. Over the next few decades, ⁽²⁾population is going to have a huge impact on economies and environments around the world. In some cases, such as in developing countries, the cause will be overpopulation. In others, such as some developed countries, it will be declining and aging populations. Next, and even more significantly, ⁽³⁾the effect that our technology is having on the world—in other words, how we are altering our natural environment—needs to be taken into account. ⁽⁴⁾These are my two main supporting points.

　Let me begin with a question. What's happening with world population trends and what influence will they have economically? Andy.

　Man: Well, as you said, in developing countries population is expanding and in developed countries, particularly in Europe and East Asia, it's declining. ⁽⁵⁾So, our traditional models would suggest that in developing

120

countries we'll see economic expansion and we may see financial contraction, or at least a slowing of growth in developed countries.

You're right on target, Andy. That's what our traditional models would suggest. ⁽⁶⁾At present, the population growth in some African countries is leading to greater economic activity, particularly where the workforce is younger. This should continue. So Africa could be a success story. Of course, we saw the same phenomena in Japan, Europe, and the United States after World War II. On the other hand, at the present time, the declining birth rates in Italy, Japan, and South Korea are worrisome, because as you know, there are too few younger workers supporting too many aging retirees.

But here are some other factors that may be even more significant: the effects that our technologies and our populations—even when they are declining—are having on the environment. Many countries have already exceeded the carrying capacity of their environments. What I mean by that is that their land area is already unable to sustain the population living there. For example, they have to import most of their food: they can't grow it themselves. They have to import massive amounts of gas or oil for energy. Some countries even import water. Although there are some promising developments in wind and solar energy, it appears that the twin problems of resource depletion and environmental pollution are only going to get worse. ⁽⁷⁾Now, is there anything really big looming on the horizon related to these joint issues of a decline in available resources and an increase in environmental destruction? Anybody?

Woman: I think you're getting at climate disruption. The greenhouse gases are a kind of collective pollution and they are affecting weather and climate worldwide. That's going to have an impact in a lot of ways we can't foresee, isn't it?

That's exactly what I'm trying to get at. When we look at the economic models you're learning, they fail to even try to take into account the cost of global warming and climate disruption. It's fraudulent, deceptive, and dishonest, in my opinion. Cutting down rainforests and burning coal have massive economic impacts. They increase the amount of CO-2 gas in the air. What are the effects that we've seen so far?

Man: Glaciers are melting. Rainfall patterns are changing. Average temperatures are rising, especially in some regions.

That's right. We are going to have massive water shortages in some areas. In other areas, we will have crop failures because of both heat waves and lack of water. We'll continue to have species extinction and a lot of tropical diseases such as malaria will move northward to more populous areas. In areas of the world where the population is expanding, this will have some serious effects. And even developed countries with their own problems of declining populations will suffer and be affected.

(8)So my claim and my conclusion is that as future economists you're going to need to take into account the natural world—and its destruction or its preservation—when you make economic calculations. (9)It may be difficult to assign a dollar value to a forest that pumps oxygen into the air and reduces CO-2, but we've got to start trying.

■音声スクリプトの訳と注

経済学の授業での講義の一部を聴いてください。

　みなさんは経済学を専攻しているので、金融政策や、金利が経済におよぼす影響、供給と需要、そのほかの経済問題などについて量的および実証的に考えることには慣れているでしょう。しかし今日は、みなさんの視野を広げ、より広範な社会問題と環境問題について考えてもらいたいと思います。これらは経済学の未来にとって非常に重要なものではないかと思うのです。現在私たちの数学的な科学的モデルは、これらの問題をまるで考慮していません。
　(1) 簡潔に言うと、私の考えはこうです。今後 20 年、30 年かけて、(2) 人口は世界中の経済と環境に多

| 1. Reading Section 攻略法 | **2. Listening Section 攻略法** | 3. Speaking Section 攻略法 | 4. Writing Section 攻略法 |

大なる影響をもたらすでしょう。場合によっては、たとえば発展途上国では、人口過剰が原因となるでしょう。そのほかの場合、たとえば先進国では、人口の減少や高齢化が原因になるところもあるでしょう。次に、そしてさらに重要なことに、(3) 私たちの技術が世界におよぼしている影響、言い換えれば私たちがいかに自然環境を変化させているかということですね、これについても考えなければいけません。(4) 以上が、私の主張の2つの主な根拠です。

はじめに質問をさせてください。世界の人口動態は現在どのように変化していて、経済には今後どういった影響をおよぼすと思いますか？　アンディ。

男性：ええと、先生がおっしゃったように、発展途上国では人口が増えていて、先進国、特にヨーロッパや東アジアでは減っています。(5) よって、僕たちが以前から使ってきたモデルによれば、発展途上国では経済が拡大することになるでしょう。そして先進国では財政収縮、あるいは少なくとも成長の鈍化が見られるかもしれません。

的を射ていますね、アンディ。伝統的なモデルによると、そういうことになります。(6) 現在、アフリカのいくつかの国における人口増加は経済活動を活発化させており、特に若い労働人口の多い分野において顕著です。これは今後もつづくでしょう。よって、アフリカが成功例となる可能性もあります。もちろん、同じ現象は日本、ヨーロッパ、アメリカにおいても第二次世界大戦後に見られました。しかし現在、イタリア、日本、韓国における出生率の低下は気がかりです。なぜなら、ご存じのとおり、高齢化の進む退職者が増えすぎているのに、彼らを支える若い労働者があまりにも少ないからです。

しかし、さらに重要であるかもしれない要因がほかにもあります。それは、私たちの技術と人口が――人口は減っているとしても――環境に与えている影響です。すでに多くの国が環境収容力の範囲を超えています。つまり、すでにその国の面積では、そこに住む人口を扶養しつづけるのは不可能だということです。たとえば、そういった国々は食糧のほとんどを輸入しなければいけません。自国で栽培することはできないからです。エネルギーのためのガスや石油も大量に輸入しなければなりません。水を輸入している国さえあります。風力発電と太陽光発電の成長においては期待できる部分もありますが、資源の枯渇と環境汚染という2つの問題は悪化する一方であるように思えます。(7) さて、利用可能な資源の減少と環境破壊の進行という複合的な問題に関連して、その領域に不気味な顔をのぞかせている巨大な何かがあるでしょうか？　誰かわかりますか？

女性：気候の乱れということでしょうか。温室効果ガスは汚染物質が蓄積したものの一種で、世界中の天候や気候に影響をおよぼしています。これは多くの面で私たちが予測できないような影響をもたらすだろう、ということですよね？

まさにそれが私の言おうとしていることです。みなさんが学んでいる経済モデルを見てみると、地球温暖化や気候の乱れによるコストを考慮しようとすらしていません。これは欺瞞的で、当てにならず、不誠実だと私は考えます。熱帯雨林の伐採や石炭の燃焼は経済に多大なる影響をおよぼします。これらの行為は大気中の二酸化炭素の量を増加させます。今までに起こった影響としてはどんなものがあるでしょうか？

男性：氷河の融解が進んでいます。降雨パターンも変化しています。平均気温も上昇しています、特にいくつかの地域では。

そのとおり。深刻な水不足に陥る地域も出てくるでしょう。ほかの地域では、酷暑と水不足の両方が原因で穀物が不作になるでしょう。生物種はつぎつぎと絶滅し、マラリアなど多くの熱帯病が北上してもっと人口の多い地域に広がるでしょう。世界の中で人口が増加している地域では、これは非常に深刻な影響をもたらします。そして、人口減少という問題を抱えている先進国にも被害や影響はおよぶでしょう。
　(8) したがって私の主張と結論は、将来的に経済学者となるあなたたちは、自然界とその破壊あるいは保全を考慮に入れることが必要になるだろう、ということです。経済的な計算を行なう場合には。(9) 大気中に酸素を送り出して二酸化炭素を減らす森林の価値をドルに換算することはむずかしいかもしれませんが、挑戦しはじめなければならないのです。

<注>
☐ quantitatively　量的に　☐ empirically　実証的に　☐ monetary policy　金融政策　☐ interest rate　金利　☐ horizon　視野、領域　☐ mathematically　数学的に　☐ overpopulation　人口過剰　☐ aging　高齢化している　☐ alter　変える　☐ take ... into account　... を考慮に入れる　☐ expansion　拡大　☐ contraction　収縮　☐ workforce　労働力　☐ phenomena　現象（phenomenon の複数形）　☐ birth rate　出生率　☐ worrisome　気にかかる　☐ retiree　退職者　☐ exceed　...の限度を超える　☐ carrying capacity　積載量、（環境）収容力　☐ sustain　（生命・活動などを）維持する　☐ massive　（量・規模・程度などの）大きい　☐ promising　見込みがある　☐ depletion　激減、消耗　☐ loom　ぼんやりと現われる　☐ joint　共同の、合同の　☐ get at ...　... をほのめかす、意味する　☐ disruption　崩壊　☐ greenhouse gas　温室効果ガス　☐ collective　集合性の　☐ foresee　予見する　☐ fraudulent　欺瞞的な　☐ deceptive　人を欺くような　☐ dishonest　不誠実な　☐ rainforest　熱帯雨林　☐ coal　石炭　☐ glacier　氷河　☐ melt　溶ける　☐ rainfall　降雨　☐ shortage　不足　☐ heat wave　熱波、酷暑　☐ extinction　絶滅　☐ tropical disease　熱帯病　☐ malaria　マラリア　☐ northward　北方へ　☐ populous　人口の多い　☐ preservation　保存、保護　☐ calculation　計算　☐ assign　割りあてる

■解答と解説

1.　正解　(C)
教授が主に話している内容は何ですか？
(A) 人口減少がもたらす影響
(B) エネルギー消費の真の代償
(C) 環境破壊が将来的にもたらす影響
(D) よりすぐれた数学モデルの必要性

　講義の主題を問う問題であるが、これは簡単だ。この講義には、終わり近くに結論がある。(9) の部分だ。これを聴いたあとにこの問題に答えるので、難なく正解できるだろう。こういう問題は絶対に落としてはいけない。

　CD 01 61　(9)_____

「将来の経済学者は、自然界も考慮した計算式を構築する必要がある」という結論であるので、**正解は (C)**。

2. 正解 (D)

教授はどのようにして学生たちに伝える情報をまとめていますか？
(A) 問題を説明し、その原因を分析している
(B) メリットとデメリットを比較している
(C) 発生する順に出来事を説明している
(D) 根拠を挙げながら主張を述べている

講義の構成について問う問題だ。話が展開する時のサインになる文を抜粋してみよう。

(1) Here, in short, is my argument.
(4) These are my two main supporting points.
(7) That's exactly what I'm trying to get at.
(8) So my claim and my conclusion is that …

こういう表現を見れば、この講義の構成は「根拠を挙げながら主張を述べる」スタイルであるとわかる。よって、**正解は (D)**。こうした論理的な構成を築く表現にはつねに注意し、「ここで話の展開が変わる」というようなメモを残すようにしよう。横線や斜線（／）を引くのが効果的で、視覚的に全体の講義の構成を確認できるだろう。

3. 正解 (A)

なぜ教授はアフリカの国について言及しているのですか？
(A) 拡大が進む経済の例を挙げるため
(B) 深刻な環境破壊が行なわれている地域を示すため
(C) 時代とともに出生率がどのように変化するかを説明するため
(D) 教育と豊かさの関連性を示すため

この質問は、全体の講義の構成に関わる質問であるので非常に重要だ。該当箇所（6）を聴き直してみよう。 **CD 01 62**

At present, the population growth in some African countries is leading to greater economic activity, particularly where the workforce is younger. This should continue. So Africa could be a success story.

最後の a success story でもわかるように、経済が拡大している地域の例としてアフリカを挙げていることは明らかである。**正解は (A) 以外にはない。**

この部分は、実はその直前に学生が述べていた、(5) So, our traditional models would suggest that in developing countries we'll see economic expansion and we may see financial contraction, or at least a slowing of growth in developed countries. の前半部分の具体例の役割をはたしている。メモの取り方は次のようになるだろうか？

途上 → econ ↑ (Africa)
先進 → econ ↓ (Japan)

このように矢印や括弧を効果的に使ってメモを取るようにしよう。瞬間的に書けて、自分がわかればそれで十分だ。

4. **正解　(B)(C)**
教授は、経済的な計算をする上でどのような要因を考慮に入れるべきだと言っていますか？解答を 2 つ選んでください。
(A) 技術革新
(B) 人口動態
(C) 環境破壊
(D) 経済格差
☐ inequality　不公平

(4) で These are my two main supporting points. と述べているように、経済と環境の変化をもたらすものに 2 つあると講師は主張している。その 2 つというのは、(2) と (3) である。この (3) を書き取ってみよう。

CD 01 63　(3) _____

よって、**(B) と (C) が正解**。(1) の Here, in short, is my argument. を聴いた時点で、そのあとに重要なポイントが出てくると予測できるので、しっかりとメモしておこう。

5. **正解　(B)**
教授が将来的に学生たちにしてほしいこととは何ですか？
(A) 環境問題の解決に取り組む

| 1. Reading Section 攻略法 | 2. Listening Section 攻略法 | 3. Speaking Section 攻略法 | 4. Writing Section 攻略法 |

(B) より高度な経済分析手法を生み出す
(C) もっと勉強して伝統的な経済概念を学ぶ
(D) 金銭上の計算をする際にはミスをしないようにする

　講義の最後に、結論として教授が学生たちに向けて主張していることがある。それが (8) の So my claim and my conclusion is that as future economists you're going to need to take into account the natural world ... で、そこが質問の該当箇所にあたる。「将来的に経済学者となるあなたたちは、自然界とその破壊あるいは保全を考慮した上で、経済的な計算を行なう必要が出てくるだろう」と言い、その次の文の (9) で具体的に何をすべきか言っている。もう一度聴き取ってみよう。　CD 01 61

　(9) It may be difficult to assign a dollar value to a forest that pumps oxygen into the air and reduces CO-2, but we've got to start trying.（大気に酸素を送り出して二酸化炭素を減らす森林の価値をドルに換算することはむずかしいかもしれませんが、挑戦しはじめなければならないのです）
　この教授の主張にあてはまるのは、選択肢の中では (B) だ。よって、**(B) が正解**となる。

6.　正解　(B)
もう１度講義の一部を聴いてください。そして質問に答えてください。［下線部 (7) 参照］

教授はどのような意味でこの発言をしていますか？［下線部 (7) 太字参照］
(A) 自分が言ったことを女性は理解していない。
(B) 自分が言いたいことを女性は言いあてた。
(C) 女性はもっとわかりやすい話し方をすべきだ。
(D) 女性はもう１度答えてみることができる。
□ anticipate　予想する

　get at ... は「…を暗示する、ほのめかす」の意味なので、That's exactly what I'm trying to get at. で、「それがまさに私の言おうとしていることです」という意味になる。**正解は (B)。**

リスニング問題を終えて

　リスニング問題を6問終えてみて、いかがだったろうか？
　今度は、全体を通して聴いて、一字一句が明確に聞こえるかどうか確かめてほしい。問題で問われた部分の聴き漏らしがないか、意識してみるとよい。
　ここまでくれば、ようやく「聴き流し」ができるようになるだろう。ただ単に聴き流しても、情報が頭に残り、余裕ができて、もっと細かいことに注意が向けられるはずだ。そうなれば、TOEFLのリスニング問題のすべてに正解することが運でも神業でもないことがわかるだろう。
　詳細を聴き取り、場合によっては大事な部分を書き取る練習はこれで終えた。もはや英文を目で確認する必要はない。「英文を見ないと不安だ」という意識を払拭しない限り、TOEFLのリスニング問題には対応できない。「文字を見なくてもわかるし、わからなくても特に問題なく正答できる」ことをこの聴き流し作業で確認し、試験本番に臨んでほしい。
　最後に念のため確認しておこう。このリスニング・セクションの問題を、答えあわせだけで終えてしまった読者は、リスニング力向上のきっかけを逃してしまったかもしれない。リスニング力向上のポイントは、「大体わかる」から「完全にわかる」という変化が実感できるかどうかにある。各問題の解説に戻り、重要な文が一字一句明確に記憶できているか、ディクテーションして確認することを提案しておく。

Speaking Section

3. スピーキング・セクション攻略法

1 TOEFL スピーキング・セクションについて

● スピーキング・セクションの特徴

　日本で生活している限り、英語が話せないからといって苦しい状況に置かれることはない。しかし、留学すれば、英語が話せないと、さまざまな場面で支障をきたすことになるだろう。そして TOEFL は、留学先で授業にどれくらいついていけるかを試す試験だ。

　だが、おそれることはない。TOEFL の試験では、ネイティブ並みに英語を話せなければ高得点が取れないというわけではない。ノンネイティブでも、リーディング・パッセージがちゃんと読み取れて、講義もしっかり聴き取れて、その上で質問に対してわかりやすい英語で的確に説明することができれば、及第点が取れる。

　では、これから日本人の TOEFL 受験者にとって効果的なスピーキング・セクションの対策を考えてみよう。

● 問題構成はどうなっているか？

　スピーキング・セクションの問題形式、採点評価は以下のとおり。

1. Question 1, 2 Independent Speaking の問題形式と傾向

　Question 1 は、自分の経験や好みを訊かれる問題が出題される。Question 2 では、身近な話題に対して、自分の意見を述べる問題が出題される。

　どちらも、準備時間は 15 秒、解答時間は 45 秒。

2. Question 3, 4 Integrated Speaking（リーディング＋リスニング＋スピーキング）の問題形式と傾向

　① 100 語程度の短いパッセージを 45 秒あるいは 50 秒で読む。
　② Question 3 ではそれについての会話を、Question 4 ではそれについての講義を聴く。
　③ 上の①と②に関連する質問に、英語で話して答える。

　どちらも、準備時間は 30 秒、解答時間は 60 秒。

3. Question 5, 6 Integrated Speaking（リスニング＋スピーキング）

　① Question 5 では会話の一部を、Question 6 では講義の一部を聴く。
　② 上の①に関する質問に、英語で話して答える。

　どちらも、準備時間は 20 秒、解答時間は 60 秒。

| | 1. Reading Section 攻略法 | 2．Listening Section 攻略法 | 3．Speaking Section 攻略法 | 4．Writing Section 攻略法 |

> **採点評価：** Question 1 ～ 6 までそれぞれ 0 ～ 4 で評点され、その合計が 0 ～ 30 のスコアに換算される。受験者の解答音声は録音され、ETS に送られる。そして ETS 認定の採点者が、それを採点する。採点基準については、ETS のホームページの TOEFL のページに TOEFL iBT Speaking Section Scoring Guide（TOEFL スピーキング・セクション採点ガイド）の PDF ファイルが掲載されているので、そちらをご覧いただきたい。
>
> ※準備時間と解答時間は、画面の右上に、残り時間として表示される。

　TOEFL スピーキング・セクションは、リーディングとリスニングを終えて、10 分間の休憩のあと、開始される。受験者はその 10 分間の休憩のあいだに、パソコンから離れて、トイレに行ったり、軽食を取ったり、飲み物を飲んだりすることができる。10 分後にふたたびパソコンに戻り、スピーキング問題を開始する。

　TOEFL では、英検や IELTS と違って、パソコンを相手にしゃべるので、まずそれに慣れておかないといけない。準備時間が過ぎると、解答をはじめなければならない。解答時間が過ぎると、それ以上音声を吹き込めなくなる。

　TOEFL のスピーキング・セクションは、英語圏で有意義な大学生活をおくるのに、どの程度の英語のスピーキング能力があるかを測るものである。したがって、出題される問題も、アメリカなどの大学生活で経験するようなものばかりだ。

● どんな問題が出題されるか？

　Independent Speaking では、身近な話題について自分の経験や意見を述べることが求められる。本書の問題とその模範解答を参考に、普段からこういったことを英語で答えられるようにしておいてほしい。そして、45 秒間でなるべく多くのことを話すようにしよう。

　Integrated Speaking では、リーディングやリスニングをあわせた問題が出題される。話す力に加えて、速読力と聴解力も求められるわけだ。本書の問題に、模範解答を参考にして、何度も答えてみよう。

　スピーキング・セクションでも、すべての問題でメモを取ることができる。メモを効果的に取ることで、解答の質も上がるはずだ。

● スピーキング問題はどのように画面に表示され、そして解いていくか？

　Question 1 と Question 2 の Independent Speaking では、質問文が画面に表示され、そしてそれが読み上げられる。そのあと準備時間があって、解答する。解答中も質問文は

画面に表示されている。解答時間中は、画面に残り時間が表示される。

　Question 3と4では、リーディング・パッセージが映し出される。そのあと会話や講義の写真を写した写真が現われ、音声を聴く。Question 5と6では写真が映し出され、同時に音声が流される。解答中も、その写真がずっと表示されている。解答時間中は、画面に残り時間が表示される。

　スピーキング・セクションは、リスニング・セクション同様、メモの取り方が非常に大事になる。次の2.「スピーキング問題完全攻略法」で詳しく説明した。よく見てほしい。

2　スピーキング問題完全攻略法

● **留学してキャンパス内や授業で話すように答える**

　Question 1とQuestion 2のIndependent Speakingでは、身近な話題について自分の経験や意見を述べる問題が出題される。アメリカなどの大学で友人と会話ができるかどうかを評価する問題であるので、友人と話すような調子で答えればいい。

　よく「私は、外食を控え、自炊をしている。理由は以下の3つである。第1に経済的な問題がある。第2に私は栄養のバランスをいつも考えている…」といったスピーチのような答え方をする人がいる。実際そういった話し方を勧めている本もあるのだが、それほど堅苦しくなくていいと思う。あんまり論理的にきっちり答えようとすると、変に緊張して、うまく話せなくなってしまうかもしれないので、もう少しリラックスして答えればいいだろう。

　Question 3とQuestion 5のIntegrated Speakingでは、大学のキャンパスで話題になるような問題が出題される。Question 3は、学内の告知文などを読み、その内容に反対する（場合がほとんどである）学生の会話を聴き、その理由をまとめるという問題である。Question 5もそれと似ているが、リーディング・パッセージはなく、会話を聴くだけだ。会話の中では、1人の学生がかかえるキャンパス・ライフでの問題に対して、もう1人が相談に乗り、その解決策を提案する。受験者は、会話の中に出てきた学生がかかえる問題とその解決策をまとめて、さらにその学生がどうするべきか自分の意見を述べなければならない。

　Question 4とQuestion 6のIntegrated Speakingでは、大学の講義を聴いて、それ

| 1. Reading Section 攻略法 | 2. Listening Section 攻略法 | **3. Speaking Section 攻略法** | 4. Writing Section 攻略法 |

に関する質問に答える。Question 4 は、まずアカデミックな内容のパッセージを読み、それに関連する講義を聴いたあと、講義の内容を説明するという問題である。Question 6 は講義を聴いて、その内容をまとめるという問題である。どちらも、まさしく、アメリカなどの大学の講義にどの程度ついていけるか試される問題といえるだろう。

　目の前にはパソコンの画面しかないが、Question 4 と Question 6 に関しては、自分はすでに留学し、アメリカの大学でクラスメートと一緒に講義を受けていると想像して臨むといい。ここで答えられないと、自分の成績は悪くなるし、クラスメートにも迷惑をかけてしまう。だから、なんとしても学術記事をしっかり読み、講義も集中して聴いて、その内容を英語でわかりやすくまとめなければならないのだ、と。Question 4 と Question 6 はむずかしいが、自分も留学すれば、同じようなことを経験しなければならないのだという気持ちで準備しよう。

● **発声は明瞭に**

　スピーキング・セクションでは、ネイティブのように発音する必要はないが、明瞭に発声することが重要である。大切なのは、明瞭に声が通ることであり、/th/ の音や、/r/ の音がきれいに出せることでもなければ、water を英語らしく発音することでもない。英語らしく聞こえさせようと、不必要に /r/ の音を強く印象づけようとして、口をあまり開けずに、不明瞭につぶやいたりすれば、逆に採点者に聴き取ってもらえず、いい結果が出ない。

　TOEFL では、ノンネイティブがネイティブ並みに発音することを最初から期待されていない。発音矯正は、TOEFL 受験後の目標にすればよい。自分が理解して、使える言葉で、「明確に」「リズムよく」話すように心がけよう。

　そして TOEFL の採点では、具体的な項目の 1 つのミスに対して 1 点減点するという「減点方式」は採用していない。そのような採点方法ではなく、全体の印象を唯一最大のよりどころとする「全体的評価方式」によってスコアが出る。よって、些細なミスを気にする必要はまったくない。

● **Independent Speaking をどう攻略するか？**

　では、採点者の印象をよくして、高得点を取るにはどうすればいいか？　その方策を明確に理解するために、ETS の Official Guide に加えて、私（四軒家）がこれまでの受験者への指導で得た情報をもとにまとめたガイドラインを以下に示す。これは読者のみなさんにとって、非常に有益な情報になると思う。

80語でうまく話せば3点
90語でうまく話せば4点（満点）
とにかく100語あれば4点（満点）

　スピーキング・セクションは1問4点満点で、その合計の平均点がETS所定の換算表に従って、0～30のスコアに換算される。2013年の日本人受験者のスピーキングの平均スコアは17点だった。したがって、平均点が2でスコアが15点となるから、1問につきほぼ平均2点を取っていることになる。したがって、平均的な日本人受験者は、平均3点を取ることを目標にしよう。ちなみにその換算表（現在は非公開となっている。多少の変更があるのだろう。勉強の方法に影響があるとは考えにくいが）によると、6問の平均点が3であれば、スコアは23となる。23点未満のスコアの受験者は、次回の受験ですべての問題で3点を取ることをめざそう。TOEFLの採点では2.5などといった端数は存在しない。ひとくちに2点といっても、実際には「幅」があり、3点に近い受験者もいれば、1点に近い受験者もいる。ある受験者の録音解答を聞いて、採点者が「3点には届かない」と判断するから2点になるのだ。よって、スピーキング・セクションでスコアを上げるには、この「3点の壁」を、そしてそれよりも何倍も高い「4点の壁」を超えなければならない。

　3点、そして4点の「壁」はどうすれば超えられるか？　その大きな要素の1つが「語数」だ。TOEFLのスピーキングでは流暢さ（fluency）が求められるが、それをどうやって測定するのか？　それには具体的な数値を設けるしかない。その1つが「語数」である。45秒の制限時間で、意味のある英単語を何語発したかが、間違いなく流暢さの判断材料の1つになる。そして、先ほどガイドラインで示した語数を制限時間内に話すことで、3点と4点の壁を突破できる可能性は高くなるはずだ。

　この目標語数は、ETSが発表しているものではない。私が2006年にTOEFL iBTが日本で実施されて以来、指導した受験者のスコアを確認した上で得たものである。しかし、日本人受験者がめざすべき目標であると思う。

　そこで、語数を増やす上で、次のことに注意してほしい。

同じ単語や表現の繰り返し（repetition）では、スコアは上がらない。

　100語を話すとは言っても、同じことを何度も繰り返してみたところで、自分の「話す能力」を相手に伝えることはできないし、当然スコアも上がらない。たとえば、次のような話し方はどうだろうか？

| 1. Reading Section 攻略法 | 2. Listening Section 攻略法 | 3. Speaking Section 攻略法 | 4. Writing Section 攻略法 |

I like curry. Curry is hot, and I like hot food. Therefore, I like curry. So my favorite food is curry, because it is hot.

これは curry と hot を繰り返すだけで、実際の会話でこのような言い方をされれば、聞くほうもうんざりしてしまう。こうした繰り返しを避けるために、多くの受験者が意識して使用するのが「同義語」である。

I like curry. Curry is hot, and I like spicy food. Therefore, I prefer curry. So my favorite food is curry, because it is savory.

しかし、同じ単語の繰り返しを避けることができたとしても、これではスコアは変わらないだろう。この程度の単語の「言い換え」では高得点は望めない。やはり話の中身を充実させなければならない。それには話の「展開力」が必要だ。

話の展開力とは、

1つの考えを次の文でどう展開するかを意識しながら、文と文のつながりを考えて話す

ことだ。この「展開力」を身につければ、スピーキング問題のスコアアップが期待できる。「語数」と「展開力」。この2つを Independent Speaking でいかに発揮するか、3.「スピーキング問題を解いてみよう」で実際に問題を解きながら考えてみよう。

● Integrated Speaking をどう攻略するか？
　Question 3 から Question 6 までの4つの問題は、リーディングやリスニングの題材を与えられる。読み取り、聴き取った重要な情報を文単位で述べることができれば、採点者が満点を出す可能性が高い。発音の良し悪しは、「相手が聴き取れる」範囲内であれば、特に問題ない。
　ここでも、私自身の経験と、指導した受験者への取材から得た採点ポイントを紹介するので、参考にしてほしい。

重要なポイントを文にして述べると満点
ストーリーにする必要はない。読んで聴いたとおりの順序で話せばよい
要約する必要はない

単語単位での発話はプラスにならない

多くの受験者は、ストーリー仕立てにする傾向がある。しかし、この Integrated Speaking の問題に関しては、そういう必要はまったくないといってよい。しかも、読んで、聴いた順に重要な情報を述べれば、流れのある話に聞こえるようになっている。

要約する必要もなく、重要項目を文で列挙する形でよい。要約しようとすると、逆に重要な部分が聴き取れていないと判断される危険性がある。

さらに、単語単位の発言では、スピーキングの能力を示すことはできない。単語を聴いてリピートするのは、誰でもできることだ。たとえば "… scholarship …" と聞こえて、"Scholarship." と答えても、スコアにはまったく結びつかない。最低でも "He cannot get a scholarship." といった文で答えなければならない。

以上のことを頭に入れて、TOEFL のスピーキング問題に挑戦してみよう。

3 スピーキング問題を解いてみよう

では、試験本番と同じように、Independent Speaking の問題（Question 1, 2）を 2 問、Integrated Speaking の問題（Question 3, 4, 5, 6）を 4 問解いてみよう。

| 1. Reading Section 攻略法 | 2. Listening Section 攻略法 | **3. Speaking Section 攻略法** | 4. Writing Section 攻略法 |

Independent Speaking

「Independent Speaking をどう攻略するか？」(133 ページ参照) でも述べたように、この問題は「語数」と「展開力」が鍵を握る。そのことをよく考えながら、Question 1 と Question 2 に挑戦しよう。

スピーキング問題 1

Question 1

CD 02 01-02

What kind of movies, such as action movies, love stories, or horror films, do you enjoy the most? Why? Use specific examples and reasons to support your answer.

Preparation Time: 15 seconds
Response Time: 45 seconds

映画にはアクション、ラブストーリー、ホラーなどのジャンルがありますが、あなたがいちばん楽しいと思うのはどのジャンルですか？ それはなぜですか？ 具体的な例と理由を挙げて述べてください。

準備時間：15 秒
解答時間：45 秒

この質問に対しては、こんなふうに答えたらどうだろう？ 私が頭の中で考えていることを以下に書いてみる。

1. What kinds of movies do I like? → I like comedies.
2. My favorite comedy is *Meet the Parents*.
3. This movie features Ben Stiller, who plays the fiancé of a woman whose father is played by Robert De Niro.
4. De Niro is my favorite actor.

> 5. He usually plays the role of a serious mafia boss or a cop,
> 6. but in this comedy
> 7. he interacts with Ben Stiller and fills the movie with laughter and tears.
> 8. Comedies are often great entertainment
> 9. because they make us laugh a lot
> 10. and at the same time, they make us cry a little.
> 11. No other genre of movies entertains us like this.

では、上の内容を詳しく見ていきながら、Question 1 の対策を考えてみたい。

1. What kinds of movies do I like? → I like comedies.

　I like ... ではじめてよい。ここでは疑問文を使ってみた。スピーキング・セクションで疑問文を使うことはほとんどないが、使えそうな場面や答えに迷った時には、便利だ。

2. My favorite comedy is *Meet the Parents*.

　なぜコメディ映画の具体例を挙げる必要があるのか？　それは、ひとことで「コメディ」と言っても、アメリカ人の採点者と日本人の受験者が共通の理解をしているとは限らないからである。具体的にコメディ映画の作品名を出したほうが伝わりやすい。具体例を挙げることで、自分が思うことを採点者にはっきり伝えることができる。

3. This movie features Ben Stiller, who plays a fiancé of a woman whose father is played by Robert De Niro.

　this movie で、2 の映画 *Meet the Parents* を受けている。

　TOEFL において、指示語の使用は疑いなくプラス要因に働く。this（この）を使うことで、その前の文とのつながりを示すことができて、話を「展開している」ことをアピールできる。

4. De Niro is my favorite actor.
5. He usually plays the role of a serious mafia boss or a cop,
6. but in this comedy
7. he interacts with Ben Stiller and fills the movie with laughter and tears.

| 1. Reading Section 攻略法 | 2. Listening Section 攻略法 | **3. Speaking Section 攻略法** | 4. Writing Section 攻略法 |

4と5で俳優のことに具体的に触れながらも、6と7で *Meet the Parents* がコメディ映画であり、自分はそれについて述べていることを再び明らかにしている。このように、補足情報を盛り込みつつも、つねに質問の内容に直接答えることを忘れてはならない。

8. Comedies are often great entertainment
9. because they make us laugh a lot
10. and at the same time, they make us weep a little.
11. No other genre of movies entertains us like this. （like this を使ってまとめる）

11の部分は、ライティング・セクションならば、I like a comedy. の次に持ってきてもいい内容である。自分の意見の直接的な理由であるからだ。しかし、たった45秒で、意見を述べて、次にその理由を述べて、そのあと具体例を出すという論理的な構成に基づいて解答するのはむずかしいし、とても100語を話すことはできない。15秒の準備時間にそのためのメモを練り上げられるとも思えない。

では、以下に、解答例をまとめる。

Sample Answer 1

CD 02 03

What kinds of movies do I like? I like comedies. My favorite comedy is *Meet the Parents*. This movie features Ben Stiller, who plays the fiancé of a woman whose father is played by Robert De Niro. De Niro is my favorite actor. He usually plays the role of a serious mafia boss or a cop, but in this comedy he interacts with Ben Stiller and fills the movie with laughter and tears. Comedies are often great entertainment because they make us laugh a lot and at the same time, they make us cry a little. No other genre of movies entertains us like this. (105 words)

わたしはどんな映画が好きでしょうか？ コメディが好きです。好きなコメディ映画は『ミート・ザ・ペアレンツ』です。この映画にはベン・スティラーが出ていて、一人の女性の婚約者を演じます。そしてその女性の父親をロバート・デ・ニーロが演じます。デ・ニーロは私の好きな俳優です。彼は普段、マフィアのボスや警官を演じることが多いですが、このコメディではベン・スティラーとかけあい、涙と笑いでとことん楽しませてくれます。コメディはいつも大変楽しいです。大笑いさせてくれるだけでなく、ちょっと泣かせてもくれますから。ほかのジャンルの映画はコメディほど楽しめないと思

います。(105 語)

　現実の会話では、最初に具体例を出してもまったく不自然ではない。よって、具体例に言及しながら、抽象論を組み立てることは、スピーキング・セクションでももちろん可能である。

　思ったことを素直に述べながら、話を展開していく。この戦略で十分である。あとは野となれ山となれ、だ。アナウンサーの試験ではないのだし、45 秒ちょうどで話を完結させるテクニックを、外国語の試験である TOEFL が求めているとは思えない。気楽にいこう。

　読者のみなさんには、自分の答案を作成してみることをおすすめする。まず 45 秒間口頭で解答し、そのあとその内容を書いてみよう。そしてその語数を数えてみてほしい。100 語に達していれば（繰り返しの表現は除く）、満点（4 点）が期待できる。50 語なら、かなり難易度の高い語彙を使ったとか、発音がネイティブ並みといったアドバンテージがない限り、2 点だろう。

　自分が作った答案を確認して、さらに同じ問題でスコアを上げるにはどこを改善すべきか客観的に分析してほしい。

　では、以下に、ポール・ワーデンの満点の解答例も 2 つ挙げておこう。

Sample Answer 2

CD 02 04

　There are so many kinds of movies that I enjoy, but I like horror movies the most. Maybe that sounds strange, but I have some good reasons. First, horror movies really scare me, and they make me feel alive! Second, they help me take my mind off of whatever's bothering me. They are the perfect escape from regular life—you don't think about your personal problems when a vampire is about to bite the neck of someone who doesn't know what's happening. My favorite horror movies are the Dracula movies. I also like *Friday the 13th* and *Nightmare on Elm Street*. Horror movies are the most exciting and enjoyable to me. That's why I like them. (116 words)

　観ていて楽しい映画のジャンルはたくさんありますが、私はホラー映画がいちばん好きです。変わっていると思われるかもしれませんが、ちゃんと理由があります。まず、ホラー映画を観るととても怖く

| 1. Reading Section 攻略法 | 2. Listening Section 攻略法 | **3. Speaking Section 攻略法** | 4. Writing Section 攻略法 |

なりますが、そのおかげで自分は生きている！と感じることができます。第2に、ホラー映画は、どんな悩みごとも忘れさせてくれます。ホラー映画は日常生活からの逃避にもってこいです。吸血鬼が、何が起こっているのかわかっていない誰かの首にかみつこうとする瞬間には、自分の問題など忘れてしまいます。私のお気に入りはドラキュラが登場するホラー映画です。『13日の金曜日』や『エルム街の悪夢』も好きです。ホラー映画は私にとってもっともドキドキし、楽しめるジャンルです。だから私はホラー映画が好きです。（116語）

□ scare　怖がらせる、おびえさせる　□ alive　生きている　□ bother　…に面倒をかける、わずらわせる　□ regular　いつもの、通常の　□ vampire　吸血鬼　□ bite　かむ、かみつく　□ nightmare　悪夢　□ enjoyable　楽しい、おもしろい

Sample Answer 3

CD 02 05

　　If I were to choose from all the different kinds of movies that I like, I'd have to say that I enjoy love stories the most. Maybe I just have a soft heart. To me, love is the most important emotion for human beings. In addition, falling in love is the most important experience a person can have. Now, we can't personally fall in love every week in the real world, but by watching a romantic movie we can experience some of the same feelings because of our sympathy with the characters. When they hurt, we hurt. When they feel love, we feel it, too. That's why I like love stories the most. (115 words)

　　私はさまざまなジャンルの映画が好きですが、どれかを選ばなければならないとすれば、いちばん好きなのはラブストーリーです。情にもろいからかもしれません。私は愛が人間にとってもっとも大切な感情だと思っています。また、恋をすることは、人間が体験しうるもっとも大切な経験です。とはいえ、現実世界では1人の人間が毎週のように恋に落ちることはできません。しかし、ロマンチックな映画を観ると、登場人物に共感するので、同じ感情をいだくことができます。登場人物たちが傷つけば自分も傷つきます。彼らが愛を感じれば、自分も愛を感じます。だから私はラブストーリーがいちばん好きです。（115語）

□ soft heart　優しい心、情け深い心　□ emotion　感情　□ sympathy　共感

スピーキング問題 2

Question 2

CD 02 06-07

Question 2 では、次のような問題が出題される。

Some people believe that students should have one long vacation every year. Others believe that several short holidays are better. Which would you prefer and why?

Preparation Time: 15 seconds
Response Time: 45 seconds

学生には年に1度の長期休暇があるべきだと考える人もいれば、短期の休日が何回かあるほうがいいと考える人もいます。あなたはどちらがいいと考えますか？ またそれはなぜですか？

準備時間：15 秒
解答時間：45 秒

Question 1 と明らかに違うのは、Question 2 は「対比問題」であるということだ。2択と言うよりも、対比と言うほうが正確だろう。このような「長い休暇 vs. 短い休暇」といった対比問題が出題される。受験者は、どちらかを支持し、その背後にある（自分にとって）より重要な要因について述べるわけである。

ここでも、私の頭の中にある考えをサンプルとして提示しながら解説する。

---

1. I think that students should have one long vacation.
2. What is a vacation for?
3. Well, we have a vacation because there is more to life than school.
4. During a long vacation you can learn a lot of important things that you can't learn in school.
5. For example, last summer during a long vacation, I got a job and worked in a restaurant.
6. I learned a lot about how to talk to people, a lot about food serving, and

| 1. Reading Section 攻略法 | 2. Listening Section 攻略法 | **3. Speaking Section 攻略法** | 4. Writing Section 攻略法 |

> even a lot about food preparation. I also learned a lot about the value of money.
> 7. All this would not have been possible if we were allowed to spend only several weels vacation.

では、上の内容を詳しく見ていこう。

1. I think that students should have one long vacation.

　one long vacation を選択することにした。理由は、長期のバイトをやった経験があり、それがいい思い出として残っているからである。

2. What is a vacation for?
3. Well, we have a vacation because there is more to life than school.
4. During a long vacation you can learn a lot of important things that you can't learn in school.

　この部分では、「長期休暇」を支持する抽象的な理由を述べている。ただし、Question 1 で説明したように、日常会話のように話せばいいのであって、型にはまった答え方をする必要はない。このくらいくだけた感じの話し方でいいと思う。そしてこの程度の理由なら、誰でもむりなく思いつくだろう。

　また、What is a vacation for? のように、What is (　) for? という問いに対する抽象的な答えを準備しておくことも、スピーキング・セクション対策として効果的だ。例を挙げると、

　　休暇の意義　⇨　学校の勉強以外の体験
　　体育の意義　⇨　協調性の育成
　　食事の意義　⇨　会話の潤滑油

などである。

5. For example, last summer during a long vacation, I got a job and worked in a restaurant.

　理由を述べたあとは、具体例として、バイトの経験を話せばよい。ただ、「何のための

話なのか」を明確にしなければならない。もちろん、「学校で学べないことがバイトで学べる」ということを強調するためだ。

6. I learned a lot about how to talk to people, a lot about food serving, and even a lot about food preparation. I also learned a lot about the value of money.

　ここで注意したいのは、a lot about ... という言い方で、3つのことを並列していることである。このように、同じフレーズを使って複数のことを並列することは、リズムよく話す上でも、内容を充実させる上でも、効果的だ。

7. All this would not have been possible if we were allowed to spend only several weeks on vacation.

　最後は、短い休暇と対比して文を締めくくるとよい。語数は全部で112語だ。

　よくできる受験者の解答例に、「Aのほうがよい。理由は3つある。1, 2, 3だからである」という内容のものがよくある。これでは、「Aがよい理由を3つ述べよ」に対する答え方になってしまうので、厳密にはQuestion 2の質問に直接答えていることにはならない。このQuestion 2で要求されるのは、「Bと対比して、Aがよいのはなぜか」を答えることなのだ。

　では、私の解答を以下にまとめておく。音声も聴いてみてほしい。

Sample Answer 1

　I think that students should have one long vacation. What is a vacation for? Well, we have a vacation because there is more to life than school. During a long vacation you can learn a lot of important things that you can't learn in school. For example, last summer during a long vacation, I got a job and worked in a restaurant. I learned a lot about how to talk to people, a lot about food serving, and even a lot about food preparation. I also learned a lot about the value of money. All this would not have been possible if we were allowed to spend only several weeks on vacation. (112 words)

　学生は長い休みを一度に取るべきだと思います。休みとは何でしょうか？　私たちが休みを取るのは、

| 1. Reading Section 攻略法 | 2. Listening Section 攻略法 | 3. Speaking Section 攻略法 | 4. Writing Section 攻略法 |

人生には学校生活よりも大事なことがあるからです。長期休暇があれば、そのあいだに学校では学ぶことができない多くの重要なことを学ぶことができます。たとえば昨年の夏期休暇中、私はレストランで働きました。そこでは人との話し方や料理の盛りつけ方、さらには調理の仕方など、たくさんのことを学ぶことができました。また、お金の価値についても多くを学びました。こうしたすべてのことは、数週間の休暇では、決して経験できなかったでしょう。(112 語)
□ value　価値、ありがたみ

さらに、ポール・ワーデンによる解答例も挙げるので、確認してほしい。

Sample Answer 2

CD 02 09

　　Even though most people I know think that one long vacation for students is better than several short vacations, I think several short vacations are better. The first reason is that I get really refreshed after a week off of school, and I'm ready to go back and see my friends and to start studying. I don't need a long vacation. Second, during long breaks it's easy to forget a lot of what you've been studying. For example, in math class, you have to begin with a long review of what you've already learned. That's not very efficient. For these two reasons I think short vacations are much better. (109 words)

　　私の知人のほとんどが、学生にとっては年に1度の長期休暇があったほうがいいと考えています。それでも私は短期の休日が何回かあるほうがいいと思います。1つ目の理由は、私自身は1週間の休みでも十分に気分転換ができるということです。1週間休めば、学校に戻って友人たちに再会し、勉強を始める準備ができます。私には長期休暇は必要ありません。2つ目の理由は、長期休暇のあいだに何を勉強していたか忘れてしまいやすいということです。たとえば数学のクラスでは、授業が始まる前にこれまで学んできたことを長々と復習する必要があります。これでは効率がよくありません。以上2つの理由から、短期休暇のほうがいいと考えます。(109 語)
□ several　いくつかの、数度の　□ refresh　…の生気［元気、力］を回復させる　□ break　休暇　□ efficient　効率のよい

Integrated Speaking

「Integrated Speaking をどう攻略するか？」(135 ページ参照)でも述べたように、「重要なポイントを文にして述べる」「ストーリーにする必要はない。読んで聴いたとおりの順序で話せばよい」「要約する必要はない」「単語単位での発話はプラスにならない」といったことを考える必要がある。

実際に問題を解いてみよう。

スピーキング問題 3

Question 3

Question 3 は、Integrated Speaking の問題の中では、比較的簡単といえるだろう。訓練次第で、4 点が取れる問題である。

実際に Question 3 の問題に挑戦して、感覚をつかんでほしい。

CD 02 10-14

Reading Time: 50 seconds

College Food Service Cancels Sunday Morning Breakfast

Due to the small number of students currently eating breakfast on Sunday mornings and the high cost of preparing and serving this meal for so few, the university's Food Service will no longer offer 7 a.m. to 9 a.m. breakfast on Sundays. Instead, lunch hours will be extended and a brunch will be served from 10:30 until 1 p.m. each Sunday. This is part of the Food Service's efforts to keep costs down and to serve healthful and delicious meals as economically as possible. This change in hours will be implemented as of spring semester. We regret any inconvenience it may cause.

| 1. Reading Section 攻略法 | 2. Listening Section 攻略法 | **3. Speaking Section 攻略法** | 4. Writing Section 攻略法 |

The man expresses his opinion about the plan to change meal availability at the College Cafeteria. State his opinion and explain the reasons he gives for holding that opinion.

> Preparation Time: 30 seconds
> Response Time: 60 seconds

■ 音声スクリプト、訳、解説

CD 02 11

The university's Food Service plans to change meal availability. Read an announcement about this change. You will have 50 seconds to read this announcement. Begin reading now.
大学の食堂が食事の提供時間の変更を予定しています。この変更についての通知を読んでください。通知を読む時間は50秒です。それでは、読みはじめてください。
□ availability 利用できること　□ announcement 発表、告知

大学食堂は日曜日の朝食の提供を中止します

　現在、日曜日の朝、大学の食堂で朝食を取る学生はとても少なく、わずかな利用者のために食事を準備し、提供するのに多額のコストがかかっているので、本学の食堂は日曜日の午前7時から9時までの朝食の提供を中止します。その代わりに、毎週日曜日は昼食の営業時間を延長し、10時30分から午後1時までブランチを提供します。今回の変更は、コストを抑え、健康によく、おいしい食事を可能な限り安価で提供するための食堂の運営努力の一環です。営業時間の変更は春学期から実施します。ご不便をおかけしますがご了承ください。

□ currently 現在は　□ extend 延長する　□ brunch （昼食兼用の）遅い朝食　□ economically 経済的に、節約し

147

て　☐ implement　実行する、施行する　☐ regret　残念に思う　☐ inconvenience　不便なこと

男子学生が大学食堂の営業時間の変更について意見を言っています。彼の意見と、彼がそう考える理由を述べてください。

準備時間：30秒

解答時間：60秒

　Question 3 では、このようにまず告知文を 45 秒あるいは 50 秒で読んで、そのあと会話を聴き、質問に答える。では、順に見ていこう。
　まず、この告知は、ひとことで言うと何の告知か？　A change in the food service policy（食事提供サービスの変更）である。したがって、このあとの会話で、おそらくどちらかの人がこの変更（this change）に対して「不平」（complaints）を言うであろうことが推測できる。
　よって、次のことに焦点を絞ればいいだろう。

this change とは何か？（つまり、リーディング・パッセージの要点は何か？）
complaints とは何か？（つまり、会話の要点は何か？）

　まず、告知文から this change の内容をまとめてみよう。この告知を知らない人に、その内容を 15 秒ぐらいでどのように説明すればいいか、と考えるとよい。すると、以下のメモのように 3 〜 4 つのポイントを盛り込むことになると思う。リスニング・セクションでも紹介したが、文字だけでなく、記号を有効に使ってメモを取ろう。

```
× breakfast
user ↓
instead, lunch ↑
Sp セメ →
```

　この「Sp セメ」は、spring semester のことである。リスニング・セクションでも述べたように、英単語が長い場合は、このように日本語で書いてもよい。あるいは、「はるセメ」でもよいかもしれない。

| 1. Reading Section 攻略法 | 2. Listening Section 攻略法 | **3. Speaking Section 攻略法** | 4. Writing Section 攻略法 |

このメモが何を表わしているか説明しよう。(　　) の中に注目してほしい。

```
× breakfast　（朝食：タイトルをメモしておく）
user ↓　（利用者減っている：第 1 文の要点を 1, 2 個、必ずメモする）
instead, lunch ↑　（その代わり昼食の営業時間延長：詳細があればメモする）
Sp セメ →　（春学期から：重要な内容）
```

このメモを元に 15 秒程度で話すには、どうすればいいか？　次のように、シンプルに、1 つの情報に対して 1 つの単文 (simple sentence) で説明すればいいのではないだろうか？

The university will stop offering Sunday morning breakfast.
The users are decreasing.
Instead, they will have a longer lunch time.
This will be implemented in spring semester. (27 words)

非常にシンプルだが、重要な情報はすべて盛り込んでいる。
　そしてこのあと、以下のナレーションにつづいて、会話が流される。集中して耳を傾けよう。

CD 02 12

Now listen to two students discussing the announcement.

M: I just got this notice in my mailbox. I guess the cafeteria is cutting Sunday morning breakfast starting next term.
W: You don't sound too happy about it. I never make it to breakfast on Sunday morning so it doesn't affect me very much.
M: Well, it affects me. I'm a morning person. Sunday morning is prime study time for me. I get up early, have breakfast at the cafeteria, and get a lot done while most people are still sleeping. Now, I'm going to have to make my own breakfast, which means having to shop for food every weekend, so it's not very convenient. That's why I pay for the College Food Service to begin with.
W: I can see how that wouldn't be good for you.

> M: Also, I don't understand why they're not going to reduce the cost of the meal plan if they're going to cut out a meal. We paid for the cost of this meal in our contract, and if they're not going to serve it, we deserve a refund.

次に、この通知について話し合っている2人の学生の会話を聴いてください。

男：郵便受けにこんな通知が入っていた。来学期から食堂は日曜日に朝食を出すのをやめるみたいだ。
女：不満があるようね。私は日曜日は朝食の時間に間に合ったためしがないから、あまり関係ないわ。
男：僕には大ありだ。僕は朝型だから、日曜日の朝は貴重な勉強時間なんだ。早起きして食堂で朝食を食べて、みんながまだ寝ているあいだにたくさん勉強する。これからは、自分で食事を作ることになるから、毎週末に食材の買い物をしなきゃならなくて、不便だよ。そもそも、それが面倒だから、お金を払って食堂を利用していたのに。
女：これから大変になるわね。
男：それに、朝食をやめるなら、どうして食事代を減額しないのか理解できない。朝食の費用も契約に含まれているんだから、提供しないなら払い戻すべきだよ。

□ contract 契約　□ deserve …に値する　□ refund 払い戻し、返金

では、会話を聴きながら、どんなメモを取ったらいいだろうか？　私のメモを紹介する。

M ×
study on Sun a.m.
now have to make b/f
× convenient
===
reduce
have paid
refund!

メモの内容を説明しよう。（　　）の中に注目してほしい。

M ×（男性は不満を述べている）
study on Sun a.m.（日曜日の午前中に勉強する）
now have to make b/f（これからは自分で朝食を作らなければならない [breakfast を "b/f" とした]）
× convenient（朝食が出なくなると不便である）

| 1. Reading Section 攻略法 | 2. Listening Section 攻略法 | **3. Speaking Section 攻略法** | 4. Writing Section 攻略法 |

> === （さらに別の重要な点がある、つまり、今までとは別の内容であることを === で示した）
> reduce（食事代を減額すべきだ）
> have paid（すでに支払いは終わっている）
> refund!（絶対に払い戻すべきだ）

では、このメモを元に文もしくはフレーズにしてみよう。

> M ×
> ⇨ The man complains about this change.
>
> study on Sun a.m.
> ⇨ He makes it a habit to get up early and do a lot of studying on Sunday morning.
>
> now have to make b/f
> ⇨ Now, he'll have to go shopping and make his own breakfast.
>
> × convenient
> ⇨ It is inconvenient.
>
> ===
> reduce
> ⇨ should lower cost of food plan if meals reduced
>
> have paid
> ⇨ students have paid for the cost of breakfast in their contract
>
> refund!
> ⇨ refund their money

　どうだろうか？　もちろん、⇨以下のことを答える前にすべて書く必要はないし、まず書けない。メモを元に、「こんなことを話したい」と頭の中で考えればよい。
　そして、会話終了後、147 ページの問題が流される。
　では、私の解答を提示する。

第1部　各セクション攻略法

Sample Answer 1

CD 02 15

　　The university is announcing the Food Service's cancellation of Sunday breakfast. Previously the College Food Service always had breakfast on Sunday. Now, because only a small number of students eat that meal, the Food Service plans to stop serving it. Instead, it will have a brunch and make the time for serving it longer. However, the man complains about this change. He makes it a habit to get up early and do a lot of studying on Sunday morning. Now, he'll have to go shopping and make his own breakfast, which is inconvenient. In addition, if the Food Service is going to reduce the meals available, he argues the university should reduce the cost of the overall meal plan. After all, students have paid for the cost of breakfast in their contract, so the Food Service should provide it or else refund their money. (146 words)

　大学は日曜日の朝食の提供をやめると通知しています。これまで、大学では日曜日にはいつも朝食を提供してきました。しかし、今では利用者が少ないため、朝食の提供をやめることにしました。その代わり、ブランチを出すことにして営業時間も延長するといいます。しかし、男子学生はこの変更に不平を述べています。彼は日曜日の朝は早起きし、たくさん勉強することにしています。今後は自分で買い物に行き、食事を作らなくてはならなくなりますが、それは不便です。それに、食堂が提供する食事を減らすなら、食事代全体を減らすべきだと彼は主張しています。そもそも、学生たちが支払った契約金には朝食代も含まれるのだから、食堂は食事を提供すべきであり、提供しないなら支払った金額を返還すべきです。(146 語)

□ cancellation　中止　□ previously　以前には

　語数はそれなりに多くならざるをえないので、146 語になった。4 点を確実に取れると思う。120 〜 130 語程度を 4 点獲得の目安と考えればよいだろう。

　3 点と 4 点の違いを簡潔にまとめておく。

3 点：重要な情報だけを単文で述べている。

4 点：重要な情報と補足的な情報を、単文のみならず、複文（complex sentence）や重文（compound sentence）で述べている。

　では、ポール・ワーデンの解答例も 2 つ紹介しよう。もちろん、どちらも 4 点満点だ。

| 1. Reading Section 攻略法 | 2. Listening Section 攻略法 | 3. Speaking Section 攻略法 | 4. Writing Section 攻略法 |

Sample Answer 2

CD 02 16

According to the announcement, only a small number of students eat breakfast on Sundays, so the university Food Service is going to stop serving Sunday breakfast. Instead, it will have a brunch, and make the time for serving it longer. The man is opposed to this change. First, he often eats breakfast on Sunday. The man likes to get up early to study. Now, he'll have to make his own breakfast. That'll be inconvenient, he says. Second, the man opposes the new plan because he feels that in the contract he signed for the food service, Sunday breakfast was included. If the Food Service is going to stop serving a meal, he feels the Food Service should pay back some of the money. Those are two reasons why he is unhappy with the change. (134 words)

　　通知によれば、大学の食堂では、日曜日に朝食を食べる学生が少ないので、日曜日は朝食の提供をやめるということです。その代わり、ブランチを出すことにしてブランチの提供時間を延長するといいます。男子学生はこの変更に反対です。第1に、彼は日曜日に朝食を食べることが多いからです。彼は早起きして勉強したいと思っています。これからは自分で食事を作らなければなりません。それでは不便だと彼は言っています。彼がこの変更計画に異を唱える第2の理由は、自分が署名した食事サービスの契約には日曜日の朝食も含まれると考えているからです。食堂が食事の提供をやめるなら、食費の一部を返金すべきだと彼は思っています。これら2つの理由から、彼はこの変更に不満を抱いています。（134語）

☐ be opposed to … 　…に反対である　　☐ inconvenient　不便な

Sample Answer 3

CD 02 17

The man very clearly expresses his opinion about the Food Service's cancellation of Sunday breakfast. He is against it. Previously the College Food Service always had breakfast on Sunday. Now, because not many students eat that meal, the Food Service plans to stop serving it. But the man is one of the students who does eat Sunday breakfast. He gets up early and does a lot of studying on Sunday morning. Now, he'll have to make his own breakfast and go shopping. So that's one reason he's opposed to the change. Next, he also states that if the Food Service is going to reduce the meals available, they should offer students a refund. He says that students paid for the cost of breakfast in their contract, so the food service should provide it or else refund their money. Those are the reasons he is against the change. (147 words)

　男子学生は、食堂が日曜日の朝食の提供をやめることについて、はっきりと自分の意見を述べています。彼はこの変更に反対です。食堂はこれまでずっと日曜日に朝食を提供してきましたが、利用者が少ないため、朝食の提供をやめることにしました。しかし、この男子学生は、日曜日に食堂で朝食を食べる数少ない学生の1人です。彼は日曜日の朝は早起きし、たくさん勉強します。今後は自分で買い物に行き、食事を作らなければならなくなります。そのことが反対理由の1つです。次に、男子学生は、食堂が提供する食事を減らすなら、学生に返金すべきだと言っています。学生が支払った契約金には朝食代も含まれるのだから、食堂は朝食を提供すべきであり、提供しないなら支払った金額を返還すべきだと彼は思っています。これらの理由から、彼は今回の変更に反対しています。(147語)

| 1. Reading Section 攻略法 | 2. Listening Section 攻略法 | **3. Speaking Section 攻略法** | 4. Writing Section 攻略法 |

スピーキング問題 4

Question 4

Question 4 は Question 3 と同様の形式である。しかし、専門的な内容で、Question 3 に比べると、難易度は非常に高い。実際、Integrated Speaking の中でもっともむずかしい問題といえるかもしれない。

しかし、おそれることはない。以下の実践問題に、試験本番前に何度も挑戦してみてほしい。

CD 02 18-20

Reading Time: 50 seconds

Innovations in Food Packaging

At present, most of the preserved food we purchase comes in glass bottles, metal cans, or plastic containers. These are not environmentally friendly. However, the food packaging industry may soon undergo a major change: innovations in paper-manufacturing have made paper so effective for packaging that food companies are beginning to shift to paper containers. Paper has at least two important advantages over metal and plastic. First, it is lighter, and this reduces shipping costs. Second, it is biodegradable and decomposes in the ground. Therefore, unlike plastic and metal, it does not pollute the environment.

Using the examples discussed by the professor, explain the advantages of using paper for food packaging.

> Preparation Time: 30 seconds
> Response Time: 60 seconds

■音声スクリプト、訳、解説

CD 02 18

Now read the passage about food packaging. You have 50 seconds to read the passage. Begin reading now.
食品包装についての文章を読んでください。読む時間は50秒です。それでは、読みはじめてください。

食品包装の革新

現在、私たちが購入する保存食品の多くはガラス瓶や金属の缶、またはプラスチック容器に入れられて販売されている。これらは環境に優しくないものだ。しかし食品包装業界はもうじき大きな変化を迎えることになるかもしれない。製紙業界で新たな技術が開発されたことで、紙を包装容器に効果的に利用できるようになったので、食品会社は紙製の容器にシフトしはじめつつある。金属やプラスチックと比べて、紙製容器には大きな利点が少なくとも2つある。まず、紙は軽いので運送費を抑えることができる。また、紙は生分解性なので土の中で分解する。したがってプラスチックや金属とは異なり、環境を汚染することがない。

☐ innovation　革新、刷新　☐ container　容器、入れ物　☐ undergo　経験する、経る　☐ shift　転じる、移る
☐ biodegradable　生分解性の、微生物によって無害な物質に分解しうる　☐ decompose　分解する、腐敗する
☐ pollute　汚染する

> 教授が論じた例を用いて、食品包装容器に紙を使う上での利点を説明してください。
>
> 準備時間：30秒
> 解答時間：60秒

まずは、基本的なメモはこんな感じになるだろうか？

| 1. Reading Section 攻略法 | 2. Listening Section 攻略法 | 3. Speaking Section 攻略法 | 4. Writing Section 攻略法 |

```
preserved food – package
paper!
better
lighter
env. friend.
```

メモの内容を説明しよう。（　　）の中に注目してほしい。

```
preserved food – package（保存食品のパッケージングの問題である）
paper!（紙に技術革新があった）
better（従来の素材よりもよい）
lighter（軽いので運送費が安い）
env. friend.（環境にやさしい[environmentally friendly を"env. friend."とした]）
```

では、このリーディング・パッセージの内容を知らない人に、15秒ぐらいでどう説明すればいいか？ 次のように伝えたらどうだろう？

With the recent breakthroughs in paper packaging,
we can use paper to package preserved food.
Paper is better than conventional materials
in that it is lighter and more environmentally friendly. (30 words)

今回のポイントは、innovation という語を breakthrough で置き換えたこと、そして glass, metal, and plastic (containers) と言うべきところを、conventional materials (従来の材料) と置き換えたことにある。こういった語がすぐに口から出てくるようにしておきたい。

次に、講義を聴こう。
以下のナレーションのあと、講義が流される。

CD 02 19

Now listen to a lecture about this topic in an ecology class.

My lecture this afternoon will address some of the innovations in paper-manufacturing that are making it friendly to the environment and more promising as a packaging agent. Since paper can be made from thousands of different plant sources, experiments with different kinds of paper have come up with some kinds of paper that are strong, durable, and that seal well—meaning, they are airtight. This offers terrific opportunities for packaging.

First, since paper is much lighter, it is far easier to transport. Can you imagine the difference in weight between a case of soup cans and that same soup in a case of paper containers? Multiply that weight difference times tens of millions of cans whose transportation cost is based on weight. The result is millions of dollars of saving on shipping costs.

Second, the great shortcoming of glass and metal is that they practically never break down. A glass bottle can be buried in the Earth for ten thousand years and it won't change at all. By contrast, even the toughest paper will break down in a matter of months or years. It will be completely absorbed by the soil, and offer its own nutrients back to the soil, making the soil richer.

次に、このトピックに関する生態学の授業での講義を聴いてください。

今日の午後の講義では、製紙技術の革新によって、環境に優しく、これから期待が持てる包装手段が生まれたことについてお話しします。紙というものは何千種におよぶ植物を原材料として作ることができます。そのため多種多様な紙を用いた実験を行なうことで、強度が高く耐久性があり、密封性のある紙を作り出すことができました。つまり空気を通さない紙です。このおかげで紙を包装容器に利用できる機会が格段に増えました。

まず、紙は非常に軽いので運搬がずいぶん楽になります。缶入りスープ1箱分と紙製容器入りスープ1箱分の重さがどのくらい違うか想像してみてください。その重量差に缶入りスープを何千万個分も掛けて計算するとどうなるでしょうか。運送費は重量に応じて決まるので、結果として紙製容器入りのスープのほうが何百万ドルもコストを抑えられます。

また、ガラスや金属には、ほぼ永久的に分解されないという最大の欠点があります。ガラスのボトル

| 1. Reading Section 攻略法 | 2. Listening Section 攻略法 | **3. Speaking Section 攻略法** | 4. Writing Section 攻略法 |

は地中に埋められてから１万年を経過してもまったく変化しません。対照的に、紙はもっとも強度が高いものでも、数か月から数年経てば分解されます。紙は土に完全に吸収され、その栄養素が土に還ることで土はより肥沃になるのです。

□ friendly　友好的な、親切な　□ promising　将来有望な、期待できそうな　□ agent　ある行為［作用］をする（能力のある）人［もの］　□ durable　耐久性のある　□ airtight　密閉した、気密の　□ shortcoming　欠点、短所　□ practically　実際に、実用的に　□ break down　分解する　□ absorb　吸収する　□ nutrient　栄養になるもの、栄養分

では、講義を聴きながら、どんなメモを取ったらいいだろうか？　私のメモを紹介する。

Paper ← lots of kinds
transport!
paper ↑ vs can ↓
cost based on weight
saving
===
conventional →× break down
paper easy to break down
→ soil ↑

メモの内容を説明しよう。（　　）の中に注目してほしい。

Paper ← lots of kinds（紙にはたくさん種類がある）
transport!（紙は持ち運びが便利）
paper ↑ vs can ↓（紙は軽いが、それに比べて、缶は重い）
cost based on weight（運送費は重量で決まる）
saving（紙ならコストが抑えられる）
===（=== は、以下が、これまで述べている紙の利点とは異なる内容であることを示している。実際に話す時の時間配分の目安にもなる。）
conventional →× break down（缶や金属などの従来の材料は、決して分解されない）
paper easily decomposes（紙は簡単に分解される）
→ soil ↑（その結果、紙が土に吸収されて、土が肥沃になる）

では、リーディング・パッセージを読み、講義を聴いてメモしたことを元に、どう発

言したらいいか、以下にまとめた。メモで書き取った太字の部分に注意して見てほしい。

Sample Answer 1

CD 02 21

With the recent breakthroughs in paper packaging, we can use paper to package preserved food. **Paper** is better than conventional materials in that it is lighter and more environmentally friendly. There are many different kinds of paper, so some varieties of paper can be used for packaging. This can **save money** for **transportation**. Why? Because cans are far heavier than paper, and the transportation **cost is based on the weight**. In addition, conventional materials like glass, metal, and plastic do not break down. When they are thrown away, they will stay as they are in the soil. However, **paper easily decomposes**, thus making the soil richer. (106 words)

近年、紙の包装容器が飛躍的に進歩したため、保存食品の包装に紙の容器を使えるようになっています。紙は従来の材料よりも軽く、環境に優しい点ですぐれています。紙は多種多様なので、そのいくつかのタイプは包装容器に用いることができます。紙の容器を使えば、運送費を抑えられます。なぜでしょうか？ 缶は紙よりもはるかに重く、運送費は重量に応じて決まるからです。また、ガラスや金属、プラスチックといった従来の材料は分解されません。こうした材料でできた容器は廃棄されても、土の中で同じ状態のまま変化しません。しかし、紙は簡単に分解されるので、土がより肥沃になるのです。（106語）

表現上のポイントを確認しておこう。

- decompose　break down の同義語。このように表現を言い換えて、語彙の豊富さをアピールするのがよいだろう。
- thus making …　分詞構文を使うことで、文法を理解していることを採点者に強く印象づけられる。

今回の答案は 106 語となった。120 語にはおよばないが、言うべきポイントをすべて含んでおり、それぞれの文のクオリティもよいから、満点が出ると思う。
では、ポール・ワーデンの解答例も 2 つ紹介する。

| 1. Reading Section 攻略法 | 2. Listening Section 攻略法 | **3. Speaking Section 攻略法** | 4. Writing Section 攻略法 |

Sample Answer 2

CD 02 22

  According to the reading, using paper for food packaging has two particular advantages. It is much better than metal and plastic because it is first of all light, and second, it is biodegradable. The lecture illustrates these two points. First, the professor points out how lighter packages are easier to transport. She uses the example of soup cans. A soup manufacturer can transport soup in paper packages much more cheaply than soup in cans. Second, the professor points out that metal and glass don't break down when they are disposed. But paper is biodegradable. In some months or years, it is absorbed by the soil. So it doesn't cause long-term pollution problems. These are the two ways that the professor explains the advantages of using paper for food packaging. (129 words)

  リーディング文によると、食品包装に紙を使用することには主に2つの利点があります。金属やプラスチックよりも、紙が有利である理由の1つにその軽さ、2つ目に紙の持つ生分解性が挙げられます。講義ではこの2つのポイントが説明されています。教授はまず、軽い包装容器を用いることで輸送が簡単になることを、スープ缶を例に挙げて指摘しています。スープ製造会社は缶の代わりに紙の包装容器を用いることで、輸送コストを格段に抑えることができます。教授はまた、金属やガラスは廃棄しても分解されないことも指摘しています。反対に紙は生分解性であるため、数か月から数年もすれば土に吸収されます。そのため長期の汚染問題が起こることもありません。以上の2つが、教授が紙の食品包装利用の利点を説明する上で用いたポイントです。（129 語）

☐ particular 特にこの、特定の　☐ dispose 処理する

Sample Answer 3

CD 02 23

  The professor gives examples of two important points made in the reading. The reading states that recently there have been major innovations in paper-manufacturing. Paper now has two advantages over metal and glass. It is lighter, and it is biodegradable. The professor gives examples for these two points. First, she presents the example of soup cans. Soup packaged in paper would be much lighter than soup packaged in cans. This means that it would be cheaper for manufacturers to transport the soup to the market. The company could save millions of dollars. The second example is about the environment. Paper breaks down quite quickly: glass and metal almost never do. The professor points out that paper is better for the environment because it is soon absorbed by the soil. These are the two points from the reading that the lecture illustrates with examples. (143 words)

　教授はリーディング文の中で挙げられていた2つの重要なポイントを例を用いて説明しています。リーディング文には、製紙業界で近年、新たな技術が開発されたことが書かれています。その結果、紙は金属やガラス製品にはない利点を持つようになりました。軽さと生分解性の2つです。教授はこの2つのポイントについての具体例を示しています。まず例に挙げたのは缶入りスープです。缶の代わりに紙容器を使用することで、スープの包装はずっと軽くなることを指摘しています。これにより、製造業者は市場にスープを出荷する際のコストを抑えることができます。企業は何百万ドルも節約できるのです。また、環境問題も例に挙げています。紙は短期間で分解されるのに対し、ガラスや金属はほぼ永遠に分解されません。つまり、紙はすぐに土に吸収されるために地球環境に優しいと教授は指摘しています。講義で例を挙げて説明されていたのはリーディング文における以上の2点です。（143語）

| 1. Reading Section 攻略法 | 2. Listening Section 攻略法 | **3．Speaking Section 攻略法** | 4．Writing Section 攻略法 |

スピーキング問題 5

Question 5

　Question 5 は、Question 3 と同様に、大学キャンパスでの話題について出題される。Question 5 は、Question 3 同様、定型化しており、決してむずかしくない。ここで 4 点が取れれば、アカデミックな内容の Question 4 や Question 6 で 2 点を取ってしまったとしても、平均点を 3 点にできる可能性は高くなる。ぜひこの Question 5 で 4 点獲得をめざしてほしい。

　Question 5 の「定型」とは、次のようなものである。

1. 1 人の学生がキャンパス・ライフに関連する問題をかかえている。
2. その問題を聞いた人（1 の学生が女性であれば男性、男性であれば女性であるケースが多い）が、2 つの解決策を提案する。
3. 1 の学生は特に最初の解決策を、もっともらしい理由をつけて、拒絶する。
4. 2 つ目の解決策については、受け流す（受け入れない）。

　ほぼ 100 パーセント、この内容の会話が流れると思ってよい。絶対とは断言できないし、もちろん、ETS の Official Guide にもこのような指針が記されているわけではないが、傾向として頭に入れておいて損はない。
　では、問題に挑戦してみよう。

CD 02 24-27

第 I 部　各セクション攻略法

The speakers discuss two possible solutions to the man's problem. Briefly summarize the problem. Then state which solution you prefer and why.

> Preparation Time: 20 seconds
> Response Time: 60 seconds

■ 音声スクリプト、訳、解説

CD 02 25

In this question, you will listen to a conversation. You will then be asked to talk about the information in the conversation and to give your opinion about the ideas presented. After you hear the question, you will have 20 seconds to prepare your response and 60 seconds to speak.

この問題では、まず会話を聴きます。そのあと、会話の中で示されていた情報と、その考え方に対する自分の意見を述べることを求められます。質問を聴いたあとに回答を考える時間は 20 秒、回答を録音する時間は 60 秒です。

　では、会話を聴いてみよう。

CD 02 26

Listen to part of a conversation between a student and the resident assistant (RA) in his dorm.

> M: Thanks for meeting with me today.
> W: Well, Tom, it's my job as Resident Assistant to give advice to students and help them with problems. What's troubling you?
> M: It's my roommate. He's got a big screen TV and he watches it every evening. I study in the room and it's hard for me to concentrate.
> W: Have you talked about this with him yet?

| 1. Reading Section 攻略法 | 2. Listening Section 攻略法 | 3. Speaking Section 攻略法 | 4. Writing Section 攻略法 |

M: No, not yet. That's why I came to you.
W: Hmm. It seems to me you have two possible solutions. The first one is talk to him and see if the two of you can come to an agreement. For example, maybe you two can agree that on some nights he watches TV in your room and you study in the library, and on other nights you study in the room and he watches TV in the dorm lounge.
M: That sounds sensible. But I think he really likes watching his TV every night. If I ask him to stop watching it, he might think I'm a nerd and claim all I ever do is study.
W: I guess the second solution would be to think about changing rooms. You could switch to a single room rather than a double room. It would be more expensive, but it would solve the problem once and for all.

学生と寮の管理人の会話の一部を聴いてください。

男性： 今日は会う時間を作ってくださってありがとうございます。
女性： いいのよ、トム。学生にアドバイスをしたり、問題の解決を助けたりするのは、寮の管理人としての私の仕事だもの。一体どうしたの？
男性： ルームメイトのことなんです。彼は大きなテレビを買ったのですが、毎晩のように観るんです。僕は部屋で勉強するので、集中することができません。
女性： このことについては、もう彼と話したの？
男性： いいえ、まだです。だから管理人さんにご相談にうかがいました。
女性： そうね。これには2つの解決方法がありそうだわ。まず1つ目は、彼と話をして、2人の間で約束事を決めること。たとえば日にちを決めて、彼が部屋でテレビを観る夜はあなたが図書館で勉強して、あなたが部屋で勉強する日は、彼が寮のラウンジでテレビを観ることにするとか。
男性： それは理にかなっていますね。でも、彼は毎晩、それも自分のテレビで観たがるんです。それをやめてほしいと言えば、向こうは僕は変なやつで勉強しかしないと思うでしょう。
女性： 2つ目の解決法だけど、部屋を変える手もあるわ。2人部屋じゃなくて1人部屋に移ることもできるわよ。少し高くつくけど、これで問題は1度に片づくわ。

☐ resident assistant　寮の管理人　☐ agreement　合意　☐ lounge　談話室、ラウンジ　☐ nerd　変なやつ、野暮ったいやつ　☐ once and for all　これ1度だけ、これを最後に

話し手たちは、男性の問題について2つの解決策があると話し合っています。問題を簡単に要約してください。そのあと、どちらの解決策がいいと思うか、それはなぜか、述べてください。

> 準備時間：20秒
> 解答時間：60秒

この会話を聴きながら、次のようなメモを取ったらどうだろう？

```
M × roommate
big screen
× study well
1) discuss → agreement
← like / nerd /$
2) change into a single room
← cost ↑
```

メモの内容を説明しよう。（　）の中に注目してほしい。

```
M × roommate（男性はルームメイトと問題をかかえている）
big screen（ルームメイトは大きなテレビを持っている）
× study well（だから男性は勉強できない）
1) discuss → agreement（提案1　ルームメイトと話し合って、約束事を作る）
← like / nerd /$（ルームメイトは家で見るのが好き[like]だし、そんなことをすると、
　彼に変人[nerd]だと思われる。そして、彼はテレビにお金[$]をかけている）
2) change into a single room（提案2　1人部屋に移る）
← cost ↑（そうすると、住宅費が上がる）
```

では、上のメモに沿った解答例を提示しよう。もちろん、4点満点のサンプルである。

| 1. Reading Section 攻略法 | 2. Listening Section 攻略法 | **3. Speaking Section 攻略法** | 4. Writing Section 攻略法 |

Sample Answer 1

CD 02 28

The man has a problem with <u>his roommate who</u> watches TV in his dorm room every evening while he's trying to study. The man <u>has a hard time</u> concentrating when the TV is on. According to the woman, <u>he should</u> talk to his roommate and see if they could take turns using the room during the week, <u>or he should</u> just move out and get his own single room in the dorm. I would agree with <u>this latter solution</u>. He doesn't have to have a serious talk with his roommate. His roommate doesn't seem to study hard, so it will be almost impossible to make a compromise. The roommate might regard the man as a nerd<u>, which</u> he doesn't want to happen. If he moves out and lives in a single room, although it may be a bit costly, he can avoid this kind of trouble in the future. (149 words)

男性は、寮の部屋で勉強しようとすると、ルームメイトが毎晩テレビを観るという問題をかかえています。テレビがついていると、なかなか勉強に集中できません。女性によれば、ルームメイトと話をして、日にちを決めて部屋を交代で使うようにするか、男性が今の部屋を出て、寮の1人部屋に移るかのいずれかにすればいいとのことです。私は、2つ目の案に賛成です。男性はルームメイトとまじめに話し合う必要はありません。彼は勤勉ではないようなので、歩み寄るのはまず無理でしょう。ルームメイトは男性を変人だと思うかもしれませんが、それは男性の望むところではありません。今の部屋を出て1人部屋で生活するとなると、費用は少し高くつくかもしれませんが、今後はこうしたトラブルを避けることができます。(149 語)

☐ compromise　妥協、歩み寄り

表現上のポイントを確認しておこう。

- his roommate who ... のように、関係代名詞を効果的に使ってほしい。
- has a hard time (doing) ...（…するのが大変だ）も、ぜひ覚えておこう。
- he should ..., or he should ... と、シンプルな言い方も心がけてほしい。もちろん、The woman suggests that he talk to his roommate ... としてもよいだろう。
  ＜suggest + that 節＞だから、he talks ではなく、he talk と原形を使うこと。
- 前に出てきた表現の繰り返しを避けるために、this latter solution と言い換えている。
- この ", which" は全面的に推奨される言い方ではないかもしれない。しかし、スピーキングではそういう細かいことは気にしなくてよいだろう。文法が正確ではないということで、スコアが下がることはない。そういう指摘をされるのは、受験者の言いたいこと

がよく伝わっているという証拠ではないだろうか？ TOEFLでは、言いたいことが十分に伝われば、英語の語法や文法の誤りがあっても、評価してもらえるのだ。
ポール・ワーデンの解答例2つも挙げる。

Sample Answer 2

CD 02 29

The man has a problem. The problem is that his roommate watches TV in his dorm room every evening while he's trying to study. The man has a hard time concentrating when the TV is on. The woman says there are two possible solutions. The first is to talk to his roommate and see if they could take turns using the room during the week. The second possible solution the woman recommends is that the man moves out and gets his own room in the dorm. I think the man should talk to his roommate and see if they can compromise. He hasn't even talked the problem over with his roommate yet. Probably if they talk together they can work out a compromise. That's the best solution to the problem. (130 words)

男性は問題をかかえています。その問題とは、彼が寮の部屋で勉強しようとすると、ルームメイトが毎晩テレビを観るということです。テレビがついていると、なかなか勉強に集中できません。女性は、解決法が2つあると言います。1つ目は、ルームメイトと話をして、日にちを決めて部屋を交代で使うようにするというものです。女性が勧める方法の2つ目は、男性が今の部屋を出て、寮の1人部屋に移るというものです。私は、ルームメイトと話をして、歩み寄りをはかったほうがいいと思います。男性は、この問題についてルームメイトにまだ相談すらしていません。話し合えば、おそらく折り合いをつけられるでしょう。それが、この問題を解決する最善の方法です。(130語)

Sample Answer 3

CD 02 30

The man's problem is that his roommate likes to watch TV every night in their dorm room. It prevents the man from studying well. So he's asked the Resident Assistant in the dorm for some advice. The woman gives the man two suggestions. First, he could solve the problem by talking with the roommate. Second, he could move out and get a single room. The solution I prefer is that the man moves out and gets a single room. If his roommate

| 1. Reading Section 攻略法 | 2．Listening Section 攻略法 | 3．Speaking Section 攻略法 | 4．Writing Section 攻略法 |

is watching TV every night and not studying, he's not a very good student or good roommate. If the man moves into his own room, the problem will be solved once and for all. That's my opinion about the best solution to the man's problem. (127 words)

　男性の問題は、彼のルームメイトが2人の寮の部屋で毎晩テレビを観たがるということです。そのために男性は勉強に集中できません。そこで彼は寮の管理人にアドバイスを求めました。女性は男性に2つの提案をしています。1つ目は、ルームメイトに話して解決するというもの。2つ目は、部屋を出て、1人部屋に移るというもの。私は、彼は今の部屋を出て、1人部屋に移ったほうがいいと思います。彼のルームメイトが勉強もせずに毎晩テレビばかり観ているとすれば、彼はいい学生でも、いいルームメイトでもありません。男性が1人部屋に引っ越せば、問題は1度に解決します。これが、男性の問題を解決するためにはベストな方法でしょう。（127語）

スピーキング問題 6

Question 6

　スピーキング・セクションの最後は Question 6 だ。これはアカデミックな内容であり、Question 4 とともに TOEFL のスピーキング・セクションの最難問として、受験者の前に立ちはだかるだろう。しかし、この 2 問がむずかしいからこそ、スコアを上げる戦略を周到に練るべきである。

　TOEFL の受験者全員がスピーキング・セクションで満点（30 点）を必要としているわけではない。自分の目標スコア（留学を希望する大学が要求するスコア）が取れれば、ひとまずそれでよいのだ。

　Question 6 にチャレンジする前に、少し話が逸れるが、スピーキング・セクション全体のスコアについて、ここで考えてみよう。

　日本人の平均スコアが 17 点であることは、すでに 134 ページで述べた。もし自分は平均的な日本人の英語能力を備えていると思うのであれば、この 17 点からどれだけスコアを上乗せできるか考えるべきだろう。

　17 点より 2 点少ない 15 点は、30 点満点の半分にあたる。つまり、「スピーキング・セクションの問題 6 問すべて 2 点」というスコアでもある。ここからスタートして、「3 点を取れるのはどの問題だろうか？」「あわよくば 4 点をねらえるのはどの問題か？」と考えてみる。すでに述べたように、Question 3 と Question 5 では 3 点、もしくは 4 点もねらえる。つまり、この 2 問で 3 点か 4 点を取り、身近な話題についての Question 1 と Question 2 で 3 点ずつ取れば、スコアはどうなるだろうか？

　Question 1　3 点
　Question 2　3 点
　Question 3　3 点（4 点）
　Question 4　2 点
　Question 5　3 点（4 点）

　Question 5 までで、スコア 16 〜 18 点が取れることになる。

　そして Question 6 で大きなミスがなく 2 点が取れれば、換算スコアで 20 点、もしくは Question 3 と Question 5 が 4 点だったとすれば、なんと 23 点取れる。このスピーキングのスコアであれば、全体のスコアメイクで大きく足を引っぱることにはならないだ

| 1. Reading Section 攻略法 | 2. Listening Section 攻略法 | **3. Speaking Section 攻略法** | 4. Writing Section 攻略法 |

ろう。

　よって、スピーキング・セクション最難問の Question 6 では、最低 2 点を取ればいいのだ。リーディングがないぶん、Question 4 よりも簡単であると思うので、ここではぜひ 3 点をめざしてほしい。そうすれば 21 ～ 23 点のハイスコアが期待できる。

　では、Question 6 に挑戦しよう。

CD 02 31-33

Using points and examples from the talk, explain the different methods humans have used to preserve food.

Preparation Time: 20 seconds
Response Time: 60 seconds

■ 音声スクリプト、訳、解説

CD 02 31

You will now listen to a part of a lecture. You will then be asked a question about it. After you hear the question, you will have 20 seconds to prepare your response and 60 seconds to speak.

これから講義の一部を聴きます。そのあと、それに関する問題が出されます。問題を聴いたあとに準備する時間は 20 秒、解答時間は 60 秒です。

では、講義を聴こう。

CD 02 32

Now listen to a part of a talk in a food nutrition class.

Methods of preserving food have been known since ancient times. The earliest was to dry food either in the sun or beside a fire; that caused its water content to evaporate and reduced its rate of decomposition that makes food unfit to eat. Smoking was similarly used to preserve foods, especially meat. The chemicals in smoke slow the decomposing process, thus greatly increasing the storage life of foods. Drying and smoking were widely used among nomadic peoples and hunter-and-gatherer tribes.

Salt has also been used as a preservative for thousands of years. When salt is added to food, it extends its storage life by slowing the growth of bacteria.

Cooling is another traditional method of food preservation. Amazingly, even without refrigerators, ancient peoples used cooling to keep food fresh. As early as 2500 BC in India and Egypt, food containers were wrapped in wet rags. Caves were also used for cooling. By the way, when I was a child, my family had a "root cellar" in our basement that was cooler than the rest of the house and that's where we kept our potatoes and onions.

Of course, nowadays, extreme cooling—that is, "freezing"—is now widely used. Just think of the frozen fish, frozen meat, and frozen vegetables in every supermarket.

One of the major modern methods of food preservation is canning which means sealing food in an airtight container. This is especially effective for fruits and vegetables. Canning was once done by hand and required many hours, but now it's generally an automated process.

Chemicals are now also used to preserve food. Ascorbic acid and a range of sulfites and benzoates are commonly used in very minute quantities to prevent the growth of bacteria and molds.

| 1. Reading Section 攻略法 | 2. Listening Section 攻略法 | 3. Speaking Section 攻略法 | 4. Writing Section 攻略法 |

それでは、食品栄養学の授業での講義の一部を聞いてください。

　食品の保存方法は古代から知られています。最古の方法は、天日または火の近くに干して乾燥させることです。食品に含まれる水分を蒸発させることによって、腐敗速度を抑え、食品が食べられなくなることを防ぎます。燻製も同様に食品を保存でき、特に肉類に用いられる方法です。煙に含まれる化学物質が腐敗の進行を遅らせ、食品を大幅に長持ちさせることができます。乾燥と燻製は遊牧民族や狩猟採集民族に広く用いられていました。

　塩も保存料として何千年も前から使われてきました。食品を塩に漬けると、バクテリアの繁殖スピードが遅くなり、保存期間を延ばすことができます。

　冷蔵も食品を保存するための伝統的な方法です。驚くべきことに、冷蔵庫などない古代でも、人々は食品を冷やして鮮度を保っていました。紀元前2500年には、インドとエジプトで食品を入れた容器を濡らした布で包んで保存していました。冷蔵には洞穴も利用されていました。余談ですが、私が子供の頃、わが家の地下にも「根菜類貯蔵室」がありました。貯蔵室は家のほかの場所よりも温度が低く、そこにジャガイモやタマネギを保存していました。

　言うまでもありませんが、現在では、究極の冷蔵、つまり「冷凍」が広く利用されています。すぐに思いつくだけでも、冷凍の魚、冷凍の肉、冷凍の野菜などがどのスーパーマーケットにも並んでいます。

　近代の主要な食品保存方法の1つに、食品を容器に密閉する缶詰があります。特に果物や野菜の保存に適しています。かつて缶詰は手作業で行われていて、とても時間がかかりましたが、現在ではほとんどの工程が自動化されています。

　現在では食品の保存に化学物質も用いられています。ごく微量のアスコルビン酸、各種の亜硫酸塩や安息香酸塩が、バクテリアやかびの繁殖を防ぐために使われています。

☐ nutrition　栄養、栄養学　　☐ preserve　保存する　　☐ content　含有量　　☐ evaporate　蒸発させる
☐ decomposition　腐敗　　☐ unfit　不適当な、不向きな　　☐ similarly　同様に　　☐ chemical　化学物質
☐ decompose　腐敗する　　☐ storage　貯蔵（所）　　☐ nomadic　遊牧の　　☐ hunter-and-gatherer　狩猟採集生活者
☐ preservative　保存料、防腐剤　　☐ amazingly　驚いたことに　　☐ refrigerator　冷蔵庫　　☐ container　容器
☐ wrap　包む、くるむ　　☐ rag　ぼろきれ、布きれ　　☐ cave　洞穴　　☐ root cellar　根菜類貯蔵室　　☐ basement　地階、地下室　　☐ nowadays　この頃は　　☐ extreme　極度の　　☐ seal　密閉する　　☐ airtight　密閉した、気密の
☐ automated　自動化した　　☐ ascorbic acid　アスコルビン酸　　☐ sulfite　亜硫酸塩　　☐ benzoate　安息香酸塩
☐ mold　かび

講義の要点と例を用いて、人間が食品を保存するために用いてきた方法を説明してください。

準備時間：20秒

解答時間：60秒

　あまりまとまりのない講義にも聞こえるが、Question 6の問題形式をよく再現しているといえる。Question 6では、「子供の発達段階は、7つあって、1番目は…」「人類が食べ物を食べるようになってから、大きく5つの段階を経て現在にいたっている。1番目は…」のような、何かの段階や種類をいくつも並べて説明する講義がよく出てくる。じっ

さいに大学の授業でもよく見られるパターンだ。

メモは次のように聴こえた順に取ればいいだろう。

---

preserve food
← dry

smoking
← decompose ↓

← nomads / hunter-gatherers
===
salt
← bacteria ↓
===
cooling
← 2500 BC
← cave
← basement
← freezing
===
canning
← airtight container
===
chemicals

メモの内容を説明しよう。（　　）の中に注目してほしい。

| 1. Reading Section 攻略法 | 2. Listening Section 攻略法 | **3. Speaking Section 攻略法** | 4. Writing Section 攻略法 |

---

preserve food（「食品の保存」についての講義のようだ）
← dry（「乾燥」によって、それが可能になる）

smoking（「燻製」も効果的）
← decompose ↓（これは「腐敗」を遅らせる）

← nomads / hunter-gatherers（「乾燥」と「燻製」は「遊牧民族」と「狩猟採集民族」に広く用いられている）
===
salt（「塩」も使われる。しかし、これは上の情報とは性質が異なるようなので、この上に === を引く。以下同。）
← bacteria ↓（「塩」につけることで、「バクテリア」の繁殖スピードが遅くなる）
===
cooling（「冷蔵」も伝統的な方法）
← 2500 BC（「冷蔵」は紀元前 2500 年にも行なわれていた）
← cave（「冷蔵」は「洞穴」も効果的）
← basement（「冷蔵」はわが家の「地下室」でも行なわれていた）
← freezing（現在は「冷凍」だ）
===
canning（近代の食品保存法の 1 つに「缶詰」がある）
← airtight container（「密閉容器」に入れる）
===
chemicals（「化学物質」も食品保存に用いられる）

では、このメモを元にした解答例を紹介する。

Sample Answer 1

CD 02 34

　　The professor summarizes the different methods humans have used to preserve food. He states that the first method to preserve foods was just drying them. For example, using the sun or putting them by a fire. A second

175

method of smoking food was also used by primitive peoples. The professor says a third way to preserve foods was cooling. For example, a long time ago in Egypt people used water to cool and preserve foods. They also used caves. A fourth method the professor talks about is freezing. Of course, that's more modern. The fifth method is canning. According to the professor, canning used to take a lot of time to do but now it's automated. Finally, the professor mentions that nowadays chemicals are also used to preserve food. (129 words)

　教授は人間が利用してきたさまざまな食品の保存方法の概略を述べています。講義によれば、最古の保存方法は、単に食品を乾燥させることでした。たとえば、天日干しや火の近くに干すなどです。2つ目の燻製による保存も古代の人々に利用されていました。教授が3番目に挙げた保存方法は冷蔵です。たとえば、古代エジプトでは水で食品を冷やして保存していました。また、洞穴も保存に利用されていました。4番目の方法として教授は冷凍について話しました。もちろん、これは現代になってからの方法です。5つ目の保存方法は缶詰です。教授の話によれば、かつて缶詰にはかなり時間がかかっていましたが、現在は作業が自動化されています。最後に、教授は、現在では化学物質も食品保存に使われていることを話しました。(129語)

☐ primitive　原始の、太古の

　なお、4点をめざす受験者に特にアドバイスしたいのだが、これは講義の要約であるとわかっているので、この模範解答の中で、以下の表現のいくつかは省略してもかまわないかもしれない。

 The professor summarizes
 He states that
 For example
 The professor says
 the professor talks about
 According to the professor
 the professor mentions

　その代わり、もっと内容に関することを詳しく述べるといいだろう。あたかも自分がlecturerのように話すのも1つの手である。
　ポール・ワーデンの解答例も挙げる。

| 1. Reading Section 攻略法 | 2．Listening Section 攻略法 | 3．Speaking Section 攻略法 | 4．Writing Section 攻略法 |

Sample Answer 2　　　CD 02 35

　　The lecturer gives examples of the different methods humans have used to preserve food. He says the most ancient methods are drying the food in the sun or treating it with smoke. These methods were popular with ancient wandering peoples. Another very old method is using salt. Salting the food extends its storage life by stopping the growth of bacteria. The lecturer also makes the point that cooling was a method to preserve food. For example, in Egypt, they wrapped wet rags around food to cool it. Cool caves were also used as storage places. The professor mentions that in his own house, when he was a child, they kept food like potatoes in a cellar. The lecturer also gives the examples of freezing and canning as methods to preserve food. (131 words)

　　講師は、人間がこれまで利用してきたさまざまな食品保存方法の例を示しました。最古の保存方法は天日干しによる乾燥と燻製加工だと言います。これらの方法は古代の遊牧民が用いていました。また、塩を使った保存方法もかなり古くから見られます。食品を塩に漬けることで、バクテリアの繁殖が抑制され、保存できる期間が長くなるのです。講師は冷蔵も食品の保存方法であることを指摘しました。たとえば、エジプトでは濡らした布で食品の容器を包んで冷やしていました。涼しい洞穴も貯蔵庫として利用されていました。教授が子供の頃、自宅でも貯蔵庫でジャガイモなどを保存していたそうです。また、講師は食品の保存方法として、冷凍と缶詰も例に挙げました。(131 語)

☐ **wandering people**　遊牧民

Writing Section

4. ライティング・セクション攻略法

1 TOEFL ライティング・セクションについて

● ライティング・セクションの特徴

TOEFL ライティング・セクションは、Question 1 の Integrated Writing Task（以下、Integrated Writing, 約 30 分）と、Question 2 の Independent Writing Task（以下、Independent Writing, 30 分）からなる。受験者はリーディング、リスニング、そしてスピーキングのテストを終えたあと、このライティング試験に臨む。疲労度はピークに達していて、集中力の維持もなかなかむずかしくなっていると思われる。その状況で、リーディングとリスニングもからめた問題（Integrated Writing）を処理し、そのあと自分の意見を 300 語以上で書かなければならない（Independent Writing）。しかし、このライティング・セクションは意外と高得点が期待できるから、最後まで集中して臨みたい。

ここでは、ライティング・セクションの傾向と対策、そして効果的なスコアアップの方法をアドバイスしたい。

● 問題構成はどうなっているか？

まず、ライティング・セクションの問題傾向について、簡単にまとめておく。

---

1. Question 1 (Integrated Writing) の問題形式と傾向

Question 1 の Integrated Writing の問題形式、採点評価は、以下のとおり。

① 230～300 語の英文（リーディング・パッセージ）を 3 分以内に読む（リーディング）
② それに関連する 2 分ほどの講義（レクチャー）を聴く（リスニング）
その上で、
③ 講義の要約をし、英文の内容との関連性を制限時間 20 分でまとめる（ライティング）
  ・ライティングの目標執筆語数：150～225 語
  ・採点評価：0～5 点 （Question 1, 2 の合計点を 0～30 のスコアに換算）

※①のリーディング・パッセージは、②のリスニングの際には一度消えるが、③のライティングのタスクを行なう 20 分のあいだは、画面の左側に表示される。英文はその右側にタイプしていく。
※①，③のそれぞれの制限時間は、ディスプレイの右上に、残り時間として表示される。

2. Question 2 (Independent Writing) の問題形式と傾向

Question 2 の Independent Writing の問題形式、採点評価は、以下のとおり。

| 1. Reading Section 攻略法 | 2. Listening Section 攻略法 | 3. Speaking Section 攻略法 | **4. Writing Section 攻略法** |

「～についてどう思うか？」「～について賛成か、反対か？」といった問題が与えられ、それについて自分の意見を述べる。
・ライティングの目標執筆語数：300 語以上
・解答時間：30 分（問題を読む時間も含む）
・採点評価：0 ～ 5 点　（Question 1, 2 の合計点を 0 ～ 30 のスコアに換算）
※問題文は、ディスプレイの左側にずっと表示されている。その右のスペースに解答を打ち込んでいく。
※残り時間は、ディスプレイの右上に表示される。

● どんな問題が出題されるか？

　ご覧のとおり、ライティングだけでなく、英文の速読能力、さらにはアカデミックな講義を聴解する能力が求められる。言ってみれば、リーディング・セクションとリスニング・セクションで問われる能力が再び試された上で、ライティング力が判定されるわけだ。こうした英語の総合的能力を試される問題は、たとえば TOEIC スピーキングテスト／ライティングテスト（SW テスト）にも見られない。

　そして、問題もリーディング、リスニング、スピーキング同様、あらゆる分野から出題される。リーディングやリスニングで出題されるようなトピックに、ここでも対処しなければならない。

● 問題はどのように画面に現われ、そして解いていくか？

　上の表にも書いたが、Integrated Writing では、リーディング・パッセージは、講義を聴いているあいだは消えるが、ライティングのタスク中には、再びディスプレイの左側に表示される。英文はその右側にタイプしていく。

　Independent Writing では、問題文はディスプレイの左側にずっと表示されている。その右のスペースに解答を打ち込んでいく形になる。

　どちらも、パソコンのタイプ操作に慣れていることが求められる。そしてキーボード仕様が日本のパソコンと少し違うので、注意しよう（キー配列の違いを示す表が渡される）。

| **2** | ライティング問題を解くにあたって |

● どんなことに注意すべきか？

　すでに述べたとおり、ライティング・セクションでは、2題出題される。1つはIntegrated Writing（Writing Based on Reading and Listening）で、230～300語程度のパッセージを読み、それに関する講義を聴いて、それぞれを対比しながらまとめるものである。もう1つはIndependent Writing（Writing Based on Knowledge and Experience）で、質問（「歴史は学校教育で必修であるべきか？」など）に対し、自由に意見を書くというものである。

　海外の大学で学習経験のある人は、この2つの問題形式を見て、ピンとくるかもしれない。まさにリアクションペーパーが、この課題の原型である。授業で教授の話を聞き、参考文献を読み、それらをまとめた上で、自分の意見（リアクション）を書く、というものである。この前半部分がIntegrated Writingであり、後半部分がIndependent Writingであるといえる。ともに、大学の単位を取るための必須スキルである。

　1つ異なる点を指摘するとすれば、「厳格さ」だ。大学でレポートなどを書くには、アカデミック・ライティングの知識が必要だ。アカデミックな環境でのライティングには定型ルールがあり、それに従って書くことが大学の授業では要求される。しかし、TOEFLは、これまでのセクションでの解説でも述べたように、大学の授業に十分についていける英語力の測定を第1の目的とする。そしてこのライティング・セクションでも、その方針が貫かれている。

　したがって、TOEFLのライティング・セクションで考えなければならないのは、「この受験者が英語圏の大学に留学すれば、アカデミック・ライティングの要求を満たすレポートを書き、授業の課題をこなせるだろう」という「好印象を与える」ことだ。

● 「好印象」を与える答案を書く

　それではそうした好印象をどうすれば得られるか、実際にライティング問題に挑戦する前に確認しておこう。まず、反対の「悪い印象」を与えてしまうのはどんな時か？　これは、読者自らが、外国人が書く日本語作文の採点をする立場になったと考えれば、自明であろう。一言で言えば、

| 1. Reading Section 攻略法 | 2. Listening Section 攻略法 | 3. Speaking Section 攻略法 | **4. Writing Section 攻略法** |

「採点者の理解が妨げられること」

といえる。

　自分が日本語の文書を読んでいて、なんども中断を余儀なくされる、読み返さなければならないようでは、十分に理解できないし、それ以前に読む気をなくすだろう。こうした文書に共通することを挙げると、次のようになる。

1. 文の意味自体が不明確である。
2. 予測したこととまったく違う展開をする。
3. 最初に主張していたことが、いつのまにかくつがえっている。
4. 具体例と主張との関連が薄く、具体例の存在理由が不明である。
5. 述べるべきポイントが抜けている（特に Integrated Writing の場合）。

　上記の問題がいくつも含まれるようだと、採点者も答案を読むことに困難を感じ、スコアも低く付けられてしまうことが予想される。ただ、この中には、「明らかな文法の誤りがある」が含まれていないことも注意すべきだ。たとえば He play tennis yesterday. であれば、play は played ではないか、と指摘されるだろう。この程度であれば、容易に推測できる。しかし、He went to Paris which is famous to study art. のような文となると、判断がむずかしくなる。famous for art であれば、「芸術で有名だ」と解することができるが、famous to study とはどういうことか？こんなふうにネイティブの採点者を考え込ませてしまう不明瞭な表現は避けなければならない。

　それでは、「好印象」を与える答案の特徴は何か？　一言で言えば、こうなるだろう。

「ノンネイティブのライティング・レベルを超えた部分が多く感じられる」

「ノンネイティブのライティング・レベルを超えた部分が多く感じられる」構成要素として、以下の3点が挙げられる。

1. 英語の文書として、論理的に明解で、多方面からの考察が見られる。
2. 語彙・表現方法が豊富である。
3. ほかのノンネイティブの答案と明らかに違う英語らしい英語が使われている。

　以下、この3つについて、さらに述べたい。

・さまざまな表現を身につける

　この 1, 2, 3 を感じさせる文を書くのに必要なことは、言うまでもなく基本的な英語力である。これはリーディング、リスニング、そしてスピーキング学習と並行して身につけるべきことだ。したがって、日々英語を読む、聴く、そして話すことを繰り返し、気になった表現はノートやファイルにまとめるようにすればいいだろう。1 文 1 文をストレスなく書けるぐらいになれば、上の 1, 2, 3 が自然とできるようになるはずだ。さまざまな英語の表現を身につけることを日々心がけたい。

・ネイティブにチェックしてもらう

　まずは自分で書いてみることが大切だが、時にはネイティブあるいはよく英語のできる日本人の教師に英語をチェックしてもらうことも大事だろう。

　本書の共著者でもある英語便は、質の高いネイティブ英文添削を手ごろな値段で提供しているほか、TOEFL や TOEIC ライティング対策のコースも設けている。ぜひこちらも利用してほしい。

英語便
www.eigobin.com

・とにかく量を書いてみるのも 1 つの方策

　英語圏での生活が長い受験者は、英語に十分親しんでいるし、長文を書くことにも慣れているだろう。こうした受験者は、すでにかなり質の高い英文を書けるはずなので、さらに高得点をめざすのであれば、執筆語数を増やすという戦略も考えられる。

　Independent Writing では、300 語以上書くことが勧められるが、ここで 500 語以上書けば、採点者にそれなりの好印象を与える結果となる。もちろん、質問と無関係のことを書いていては評価に値しないが、確かに関連性が見いだせる内容であれば、満点も十分に期待できる。30 分で 500 語を書けるということで、先ほどの「ノンネイティブのライティング・レベルを超えた」高い能力があると評価されるのだと思う。たとえば Independent Writing で 700 語以上書こうとすると、質問の趣旨から外れてしまう可能性は確かにある。しかし、それでも 30 点満点が出るのだ。また、Integrated Writing で 475 語を書くのは、問題の要求が 150~225 語であることを考えると非常識ともいえる。しかし、Integrated Writing で 475 語書いて、Independent Writing で要求される 300 語に満たない 270 語しか書かなかったとしても、ライティング・セクションで合計 28 点

| 1. Reading Section 攻略法 | 2. Listening Section 攻略法 | 3．Speaking Section 攻略法 | **4．Writing Section 攻略法** |

のスコアが出るのだ。こうした例は、私（四軒家）が実際に意図して受験した経験をもとに述べている。

　これまでの指導経験などを踏まえてアドバイスすれば、おそらく受験者は、Integrated Writing では、とにかく分量を書くこと（「要約」をしようと思わず、「とるに足らない内容を除いて、すべて書く」という姿勢）を心がけるのがよいと思う。Independent Writing では、400 語ぐらいを目標にして、かつ論旨を十分に展開するように努めることを勧める。小さくまとめようとすると、抽象論だけになり、非常にわかりにくくなることは、スピーキング・セクションでも解説した。根拠のないテンプレートや、汎用性を重視しすぎた定型文に頼ることなく（ただし、もちろんそれらの基本的理解は絶対に必要だ。英語便の「はじめての Integrated Writing」［198 ページ参照］、「はじめての Independent Writing」［206 ページ参照］の欄にそれらがまとめられているので、ぜひご覧いただきたい）、自分の考えを、自分の納得のいく論理で書きすすめるのが、意外に思われるかもしれないが、高スコアを獲得するにはもっとも効果的な書き方だと思う。

3 ライティング問題を解いてみよう

1. Integrated Writing (Writing Based on Reading and Listening)

　では、まず Integrated Writing の対策を考えよう。実際に答案を書いてみたいと思う。

　Integrated Writing では、あるトピックに関して、賛成（または反対）の主張をするリーディング・パッセージをまず読む。その後、同じトピックに関して、リーディング・パッセージと真逆の主張を展開する講義を聴いて、そのポイントを対比させつつ、答案をまとめていくことになる。これは ETS の Official Guide を含めて、どこにも公式に発表されていないが、事実上、リーディング・パッセージと講義は完全に反対する関係にあり、それぞれ同じ3つのポイントが挙げられる形式は、iBT 試験導入以来、ずっとつづいている。これがずっとそうであるとはいえないのであるが、少なくともこれまではこの形式で出題されているわけで、それを想定して訓練を積むのが最善であると考える。したがって、本書でも、これまでの試験の傾向を踏襲した問題例を挙げて解説することにする。[後半の模擬テストでは少し傾向の異なる問題も取り上げて、万全の準備ができるようにした。]

ライティング問題 1

Integrated Writing
(Writing Based on Reading and Listening)

Reading Time: 3 minutes

　Most business managers are unaware of how much poorly run business meetings cost their organizations. Meetings are expensive. For example, it is estimated that organizations waste the equivalent of nearly $1,000 a year per employee on ineffective business meetings. Managers need to control these costs.

　The first thing a manager should do when planning a meeting is to decide whether the benefit of the meeting is greater than its cost. All of the costs associated with the meeting should be calculated and

| 1. Reading Section 攻略法 | 2. Listening Section 攻略法 | 3. Speaking Section 攻略法 | **4. Writing Section 攻略法** |

quantified. Then, the projected benefit the meeting is expected to generate should also be quantified. Simply put, if the benefit is not greater than the cost, the manager should not hold a meeting. The manager should find another way to distribute the information to relevant people, for example, by sending e-mail or setting up an electronic bulletin board where people can share their ideas or make an announcement.

 Next, the participants should be carefully chosen so that only people who are directly involved in the project come to the meeting. There is a huge opportunity cost when unrelated people attend a meeting, because they cannot communicate with clients or do their own work while they are sitting in the meeting room.

 Finally, it is vitally important to stick to the schedule outlined in the agenda, even if that means cutting the discussion on a particular topic and scheduling another meeting to finish the discussion at another time. Without effective time management, the organization will find itself wasting valuable time on non-productive discussions. For all of these reasons, business organizations should make strong efforts to maximize the efficiency and effectiveness of their meetings.

CD 03 02-03

Summarize the points made in the lecture you just heard, being sure to explain how they cast doubt on the specific points made in the reading passage.

第1部　|　各セクション攻略法

Response Time: 20 minutes

■ 解説と訳

[リーディング・パッセージ訳]

　ほとんどの管理職は、会議がうまく運営されていないことで自分の会社がいくら金を浪費しているかに気づいていない。会議には費用がかかるものだ。見積もりでは、1人の従業員がむだな会議に出席するにつき、会社は年間約千ドルに相当する額を浪費しているという。管理職はこの費用を抑える必要がある。

　会議を計画する際にまず管理職がすべきことは、会議による利益がそれにかかる費用を上回るかどうかを判断することだ。会議に関連する費用はすべて計算し、数値化すべきである。さらに会議によって生じるだろうと見込まれる利益も数値化すべきだ。単純に言えば、利益が費用を上回らないのであれば、管理職は会議を開くべきではない。管理職は関係者に情報を周知させる別の方法を見つけるべきだ。たとえばEメールを送るとか、電子掲示板を立ち上げて人々が考えを共有したり、通知を行なったりできるようにするといった方法だ。

　また、会議の出席者も慎重に選び、プロジェクトに直接関係のある人間だけを出席させるべきだ。関係のない人間が会議に出席することで莫大な機会費用が生じる。会議室に座っているあいだは顧客とのやりとりができず、自分の仕事を進めることができなくなってしまうからだ。

　最後に、きわめて重要なのは、議事日程に示されているスケジュールどおりに行なうことである。そのためにあるトピックについての話し合いを省くことになり、それを終えるために別の日に会議を設定することになったとしてもだ。効果的な時間管理ができなければ、会社は生産性のない話し合いに貴重な時間を浪費することになる。したがって、会社は会議を最大限に効率的で効果的なものにするために尽力すべきである。

□ unaware　知らない、気づかない　□ poorly　不十分に、不成功に　□ equivalent　同等の、同価値の　□ ineffective　効果のない、むだな　□ associated　関係のある、関連した　□ quantify　…の量を定める、数値化する　□ projected　見積もられた、計画された　□ simply put　簡単に言えば、早い話が　□ distribute　分配する、配る　□ bulletin board　掲示板　□ opportunity cost　機会費用　《ある案を採択した場合に放棄される他案から得られたであろう利得の最大のもの》　□ vitally　致命的に、きわめて重大に　□ stick to …　…に執着する、(信念・決定など)に忠実である　□ outline　あらまし[概略]を述べる　□ agenda　議事日程、協議事項　□ maximize　最大化する　□ efficiency　効率、能率　□ effectiveness　効果的であること、有効性

　では、まずリーディング・パッセージを読んで、メモを取ろう。このメモは、あとから聴く講義のヒントになる程度でよい。なぜなら、実際に答案を書く時は、再びこのリーディング・パッセージが画面に現われて、詳しく内容を確認できるからだ。リーディングの制限時間は3分だ。

「会議には費用がかかる(それを何とかしなければならない)」という主張がまず示される。それに対して、

　　The first thing ...（6行目）

188

| 1. Reading Section 攻略法 | 2. Listening Section 攻略法 | 3. Speaking Section 攻略法 | **4．Writing Section 攻略法** |

Next, ... （15 行目）
Finally, ... （20 行目）

という 3 つの表現によって、その対応策と例を示している。この 3 つは、次のようにメモを取ればいいだろう。

× mtg →   × organization
         $!

① benefit ＞ cost
         ← calculated
         ← quantlified

② participants
         ← chosen!
         ← oppo cost
         （ほかの job ×）

③ time management
    ≒ stick to the schedule
         cut discussion
         another mtg

このメモを説明すれば、以下のようになる。スピーキング・セクションと同じように、（　）の中に注目してほしい。

× mtg →   × organization（会議 [meeting] がダメだと、組織 [organization] もダメージ）
         $!（会議はお金がかかる）

① benefit ＞ cost（第 1 に、会議の利益 [benefit] はその cost よりも大きいか？）
         ← calculated（計算すべきだ）
         ← quantified（数量化すべきだ）

② participants（会議の出席者は）
　　← chosen!（選ばれるべきだ！）
　　← oppo cost（機会費用が生じる）
　　（ほかの job ×）（会議に出ているあいだは、ほかの仕事ができない）

③ time management（時間管理が大切）
　≒ stick to the schedule（スケジュールどおりに行なう）
　　cut discussion（話し合いを省く）
　　another mtg（また会議を設定することもある）

　どうだろうか？　これでリーディング・パッセージの内容は記憶に残るはずだ。
　そしてこのパッセージを読むのに困難を感じる受験者はほとんどいないはずである。TOEFLのトータル・スコアが100を超える受験者であれば、3分間で少なくとも2回読めるだろう。内容をしっかり把握できる上に、メモも取ることができる。準備万端で次の講義に耳を傾けよう。
　次に講義を聴いてみよう。内容は、先ほど述べたように、リーディング・パッセージに対して反対意見を述べる形になっているので、わかりやすい。しかも、3つのポイントはすでにメモしてあるので、これを参考に重要部分を聴き取ってほしい。どういう内容が話されるか、すでにわかっているのだ。つまり、最初のポイントであれば、「costs/benefitsを計算すべき」という主張に反対するのであるから、「costs/benefitsは計算しない」という意見が出されるはずだし、つづいて「なぜ計算しないのか？」という理由などが展開されるだろうから、そこに注意して聴くべきだ。
　一度聴いてメモを取ったら、再度聴いて、ポイントを確認してほしい。次に示すテキストには、文またはフレーズの単位で空白を作った。そこが重要な部分なので、講義を聴きながら、そこに何が入るか、書き取ってみよう。

Everyone agrees that non-productive business meetings must be avoided. After all, the hours available during a working day are limited and all of a company's employees should use these hours in the most efficient way possible. But (1)＿＿＿＿＿＿＿＿＿＿＿＿＿＿＿＿＿＿＿

＿＿＿＿＿＿＿＿＿＿＿＿＿＿＿＿＿＿＿＿＿＿＿＿＿＿＿.

For one thing, it is often impossible to quantify either the costs or the

| 1. Reading Section 攻略法 | 2. Listening Section 攻略法 | 3. Speaking Section 攻略法 | **4. Writing Section 攻略法** |

benefits of a meeting. (2)_____
_____.

Likewise, certain benefits may not even be relevant until several months later. For example, someone gives a suggestion. Maybe that suggestion is not adopted immediately, but it starts some people thinking of a creative solution to different problem. How can we measure that?

　　Next, it's not always wise to limit meeting participants to those directly involved. Business is a complex process and information sharing is critical. If someone attends a meeting, (3)_____
_____
_____. So, it's not as easy as saying only those directly connected with that particular topic should attend.

　　Finally, while everyone agrees businesses should not waste time, we can't always predict how long a particular discussion will take. If we try to manage time too precisely, we may end up being unable to reach the best possible decision during the meeting. Therefore, (4)_____
_____
_____. If a certain discussion deserves more time and if the members think that topic is important enough, they should not be bound by the time schedule in a written agenda.

　このように、講義のある部分を書き取ってみる練習は、とても効果的だ。これはライティングだけでなく、リスニングでも、スピーキングでも有効だ。本書の問題を使って、ぜひ試してみてほしい。
　では、講義の重要な部分について説明する。

(1) it's too simplistic to assume that this can be managed by using some overly simple cookbook recipe approach.
　ここは、講義全体の要旨を、比喩を使ってまとめている。cookbook recipe という表現を使って、「こうしたことは、料理本に載っている簡単なレシピのように容易にできることだ、と考えるのはあまりに短絡的だ」と反論している。

191

(2) Some costs, like opportunity costs, are difficult to define.

　この opportunity costs というのは、経済学でいう「機会原価、機会費用」のことで、「ある財を特定の目的に使用するために、他の用途から生じたであろう利益を失うこと」(『研究社　英和大辞典』) である。専門用語ではあるが、日常的によく使われる。この文のあと、Likewise (同様に) がつづき、さらに For example (たとえば) が来て、例が挙げられる。

(3) she can get background information that may help her with some aspect of her job that is not directly related to the meeting topic.
　この not directly related の部分は聞き逃してはならない。この次の文では、directly connected という表現も用いられている。この部分は例であるので、直前の Business is a complex process and information sharing is critical. も答案に盛り込みたい。

(4) we need the flexibility to extend a meeting according to the needs of the situation.
　この flexibility という語を十分に意識するべきだろう。答案では、その意味を会議スケジュールとの関連で述べればよい。専門の知識がなくても、十分に答案が書けることだろう。
　講義の全文と日本語訳は、次のとおり。

CD 03 02

　　Everyone agrees that non-productive business meetings must be avoided. After all, the hours available during a working day are limited and all of a company's employees should use these hours in the most efficient way possible. But it's too simplistic to assume that this can be managed by using some overly simple cookbook recipe approach.
　　For one thing, it is often impossible to quantify either the costs or the benefits of a meeting. Some costs, like opportunity costs, are difficult to define. Likewise, certain benefits may not even be relevant until several months later. For example, someone gives a suggestion. Maybe that suggestion is not adopted immediately, but it starts some people thinking of a creative solution to a different problem. How can we measure that?

| 1. Reading Section 攻略法 | 2. Listening Section 攻略法 | 3. Speaking Section 攻略法 | **4．Writing Section 攻略法** |

Next, it's not always wise to limit meeting participants to those directly involved. Business is a complex process and information sharing is critical. If someone attends a meeting, she can get background information that may help her with some aspect of her job that is not directly related to the meeting topic. So, it's not as easy as saying only those directly connected with that particular topic should attend.

Finally, while everyone agrees businesses should not waste time, we can't always predict how long a particular discussion will take. If we try to manage time too precisely, we may end up being unable to reach the best possible decision during the meeting. Therefore, we need the flexibility to extend a meeting according to the needs of the situation. If a certain discussion deserves more time and if the members think that topic is important enough, they should not be bound by the time schedule in a written agenda.

　生産性のない会議はするべきでないという考えには、すべての人が同意するでしょう。なんといっても1日の労働時間は限られていますし、会社の従業員は全員、可能な限りその時間を効率的に使うべきなのです。しかし、こうしたことは、料理本に載っている簡単なレシピのように容易にできることだ、と考えるのはあまりに短絡的です。

　まず第1に、会議にかかる費用や利益を数値化することは大概において不可能です。費用というのは、たとえば機会費用のように、確定することがむずかしいものもあります。同様に、半年ほど経ってからようやく関連性をおびてくる利益もあります。たとえば、誰かが何かを提案したとします。その提案はすぐには採用されないかもしれません。だがその提案があったために、誰かが別の問題に対して創造的な解決策を思いつくこともあります。そうしたことは、どのように測れるのでしょうか？

　第2に、会議の出席者を直接の関係者だけに絞ることが、いつも賢明な選択になるとは限りません。ビジネスというものは複雑なプロセスであり、情報の共有はきわめて重要な意味を持っています。会議に出席することで背景事情を知り、議題とは直接関係がない仕事であっても、ある局面で役立てることができる者が出てくるかもしれません。したがって、議題に直接関係した者だけが出席すべきとは簡単に言えないはずです。

　最後に、ビジネスにおいては時間をむだ使いすべきでないということには誰もが同意するでしょうが、ある話し合いにどれほどの時間がかかるかは、いつも予測できるわけではありません。あまりに時間どおりに進行しようとすれば、会議の時間内に最良の決定にいたれずに終わるかもしれません。したがって、その状況に応じて会議を延長するといった柔軟性が必要です。もしある話し合いにもっと時間をかける価値があり、出席者がその議題を重要だと考えるなら、決められた議事日程のスケジュールに縛られるべきではありません。

□ simplistic 極度に単純化された　□ relevant 直接的に関連する　□ critical 重大な、決定的な　□ background 背景　□ aspect 局面、側面　□ precisely 正確に、きちょうめんに　□ flexibility 柔軟性、順応性　□ deserve …に値する　□ bounded 縛られた、拘束された

答案作成にあたって、まず問題文を確認しよう。　CD 03 03

Summarize the points made in the lecture you just heard, being sure to explain how they cast doubt on the specific points made in the reading passage.

今聴いた講義の論点を要約してください。講義がリーディング・パッセージの論点に対してどのような疑問を投げかけているかも必ず説明してください。

解答時間：20 分

この文にある 3 つの表現に注意しよう。

1) summarize

すでに述べたように、「要約」より、むしろ、「あらすじ」を書くという理解でよい。できるだけ多くの内容を書く。

2) how they cast doubt on

対比になっていることを明確に述べること。この cast doubt on という表現をそのまま使ってもよいので、明確にリーディング・パッセージと講義の対比関係を示すことが重要だ。

3) the specific points made in the reading passage

この要求を満たすには、リーディング・パッセージの内容を書かざるをえない。「リーディング・パッセージの内容ばかり書く、講義で聴いたことだけを書く」という戦略では、めざすスコアを獲得することはできない。

それでは、以上のことを踏まえた上で、英文を書いてみよう。
第 1 段落は、次のように書いたらどうだろう？

The lecturer casts doubt on several points made in the reading [(1)]about the planning and running of business meetings. She agrees that non-productive

| 1. Reading Section 攻略法 | 2. Listening Section 攻略法 | 3. Speaking Section 攻略法 | **4．Writing Section 攻略法** |

meetings are wasteful; ⁽²⁾however, she challenges some of the reading's specific claims.

（1）この部分が、全体の「タイトル」にあたる。まさしく受験者の要約能力そのものがここで測定されていると言っていいだろう。受験者は「一言でタイトルを付けるとすれば、どうなるか？」と意識する必要がある。練習問題を解く上でも、つねにそれを考えて、必ず答案に盛り込むべきだ。それはこのように、the planning ... という表現でも、how to plan and run business meetings ... という表現でも、あるいは、how business meetings should be planned ... という表現でもよい。ただ、あまり長いものは避けたい。

（2）この文が、講義の「内容」である。she challenges とあるが、この challenge は、「チャレンジする」ではなく、「…に異議を唱える」という意味である。

なお、これに加えて、具体的に3つのポイントが何であるか、最初の段落で述べておいてもいいだろう。She makes her argument from the following three perspectives: the costs and benefits of a meeting, the selection of the participants, and time management. などとなる。もちろん、この順序で、第2、第3、第4段落を展開することになる。

つづいて、第2段落は次のように書くことができるだろう。

First of all, ⁽³⁾the reading passage argues that the costs and benefits related to a particular meeting should be quantified, but the lecturer believes it is impossible. Some costs are hard to estimate and some benefits, like new ideas or possible solutions, may not be immediately apparent.

（3）この部分は、... the lecturer believes it is impossible to quantify all of the costs and benefits related to a particular meeting. とすることも可能であろうが、この to quantify ... がリーディング・パッセージの内容であることを明確にするために、このようにしてみた。そのほうが、講師 (lecturer) の立場とリーディング・パッセージとの対比がさらにはっきりする。

第3段落は次のようにしたらどうだろう？

Next, ⁽⁴⁾the speaker disagrees with the claim that only those people directly involved in a project under discussion should attend the meeting. As information sharing is critically important in business, employees should

195

have ⁽⁵⁾<u>as much access to information as</u> they can. Even if workers are not directly involved in a particular issue, ⁽⁶⁾<u>they</u> may be able to get valuable background information that can help with other aspects of their jobs.

(4) the speaker disagrees with the claim that から、that 以下の部分がリーディング・パッセージの主張であるとわかる。そして the lecturer / the speaker で始めることで、講義の要約として提示しようとしている。つまり、問題文にある Summarize the points made in the lecture you just heard. に正面から答えていることを強調している。

(5) テクニカルなことではあるが、as ... as の構文をこのような形で使えない受験者は多い。ここでは、much access to information に as ... as を適用しているので、as much as access to information などとしないように注意しよう。

(6) 代名詞を使う場合は、つねにそれが指しているものを明確にすることが重要だ。Even if [workers]..., [workers].... のように、接続詞を使う時には、従属節と主節の主語をそろえなければならない。

最後の段落は、次のように書いたらどうだろう？

Finally, the lecturer challenges the idea that the time schedule for a meeting should be strictly set and followed. If a particular topic is important and needs more discussion, she ⁽⁷⁾<u>argues</u> that the meeting members should be flexible. She observes that the most important principle is to share information and reach the best possible decision, even if that takes longer than what the agenda calls for.

(7) argue that ... という表現は、Integrated Writing では便利な表現としてよく用いるので、いつでも使いこなせるようにしておきたい。「…と主張する、…ではないのかと言う」という意味だ。ここでは、「講師は、会議の参加者は融通を利かせるべきではないのかと言っている」という意味になる。

　この問題例は、リーディング・パッセージ、講義ともにシンプルな内容であったため、答案も218語と、ある意味「模範的」な解答になった。150〜225語と指定されているので、まったく問題はない。ただ、前述のように、複雑な内容であった場合、270語程度になることもあるだろうし、高得点を取るために万全を期すのであれば、このぐらいの語数をめざしてもいいと思う。

| 1. Reading Section 攻略法 | 2. Listening Section 攻略法 | 3. Speaking Section 攻略法 | **4．Writing Section 攻略法** |

では、いま提案した英文をまとめたものを、模範解答として、以下に示す。満点が期待できる内容だと思う。紹介が遅れたが、共著者のポール・ワーデンにも調整してもらっている。

Sample Answer 1

The lecturer casts doubt on several points made in the reading about the planning and running of business meetings. She agrees that non-productive meetings are wasteful; however, she challenges some of the reading's specific claims.

First of all, the reading passage argues that the costs and benefits related to a particular meeting should be quantified, but the lecturer believes it is impossible. Some costs are hard to estimate and some benefits, like new ideas or possible solutions, may not be immediately apparent.

Next, the speaker disagrees with the claim that only those people directly involved in a project under discussion should attend the meeting. As information sharing is critically important in business, employees should have as much access to information as they can. Even if workers are not directly involved in a particular issue, they may be able to get valuable background information that can help with other aspects of their jobs.

Finally, the lecturer challenges the idea that the time schedule for a meeting should be strictly set and followed. If a particular topic is important and needs more discussion, she argues that the meeting members should be flexible. She observes that the most important principle is to share information and reach the best possible decision, even if that takes longer than what the agenda calls for. (218 words)

講師は、会議の計画および進行についてリーディング・パッセージのいくつかの論点に疑問を投げかけている。非生産的な会議はむだだという考えには同意しているが、文章に書かれている具体的な主張に対していくつか異議を唱えている。

まず第1に、リーディング・パッセージは、ある会議に関する費用と利益は数値化されるべきだとするが、講師はそれは不可能だと考える。費用には見積もりを出しづらいものもあり、新しいアイデア

や解決策になりうるものといった利益の中には、すぐには明らかにならないものもある。

　また、討議中のプロジェクトに直接携わる人間だけが会議に出席するべきだという主張に対しても講師は反論している。ビジネスにおいては情報の共有がきわめて重要であるため、従業員たちはできるだけ情報を手に入れられる環境を与えられるべきだ。特定の議題に直接関わっていない従業員でも、有益な背景事情を得ることで自分の仕事の別の局面に生かすことができるかもしれない。

　最後に、会議のタイムスケジュールを厳密に設定し、それに従うべきだとする考えを講師は否定する。ある議題が重要であり、話し合いの時間をより多く必要とする場合には、会議の出席者たちは柔軟になるべきだと反論している。たとえ議事日程に示されている予定より長く時間がかかったとしても、原則としてもっとも大切なのは、情報の共有および考えうる最良の結論に達することであると述べている。(218語)

□ wasteful　むだな　□ challenge　…に異議を唱える　□ apparent　はっきりわかる、明確な　□ critically　深刻なほど、決定的に　□ strictly　厳密に、きっちりと　□ observe　…を述べる、言う　□ principle　原則、原理　□ call for …　…を要求する

▶「はじめての Integrated Writing」by 英語便

● 効果的なライティングの構成

ライティングは、以下のような構成で作成するのが効果的です。ボディ・パラグラフの数は、出題形式によって変化させましょう。補足点が3つではなく、2つの時もまれにありますので、その場合は1つ減らすことになります。

イントロダクション	：	主題の対比

ボディ・パラグラフ1	：	サポートポイント1とカウンターポイント1の対比

ボディ・パラグラフ2	：	サポートポイント2とカウンターポイント2の対比

ボディ・パラグラフ3	：	サポートポイント3とカウンターポイント3の対比

　最初のパラグラフ（イントロダクション）では、リーディング・パッセージと講義で示された主題を対比させます。詳しい説明ではなく、「これからこういうことを対比します」という、エッセイの全体像を記述します。

　イントロダクションにつづいて、それぞれのパラグラフにおいて、メモの情報を元に、リーディング・パッセージのサポートポイント（主題を支える論点）と、講義のカウンターポイント（対比的要素）を対比して書いていきます。

| 1. Reading Section 攻略法 | 2. Listening Section 攻略法 | 3. Speaking Section 攻略法 | **4. Writing Section 攻略法** |

以下、Integrated Writing に使えるいくつかのフレーズを紹介します。

● **Integrated Writing に使える表現**

イントロダクションでの書き出し
The lecturer casts doubt on the argument in the article ~
The lecturer takes issue with the points in the reading passage ~
The lecturer challenges each of these specific claims ~

リーディング・パッセージと講義の比較
The reading states that ... but the lecturer ...
The lecturer believes ...
The speaker disagrees with the claim that ...
The lecturer challenges the idea that ...
He/She disagrees with the idea that ...
The lecturer takes issue with the claim that ...
According to the reading, ... / According to the lecturer, ...
This directly refutes ...
(By contrast,) the lecture describes ...
In contrast to ~ in the reading, the lecturer ...

では、最後にポール・ワーデン先生が書いた模範解答を紹介します。

Sample Answer 2

　　The lecturer casts doubt on the style of business meetings presented in the reading because she thinks it is too simple. She believes more flexibility is needed in actual business. She admits that inefficient meetings are a waste of company resources, but she does not think the solutions mentioned in the reading are necessarily the best ones.

　　First, she disagrees with the idea that all costs and benefits can be accurately quantified. Sometimes a meeting may provide some unexpected long-term benefit, such as a new idea or a future solution, that cannot be measured in the short term.

　Moreover, the lecturer takes issue with the claim that participation in meetings should be limited to only those people directly involved in some issue. She argues that business is complex and employees need to have a lot of background information. Therefore, she believes even workers who are not directly related to a topic can benefit from attending the meeting.

　Lastly, according to the lecturer, time cannot always be so carefully controlled as the reading demands. The lecturer states that sometimes a particular topic will take longer to discuss than expected, so she believes that the schedule written in the agenda needs to be flexible and needs to be adapted to the situation. (210 words)

　講師は、リーディング・パッセージで提示されている会議のやり方は単純すぎるとして疑問を投げかけている。実際のビジネスにおいてはもっと柔軟性が必要だと考えている。非効率的な会議は会社の資産のむだ使いだと認めてはいるが、リーディング・パッセージで言及されている解決方法は必ずしも最善ではないという。
　まず、すべての費用と利益は正確に数値化できるという考え方に反論している。会議は時として、新しいアイデアや将来的な解決策など、予期せぬ長期的な利益を生み出すことがあり、短期間で測ることはできないというのだ。
　さらに講師は、会議の参加者は議題に直接的に関係する人間だけに制限するべきだという主張に異議を唱えている。ビジネスは複雑なものであるため、従業員は背景事情を多く知るべきだと訴える。そのため、議題に直接的に関与していない従業員でも、会議に参加することが利点になると考えられるのだ。
　最後に、リーディング・パッセージが求めるように時間を綿密にコントロールすることはできないと講師は言う。ある議題を話し合うのに予想よりも時間がかかることはありうるため、議事日程に示されたスケジュールにはもっと柔軟性をもたせ、状況に合わせられるようにすべきであると述べている。
(210語)

☐ take issue with …　…に異議を唱える　☐ be adapted to …　…に適当である、ふさわしい

2. Independent Writing(Writing Based on Knowledge and Experience)

　ライティング・セクションの Question 2 の Independent Writing は、自由に自分の考えを書く形式の問題だ。自由に書いてよいのだが、採点者の理解を妨げるものにならないよう、注意しなければならない。30 分で書いた答案であれば、1 分ほどで採点（評価）は完了する。1 分で答案に対する印象が定まり、それによって評価を下すことになるのだ。すなわち、Independent Writing では、採点者の印象をよくするか悪くするかが、評価を決定する大きな要素となる。

　では、これから Independent Writing の効果的な答案の作り方を学習しよう。

　まずは、問題文を見てみよう。

ライティング問題 2

Independent Writing
(Writing Based on Knowledge and Experience)

Some students prefer to live in a university dormitory on campus. Other students prefer to live in a private apartment off campus. Which would you prefer? Use specific reasons and examples to support your opinion.

Response Time: 30 minutes

学生の中には、キャンパスにある寮で生活することを好む人と、キャンパス外にある民間住宅での暮らしを好む人がいます。あなたはどちらがいいと思いますか？　具体的な理由や例を挙げて、意見を述べてください。

解答時間：30 分

□ prefer　むしろ…のほうを好む、（ほかのものより）むしろ…を選ぶ　□ dormitory　寮、寄宿舎　□ on campus　（大学などの）構内で、キャンパスで　□ off campus　キャンパスの外で　□ specific　明確な、具体的な

　寮に住むのがいいか、キャンパス外に住むのがいいか、という Independent Writing の典型的な問題である。このように、Independent Writing は、「どちらを選ぶ［支持する］か」という対比形式で出題される。

　問題文に Use specific reasons and examples to support your opinion.（具体的な

理由や例を挙げて、意見を述べてください）とあるように、支持する理由とともに、それをよく示す具体例を入れることが望ましい。個人的な憶測に基づく記述はなるべく避けたほうがいいだろう。高評価・高得点を得るには、「なるほど」と思わせる具体例が必要だと思う。

また、特に上級者に勧めたいことが1つある。それは、解答において、まずどちらを支持するか表明した上で、その理由を述べながら、支持しないほうとの「比較」も提示することだ。そうすることで内容の広がりが期待できるし、語数も増やすことができる。

したがって、ここでは、「説得力のある具体例」のほかに、「支持しない選択肢との比較」も盛り込むことを頭に置いて、実際に模範解答を書いてみたい。

では、キャンパス内の寮に住むことを支持する立場で、実際に答案を書いてみよう。最初の段落は次のように書き出したらどうだろうか？

Although some people prefer to live in a private apartment off campus, I would rather live in a university dormitory. (1)It is less costly and more convenient than living in a private apartment off campus. Besides, if you emphasize your privacy, you may shrink your horizon in terms of language.

（1）ここに全体の理由を一般概念的に示し、イントロダクションの段落を完成させている。「問題提起、自分の意見・理由」があれば、エッセイの全体像がつかめて、効果的なイントロダクションとなる。

ところで、この（1）の部分は決して最初に書いたわけではない。あとの「具体例」の段落を書いたあとで、それを要約したのだ。こうすることで、イントロダクションと具体例を自然につなげることができる。

First, it is usually much more economical to live in the university housing than in an apartment off campus. Colleges are not businesses or real estate agencies, and they do not try to make a profit from students by renting them a room. This means campus housing is more affordable. (2)Not only is this true, according to my brother, who is a university senior, but there is more to it. All of the students who live together in a dormitory share the cost of heating, electricity, and cable and internet services, so the price of utilities when living on campus is much lower than in a private apartment off campus. (3)Therefore, my brother often buys the latest personal computer, and during holidays enjoys trips throughout the world. I am now dreaming of such a way of spending holidays.

　(2) 実際に自分の兄の話を出して、説得力を持たせた。こうした具体例を出すことで、採点者の注意を引くことができると思う。
　(3) 浮いたお金で兄は何をしたか、さらに具体例を出した。これによって、寮に住むことの利点がより明確になる。
　　次の段落では、「便利さ」について理由を述べた。

Besides, when living in a dormitory, there is no need to pay bus or train fare to commute to school every day, and no need to own a car. This is especially important, because I am planning to go to a university in the city, where traffic is heavy in the morning rush hour. Interestingly enough, all the above examples show that such an inexpensive campus life can make one's entire life more convenient. (4)I would definitely prefer to live in the dorm on campus to live a thrifty but convenient life.

　(4) 「倹約するが、便利な生活をするために」という言い方で、その前に述べた具体例（前の段落も含む）をまとめた。
　　では、最後の段落。

Privacy is also an important consideration, but for an international student like me who will need a lot of help especially in terms of language, (5)placing a top priority on privacy can even be harmful. (6)If you are alone in an off-campus apartment, you may not learn many things. You will only end up walking from your apartment to the local grocery store, learning very little. The above discussion leads me to conclude that living in the dorm is preferable to living in an the off-campus apartment.

　(5) 最初の段落に盛り込んだ「プライバシー」に対する考えを、「（自分のような留学生は、言葉の問題があり、いろんな人に助けてもらわないといけないので）それを重要視するのは危

険だ」と改めて述べた。

(6) ここで「支持しない選択肢との比較」に言及した。「キャンパス外のアパートに1人で住むと、多くのことが学べない。…」と、支持しないことの欠点を述べることで、支持することの長所がはっきりする。経験上、これが高得点に結びつくことはよくある。

　これで全体は366語だ。ライティングで高得点を取るには、このぐらいの文章の展開と情報量が必要かもしれない。

　以下、答案の英文の訳と注を示す。

Sample Answer 1

　Although some people prefer to live in a private apartment off campus, I would rather live in a university dormitory. It is less costly and more convenient than living in a private apartment off campus. Besides, if you emphasize your privacy, you may shrink your horizon in terms of language.

　First, it is usually much more economical to live in the university housing than in an apartment off campus. Colleges are not businesses or real estate agencies, and they do not try to make a profit from students by renting them a room. This means campus housing is more affordable. Not only is this true, according to my brother, who is a university senior, but there is more to it. All of the students who live together in a dormitory share the cost of heating, electricity, and cable and internet services, so the price of utilities when living on campus is much lower than in a private apartment off campus. Therefore, my brother often buys the latest personal computer, and during holidays enjoys trips throughout the world. I am now dreaming of such a way of spending holidays.

　Besides, when living in a dormitory, there is no need to pay bus or train fare to commute to school every day, and no need to own a car. This is especially important, because I am planning to go to a university in the city, where traffic is heavy in the morning rush hour. Interestingly enough, all the above examples show that such an inexpensive campus life can make one's entire life more convenient. I would definitely prefer to live in the dorm on campus to live a thrifty but convenient life.

| 1. Reading Section 攻略法 | 2. Listening Section 攻略法 | 3. Speaking Section 攻略法 | **4. Writing Section 攻略法** |

　　Privacy is also an important consideration, but for an international student like me who will need a lot of help especially in terms of language, placing a top priority on privacy can even be harmful. If you are alone in an off-campus apartment, you may not learn many things. You will only end up walking from your apartment to the local grocery store, learning very little. The above discussion leads me to conclude that living in the dorm is preferable to living in an off-campus apartment. (366 words)

　　キャンパス外にある民間住宅での暮らしを好む人もいるが、私は大学の寮で生活するほうを選ぶ。学内の寮は、外のアパートに住むのに比べると、より安く、便利だ。それに加えて、プライバシーを重視すると、言葉の面では自分の視野を狭めてしまうかもしれない。
　　まず、キャンパス外の住宅に住むよりも大学の宿舎に住むほうがずっと経済的である。大学は企業や不動産仲介業者ではないので、学生に部屋を貸すことで利益を得ようとはしない。したがって大学の宿舎のほうがより手ごろである。確かにそうであるだけでなく、兄は今大学4年生であるが、彼によると、それ以上のことがある。寮で一緒に暮らす学生全員で、暖房費、電気代、インターネット回線と接続の料金などを分担できるため、キャンパスで生活するほうが、キャンパス外の民間住宅に住むより、諸設備の費用を安く抑えられるのだ。それによって、兄は最新のコンピュータを度々買っているし、休暇中は世界中を旅行してまわっている。今は自分もそんなふうに休みを過ごしたいと思っている。
　　また、寮に住んでいれば、バスや電車の料金を払わずに毎日学校に通える。車を持つ必要もない。これは特に重要だ。というのは、私は都市部の大学に進学したいと考えている。都市の朝のラッシュアワーの混雑は大変だ。とても興味深いことだが、今述べたような例からわかるように、キャンパスライフにこのようになるべくお金をかけないことで、生活そのものが便利になる。キャンパス内の寮に住み、倹約を心がけて、便利な生活を手にしたい。
　　プライバシーを考えるのも重要だが、私のような外国からの留学生は、特に言葉の面で、多くの方に助けてもらわないといけない。プライバシーの保持を最優先するのは、よくない。キャンパス外のアパートで一人暮らしをするようなことになれば、多くのことは学べない。自分のアパートとスーパーを往復するだけで、ほとんど何も学びとることができない。よって、今述べたように、自分としては、外のアパートで一人暮らしをするより、寮に住みたい。(366語)

□ would rather　むしろ…したほうがよいと思う　□ emphasize　強調する　□ privacy　私生活、プライバシー　□ shrink　縮ませる、減らす　□ horizon　水平線、視野　□ economical　経済的な、節約的な　□ business　仕事、企業　□ real estate agency　不動産仲介業者　□ make a profit　利益を上げる、もうける　□ rent　賃貸する　□ affordable　値段が手ごろな　□ senior　大学・高校の最上級生、特に4学年制の4年生　□ share　(出費などを)分担する、分ける　□ utility　[複数形 utilities で]（電気・ガス・水道・暖房などの）利用設備　□ fare　料金　□ commute　通勤［通学］する　□ interestingly　おもしろいことに　□ inexpensive　費用のかからない、安い　□ dorm (= dormitory)　寮　□ thrifty　倹約な、つつましい　□ consideration　考慮すべきこと　□ priority　優先事項　□ off-campus　キャンパス外の　□ grocery store　食料雑貨店、スーパーマーケット

▶「はじめての Independent Writing」by 英語便
● 効果的なライティングの構成

本書では問題に対して2つの理由を含める4つのパラグラフエッセイを推奨しています。イントロダクション (Introduction)、結論 (conclusion)、そして2つのボディ・パラグラフ (body paragraph) の各部で構成します。

イントロダクション ： （自分の主張を述べる）

ボディ・パラグラフ1 ： 1番目のサポート内容と理由、例示など
ボディ・パラグラフ2 ： 2番目のサポート内容と理由、例示など

結論 ： （まとめ――主張を再度述べる）

体裁にも気を配る必要があります。パラグラフごとに改行し、頭をそれぞれ全角2倍ずつ落としましょう。Sample Answer をご確認ください（各パラグラフの頭を1字下げにするスタイルも可能ですが、こちらは字下げがはっきりしないと、パラグラフが分かれていない、と判断されてしまうことがあるので、2倍ずつ落とすのが無難です）。

イントロダクションでは、自分の主張を述べます。ボディ・パラグラフでは、支持理由、そしてつづけて具体例をできるだけ詳しく書いていきます。パラグラフや文をつなぐ時には、First, Second, あるいは Moreover, Furthermore といったつなぎ語を効果的に使うようにしましょう。

結論ではまとめるために、自分の主張を再度述べます。

以下、Independent Writing に使えるいくつかの表現を紹介します。

● Independent Writing に使える表現

イントロダクション

Some people prefer 〜 , while other people prefer 〜
I agree/disagree with the statement that/for 〜

結論

There may be a benefit of 〜 , but 〜
Although there are disadvantages of 〜 , it is clear 〜

| 1. Reading Section 攻略法 | 2. Listening Section 攻略法 | 3. Speaking Section 攻略法 | **4. Writing Section 攻略法** |

例を挙げる
For instance 〜
〜 such as 〜

情報を加える
What's more 〜
In addition to 〜

話をまとめる
Therefore, 〜
As a result, 〜

では、ポール・ワーデン先生の模範解答を2つ示します。

Sample Answer 2

解説を元に書かれた5点満点の答案

　Although some people prefer to live in a private apartment off campus, I would rather live in a university dormitory. The reasons are cost and convenience.

　First, it is usually much more economical to live in university housing than in an apartment off campus. Colleges are not businesses or real estate agencies, and they do not try to make a profit from students by renting them a room. This means campus housing is more affordable. Moreover, because all of the students who live together in a dormitory share the cost of heating, electricity, and cable and internet services, the price of utilities when living on campus is much lower than in a private apartment off campus. Finally, when living in a dormitory, there is no need to pay bus or train fare to commute to school every day, and no need to own a car. Therefore, living on campus is much more economical than living off campus.

　The second reason why I would prefer living in a university dorm is convenience. In addition to the convenience of not having to pay all of the bills for utilities mentioned above, living on campus means you can eat meals on campus. There is no need for grocery shopping or food preparation. When it is time to eat, you just go to the cafeteria and have a meal. Furthermore, the library is located on campus and that makes study convenient, too. Sports facilities, student centers, and even theaters are all located on campus. This means one can conveniently walk to all kinds of events, such as football games, plays, dances, parties, musical performances, and other activities. Finally, classes are of course held on campus, and it's much easier to get to them if you live in a nearby dormitory.

  Some people prefer the privacy of their own off-campus apartment. However, for me, the cost and convenience of living on campus are preferable. (319 words)

  キャンパス外にある民間住宅での暮らしを好む人もいるが、私は大学の寮で生活するほうを選ぶ。理由は費用と利便性だ。

  まず、キャンパス外の住宅に住むよりも大学の宿舎に住むほうがずっと経済的である。大学は企業や不動産仲介業者ではないので、学生に部屋を貸すことで利益を得ようとはしない。したがって大学の宿舎のほうがより手ごろである。また、暖房費、電気代、インターネット回線と接続の料金などを寮で一緒に暮らす学生全員で分担するため、キャンパスで生活するほうがキャンパス外の民間住宅よりも諸設備の費用を安く抑えられる。最後に、寮に住んでいれば、毎日通学するためのバス代や電車代がかからず、車を所有する必要もない。よって、キャンパスで暮らすほうがキャンパス外に住むよりも経済的である。

  私が大学の寮のほうがいいと思う2つ目の理由は利便性である。上述した諸設備の費用全額を負担せずにすむだけでなく、キャンパスで暮らしていればキャンパス内で食事ができるという便利さがある。食料品店へ買い物に行ったり、食材を料理したりする必要がない。時間になったらカフェテリアへ行き、食事をすればよい。また、キャンパスには図書館もあるため、勉強にも便利である。スポーツ施設や学生センターのほか、劇場までもがキャンパス内にそろっている。そのため、サッカーの試合、演劇、ダンス、パーティー、ミュージカルの上演などあらゆるイベントに歩いていくことができる。最後に、当然ながら授業はキャンパスで行なわれるので、近くにある寮に住んでいるほうが教室へ行くのがずっと楽である。

  キャンパス外の住宅に住みプライバシーを守ることを好む人もいる。しかし、私はキャンパスで暮らすことのほうが費用と利便性の面でより好ましいと思う。(319語)

□ convenience　便利さ　□ in addition to …　…に加えて、…のほかに　□ preparation　調理、料理　□ facility　[複数形 facilities で] 施設、設備　□ nearby　近くの　□ preferable　(…よりも) 好ましい、(…のほうを) 選ぶべき

| 1. Reading Section 攻略法 | 2. Listening Section 攻略法 | 3. Speaking Section 攻略法 | **4．Writing Section 攻略法** |

Sample Answer 3

模範解答 2 とは逆の主張で書かれた 5 点満点の答案

Although many university students prefer to live in a dormitory on campus, I would rather live in a private apartment off campus. There are two reasons: cost and privacy.

While many students think that living on campus is more economical than living off campus, housing and food service fees can be quite high. Moreover, they usually cover only nine months of the year, and one has to find off-campus housing during the summer anyway. In addition, I'm a light eater and am happy to live on rice and vegetables. I do not need all of the heavy meals served in the university cafeteria; in fact, they are a waste of money for me. I am also careful of how much electricity and power I use, so utilities are not expensive for me. Finally, if one finds a good roommate or two to live with, one's cost of living off campus can be very low. These advantages make living off campus cheaper than living in a dormitory.

In addition, I would prefer to live off campus because of the greater privacy. In the dormitory, many students are crowded together. Some like to stay up late and party, some like to watch TV, and some like to listen to loud music. I like to study in the quiet of my room. If I have my own private apartment off campus, I can come home at the end of a long day and I don't have to hear other people having parties, watching TV, or listening to music. I can control my own environment and ensure my own privacy. That is the other reason I would prefer to live off campus.

It is understandable that many students want to live in housing on the university campus, but I prefer a private apartment off campus. This is due to cost and privacy. (308 words)

多くの学生はキャンパス内の寮で暮らすほうがいいと考えているが、私はキャンパス外の民間住宅に住みたいと思う。理由は費用とプライバシーの 2 点である。

多くの学生はキャンパス外に住むよりもキャンパス内に住んだほうが経済的だと考えているが、キャンパス内の寮費や食費はかなり高額になることがある。それだけでなく、大学の宿舎はたいていの場合、年間 9 か月間しか提供されないので、夏のあいだは結局キャンパス外の住居を探す必要がでてくる。

さらに私は小食なので、米と野菜だけで満足に暮らしていける。大学のカフェテリアで提供されるこってりとした食事は必要ない。実際、そうした食事は私にとってお金のむだである。また、電力の使い方にも気をつけているので、私の諸設備の費用は高額にはならない。最後に、1人か2人、いいルームメイトを見つけることができれば、キャンパス外で暮らす費用はずいぶん安くなる。これらの利点があるため、キャンパス外に住むことは寮で暮らすよりもお金がかからない。

また、私がキャンパス外に住みたいのはプライバシーがより確保されるからである。寮ではたくさんの生徒たちが詰め込まれるように一緒に暮らしている。遅くまで起きてパーティーをしたがる者もいれば、テレビを観たり、大きな音で音楽を聴きたがる者もいる。私は自分の部屋で静かに勉強がしたい。キャンパス外に自分の部屋があれば、長い1日を終えて家に帰ったあと、誰かがパーティーをしたりテレビを観たり、音楽を聴く音を聞かなくてすむ。自分の環境をコントロールでき、プライバシーを確保することができる。以上がキャンパス外に住みたいもう1つの理由だ。

多くの生徒が大学キャンパスの宿舎に住みたいと思うのは理解できるが、私はキャンパス外の民間住宅で暮らしたいと思う。費用とプライバシーがその理由である。(308語)

□ anyway　とにかく、いずれにしても　□ heavy　(食べ物が)しつこい、胃にもたれる　□ crowded　満員の、ぎゅうぎゅう(詰め)の　□ ensure　確実にする、確保する　□ understandable　理解できる、わかる

第Ⅱ部
模擬テスト
Practice Test

では、本番前に、模擬テストで力試しをしてみましょう。
本番と同じ時間設定で挑戦することをおすすめします。

READING　60分

LISTENING　60分
CD 04 01-40

SPEAKING　20分
CD 05 01-27

WRITING　50分
CD 06 01-03

READING

JAZZ MUSICIANS

[1] Jazz is probably the only form of music that can be claimed as uniquely American. Of course, some historians of music might argue that rock also originated in the United States, evolving from jazz and folk music, but there were also British bands such as the Beatles and the Rolling Stones that played an undeniable part in the emergence of "rock and roll." By contrast, jazz can be more singularly attributed to the American experience, despite the fact that some of its rhythms resemble those of African chants.

[2] Jazz grew out of the music of free blacks in the North and the songs of African American slaves in the South whose great grandparents, grandparents, or even parents were transported to the New World to work in captivity. Its earliest general origins lie in the secular work songs and "hollers" of field laborers as well as in the Negro spirituals sung in black churches. Its more specific origins were two popular movements in American music: ragtime and the blues.

[3] The first was largely an instrumental music with a lively rhythm and flexible syncopation. From about 1890 to 1910, ragtime was by far the trendiest music in major American cities. The brilliant ragtime composer Scott Joplin was one of the most famous musicians associated with it. A ragtime song was made up of compositions, called "rags," with several themes, and nearly all ragtime music was written for the piano. Ironically, the popularity of ragtime eventually led to its demise as it became associated with commercialism and superficiality. Regrettably, the African American composers such as Joplin who should have benefitted from its sales were exploited by music producers and publishers and received only a fraction of the royalty payments owed to them.

[4] In contrast to ragtime, the other direct origin of jazz—the blues—refers to sorrowful vocals sung out loud and accompanied by guitar or piano. Strictly speaking, a blues is a unit of music that is 12 measures long; in the typical blues song the first line is repeated. Ragtime completely died out after the emergence of jazz, but the blues continued as an independent

genre. The origin of blues songs goes back even further than that of ragtime to the pre-Civil War chants of the black slaves. W.C. Handy was the first musician to write down the stanzas and melodies of early blues songs. He never became wealthy, but by starting his own music publishing company he at least escaped Joplin's fate of being cheated out of payment for his work.

5 It was in the southern city of New Orleans that the first recognizable jazz music arose, sometime just after the turn of the 20th century. At that time New Orleans was a mixing place of cultures and peoples, including former slaves, refugees from Carribbean islands, and the descendents of French immigrants. Music of many different traditions, from European classical music to ragtime to the blues, began to mingle and take shape in a new form. Jazz is difficult to define in terms of a set rhythm or theme, but it does have one distinct element: improvisation. Classical European music has been regarded as a "composer's medium" in which musicians and orchestra directors carefully perform the music as it appears on the printed page in front of them. **A** In contrast, jazz can be characterized as a "performer's medium" in which performers innovate upon the original composition, usually without looking at the printed musical score. **B** Even the same musician seldom plays the same composition twice in exactly the same way. **C** In performances, jazz musicians alter a musical piece according to their mood, their experience, their skill, and their interaction with other musicians. **D** In addition, the audience may influence their interpretation and performance of a piece.

6 Historically, there are too many types of jazz and too many prominent jazz musicians to describe them all. However, among the most important early musicians associated with New Orleans jazz bands are Johnny Dodds who played the clarinet, Sidney Bechet who played clarinet and saxophone, King Oliver who played the cornet, and Jelly Roll Morton who was a pianist and composer. Perhaps the musician most associated with face of jazz, however, is Louis Armstrong. Born and raised in New Orleans, he eventually became the first great jazz soloist.

1. What does the author imply about jazz in paragraph 1?
   (A) It was first performed in Africa.
   (B) It was influenced by rock music.
   (C) It largely originated in America.
   (D) It later become popular in Britain.

2. The word "undeniable" in the passage is closest in meaning to
   (A) fateful
   (B) definite
   (C) doubtful
   (D) tentative

3. According to paragraph 3, which of the following is true about African American composers of ragtime songs?
   (A) They were seldom paid fairly for their work.
   (B) They initially sang in black churches.
   (C) They were originally slaves who worked in the fields.
   (D) They wrote music for a variety of instruments.

4. The word "superficiality" in the passage is closest in meaning to
   (A) profitability
   (B) attractiveness
   (C) complexity
   (D) shallowness

5. In paragraph 4 the author says that one difference between ragtime and the blues is that
   (A) ragtime is older than the blues
   (B) ragtime disappeared after jazz arose
   (C) blues songs were never written down
   (D) blues songs earned composers a lot of money

6. In paragraph 5, the author mentions all of the following as contributing to the emergence of jazz in New Orleans EXCEPT
   (A) traditional European music
   (B) ragtime compositions
   (C) French folk melodies
   (D) blues songs

7. Why does the author mention "improvisation" in the passage?
   (A) To contrast jazz with blues songs
   (B) To define a key characteristic of jazz
   (C) To illustrate how jazz was first written
   (D) To show how audiences influence jazz performances

8. The phrase "innovate upon" in the passage is closest in meaning to
   (A) creatively interpret
   (B) thoroughly memorize
   (C) carefully follow
   (D) largely disregard

9. The word "prominent" in the passage refers to
   (A) minor
   (B) overlooked
   (C) significant
   (D) wealthy

10. According to paragraph 6, which jazz musician is most associated with individual performance?
    (A) Johnny Dodds
    (B) King Oliver
    (C) Jelly Roll Morton
    (D) Louis Armstrong

11. Which of the sentences below best expresses the essential information in the highlighted sentence in the passage?

   From about 1890 to 1910, ragtime was by far the trendiest music in major American cities.

   (A) From about 1890 to 1910, ragtime was played far and wide in rural America.
   (B) Between 1890 and 1910, ragtime was first recorded by American music producers.
   (C) Ragtime made more money than any other form of music in the United States around the end of the 19th century.
   (D) Around the beginning of the 20th century, ragtime was the most popular music in the urban United States.

12. Look at the four squares [■] that indicate where the following sentence could be added to the passage.

   In jazz, two skilled musicians play a tune in very different ways.

   Where would the sentence best fit?

13. **Directions:** An introductory sentence for a brief summary of the passage is provided below. Complete the summary by selecting the THREE answer choices that express the most important ideas in the passage. Some sentences do not belong in the summary because they express ideas that are not presented in the passage or are minor ideas in the passage. **This question is worth 2 points.**

The only kind of music that might be regarded as distinctly American is jazz.

-
-
-

Answer Choices

(A) Two important forms of music that influenced the development of jazz were rag time and the blues.
(B) New Orleans was the culturally diverse setting where jazz was born.
(C) Ragtime is the oldest and most important music that influenced the rise of jazz.
(D) Composer W.C. Handy had his own music publishing company.
(E) New Orleans' jazz began as solo performances on the clarinet and guitar.
(F) Personal interpretation and creative performance of jazz are its defining characteristic.

BACTERIA ON EARTH

[1] Of all forms of life on Earth, bacteria are probably the most plentiful. They are also among the simplest and smallest—microorganisms which can only be seen with the aid of a microscope. Less than one percent of the bacteria from natural communities can be cultivated in the laboratory, which has led scientists to greatly underestimate the total number of bacteria species. One conservative estimate is that there are one billion species of bacteria on Earth, but that number is based upon inferring from sampling techniques, since scores of new bacteria are being discovered every day.

[2] In addition, bacteria are hard to classify because they have traits of both plants and animals. In shape, size, and relationship to habitat, bacteria resemble plants. In the way that they acquire and consume food rather than processing light for energy through photosynthesis, they appear to be more like animals. Many scientists avoid the problem of categorizing bacteria as plants or animals by referring to them as "protists," or "first things," implying of course that bacteria were the earliest forms of life on Earth from which all plants and animals eventually evolved.

[3] Nearly all bacteria are enclosed by a tough protective covering called a cell wall. This protective layer allows the bacteria to survive in a particular environment and also gives them a distinctive shape. Furthermore, bacteria typically have an additional layer just inside the cell wall called a cell membrane—tiny molecules of food enter the bacteria through this membrane, but large molecules are screened out. This protects bacteria the way that skin protects humans and other animals. At the heart of an individual "bacterium"—the single form of the plural "bacteria"—lies the cytoplasm with the chemicals that help break down food and build up the cell. The cytoplasm also houses a bacterium's DNA, and it regulates the organism's growth, functioning, and reproduction.

[4] Like all forms of life, bacteria need food to live, but they acquire it in a diverse number of ways. Some bacteria feed on other organisms as do predators in the animal kingdom; other bacteria produce their own food from carbon dioxide, sunlight, and water, as do plants; still other bacteria are able to obtain food in both ways. Most bacteria consume dead organisms, and

they are responsible for the existence of soil, and therefore life, on Earth. A relatively small number of bacteria survive as parasites, deriving their nourishment from other living creatures. Most of these parasitic bacteria cause little harm to their host, and in many cases play an important role in the host's health and survival. However, a small number of bacteria cause disease. One of the most notable characteristics of bacteria is their prodigious appetite: they consume anywhere between two times and one thousand times their own body weight in a single hour.

[5]　The reproduction of bacteria is also a fascinating area of study. Most reproduce asexually; that is, there are no male or female bacteria involved in the reproductive process. ■A To reproduce, a bacteria divides into two identical parts in a process called binary fission. ■B Depending upon the type of bacteria and the food available, this fission can occur once every 20 to 45 minutes. This means that if some bacteria were given enough food they could produce more than a billion of their counterparts in 10 hours. ■C However, in actual practice there is not enough food available for bacteria to sustain this kind of reproduction. ■D This gives rise to another factor that prevents bacteria from over-reproducing: competition among themselves for resources.

1. According to paragraph 1, what is the main reason it is difficult to estimate the number of bacteria species?
   (A) Bacteria are difficult to classify.
   (B) Bacteria seldom survive in the laboratory.
   (C) Bacteria frequently mutate.
   (D) Bacteria are difficult to detect.

2. Paragraph 2 suggests that most bacteria resemble animals in their
   (A) mobility
   (B) form
   (C) food consumption
   (D) molecular make-up

3. What does paragraph 2 imply about bacteria?
   (A) They are ancient in origin.
   (B) They absorb energy like plants.
   (C) They are easy to categorize.
   (D) They evolved from early animals.

4. The word "distinctive" in the passage is closest in meaning to
   (A) vague
   (B) recognizable
   (C) disturbing
   (D) unvarying

5. According to paragraph 3, which part of bacteria could be considered the control center?
   (A) The cell wall
   (B) The cell membrane
   (C) The cytoplasm
   (D) The DNA

6. The word "predators" in the passage is closest in meaning to
   (A) hunters
   (B) mammals
   (C) vegetarians
   (D) siblings

7. Paragraph 4 mentions all of the following means by which bacteria acquire food EXCEPT
   (A) killing other organisms
   (B) manufacturing it themselves
   (C) feeding on dead creatures
   (D) consuming their own waste

8. The word "prodigious" in the passage is closest in meaning to
   (A) huge
   (B) consistent
   (C) uncontrollable
   (D) selective

9. In paragraph 5, why does the author mention that there are no male or female bacteria?
   (A) To compare bacteria to humans
   (B) To define a term used in the discussion
   (C) To illustrate how bacteria evolved
   (D) To contrast different kinds of bacteria

10. In paragraph 5 the author mainly discusses how bacteria
    (A) adapt to the environment
    (B) procreate
    (C) influence the eco-system
    (D) relocate

11. With which of the following statements would the author most likely to agree?
    (A) Through uncontrolled reproduction, bacteria may someday threaten the existence of life on Earth.
    (B) Eventually scientists will be able to accurately estimate the number of bacteria species.
    (C) Bacteria constitute one of the most rudimentary forms of life on Earth.
    (D) Given their simplicity, bacteria have much more in common with plants than with animals.

12. Which of the sentences below best expresses the essential information in the highlighted sentence in the passage?

    Of all forms of life on Earth, bacteria are probably the most plentiful.

    (A) Bacteria are the earliest forms of life on Earth.
    (B) Bacteria are the most abundant forms of life on Earth.
    (C) Bacteria are the least complex forms of life on Earth.
    (D) Bacteria are the most elusive forms of life on Earth.

13. Look at the four squares [■] that indicate where the following sentence could be added to the passage.

    Moreover, living conditions such as moisture and temperature also restrain their growth.

    Where would the sentence best fit?

14. **Directions:** An introductory sentence for a brief summary of the passage is provided below. Complete the summary by selecting the THREE answer choices that express the most important ideas in the passage. Some sentences do not belong in the summary because they express ideas that are not presented in the passage or are minor ideas in the passage. **This question is worth 2 points.**

Bacteria are minuscule organisms with the properties of plants and animals.
-
-
-

Answer Choices

(A) There are more than one billion species of bacteria.
(B) Bacteria reproduce rapidly by splitting into two identical parts.
(C) Many bacteria are able to live in conditions of extreme heat or extreme cold.
(D) Bacteria have a cell wall, cell membrane, and cytoplasm which protect them and allow their activities.
(E) Bacteria are responsible for some of the worst diseases that afflict humans.
(F) Bacteria need a lot of food and acquire it in a variety of ways.

NATIVE AMERICAN TRIBES

[1] It appears that all Native American tribes are the descendants of one or more groups of prehistoric people who crossed from Northeast Asia to North America between 15,000 and 17,000 years ago. They arrived in two waves, or perhaps three. The first group possibly traveled by water craft and directly migrated down the west coast all the way to South America. The second group probably entered the mid-continent through a land corridor between two ice sheets, following the mammoths they hunted. They spread down and across North America but did not venture into Central or South America. The two groups probably intermingled, evolving into nearly all of the indigenous tribes in North America. A third group of early peoples may have immigrated later but stayed in upper regions of the continent: the Inuit in Canada might be descendants of this particular group. Some historians have argued that another fourth group of early humans may have crossed the Atlantic from Europe, but this is improbable.

[2] For at least 15,000 years the descendants of the first two groups lived in the Americas and evolved into an amazing diversity of tribes, languages, and identities, each culture remarkably adapted to its region. When Christopher Columbus and the other early explorers arrrived, and after them the first colonists and settlers, they could scarcely fathom the variety of people they encountered.

[3] In the northeastern United States were the Iroquois peoples, among other indigenous tribes. They formed a confederation of "nations," meaning related tribes that communicated and collaborated. **A** Their system of governance was remarkably democratic and inclusive. **B** In a communal manner and after lengthy discussion, each tribal group chose its own council of leaders and elected its own chief. **C** They also selected representatives to larger councils that mediated disputes among tribes. **D** In this way, conflicts could be resolved without warfare. In fact, the Iroquois League of Nations was one of the models that writers of the United States Constitution based their view of government upon.

[4] Until they were decimated by diseases brought by the European colonists, the Iroquois peoples were prosperous and healthy, subsisting

mainly upon corn, garden vegetables, and other crops, and supplementing their diet with wild game and fish. They lived in "long houses" which were up to 100 meters long, 5 meters wide, and two or three storeys tall. The Iroquois had relatively high standards of living compared with the European settlers. Although they were probably doomed given the superior weapons of the Europeans and the settlers' desire for land, the Iroquois' fateful mistake was siding with the British in the American War of Independence. When the former colonists won the Revolutionary War, they soon turned on their Native American foes and ruthlessly exterminated any who did not flee westward.

[5]　The Plains Indians inhabited the vast windswept interior of the country from the east side of the Rocky Mountains through the Midwest and until the mid-19th century lived free of the direct influence of the European immigrants. Ironically, their lives and livelihoods underwent an enormous positive social adaptation in the century following the first Spanish expedition across the southern and western United States in the early 16th century. Originally possessing no domesticated animal except the dog, the Plains Indians tamed wild horses descended from those that had escaped from the Spaniards. Within a hundred years, horse culture spread through the Native American tribes of the Great Plains and they gave up their settled existence and instead continually followed and fed upon the enormous bison herds. Only during the bitter winters would they temporarily settle down in warm conical teepees pitched in valleys to escape the wind. In a single century their customs and cultural practices changed and their population tripled as they used horses to prey upon the bison.

[6]　These are just two examples of how the peoples of the New World lived prior to and just after the arrival of the Europeans. Yet within a century of the end of the War of Independence, their lives unalterably changed and throughout most of the United States little trace was left of their existence. It is one of the most of tragic turns of events in the past 500 years, a result of the so-called advance of civilization.

1. According to paragraph 1, what is unusual about the group of Native Americans that traveled down the West Coast?
   (A) They may have used boats.
   (B) They crossed a land bridge.
   (C) They pursued the mammoths.
   (D) They moved with unusual speed.

2. In paragraph 1 the author implies that most native peoples of North America are descended from how many groups?
   (A) One
   (B) Two
   (C) Three
   (D) Four

3. In paragraph 2, what does the author say about Christoper Columbus and the early explorers?
   (A) They were unaware that the New World was inhabited by people.
   (B) They were unable to comprehend the diversity of the indigenous peoples.
   (C) They immediately began to trade and exchange goods with the natives.
   (D) They needed to acquire land and protection for their settlements.

4. The word "scarcely" in the passage is closest in meaning to
   (A) reluctantly
   (B) thoroughly
   (C) rapidly
   (D) barely

5. The word "mediated" in the passage is closest in meaning to
   (A) negotiated
   (B) initiated
   (C) aggravated
   (D) prohibited

6. The word "they" in the passage refers to
   (A) models
   (B) writers of the United States Constitution
   (C) European colonists
   (D) Iroquois peoples

7. The phrase "high standards of living" in the passage is closest in meaning to
   (A) comfortable way of life
   (B) effective medical treatment
   (C) complex government
   (D) sophisticated communication

8. In paragraph 4 all of the following are mentioned as having had negative effects upon the Iroquois EXCEPT
   (A) illnesses
   (B) advanced weapons
   (C) food scarcity
   (D) the end of the War of Independence

9. The author discusses horses in paragraph 5 in order to
   (A) show how dramatically the Plains Indian society evolved
   (B) explain how the European settlers helped the Native Americans
   (C) illustrate how the Plains Indians had lived for centuries
   (D) demonstrate the use of domesticated animals

10. In paragraph 6 the author implies that
    (A) the progress of civilization is unstoppable
    (B) some native American tribes preserved their identities
    (C) what happened to the Native Americans is regrettable
    (D) native peoples on other continents also suffered

11. Which of the sentences below best expresses the essential information in the highlighted sentence in the passage?

    Some historians have argued that another fourth group of early humans may have crossed the Atlantic from Europe, but this is improbable.

    (A) Four groups of early humans may have crossed the Atlantic from Europe.
    (B) The fourth group of early humans doubtlessly traveled to North America from Europe
    (C) Historians have debated how early humans from Europe arrived in North America.
    (D) The claim that early peoples came to North America from Europe is probably wrong.

12. Look at the four squares [■] that indicate where the following sentence could be added to the passage.

    For example, not only young warriors but also old women took part in a tribe's deliberations and decision-making.

    Where would the sentence best fit?

13. **Directions:** Complete the table below by matching six of the eight answer choices with the Native American tribe they are associated with. TWO of the answer choices will NOT be used. **This question is worth 4 points.**

Categories

Iroquois	Plains Indians

(A) Were mainly agricultural
(B) Collaborated with the early settlers
(C) Lived in large groups
(D) Preyed upon the mammoths
(E) Stayed in one place only in winter
(F) Domesticated the horse
(G) Had a sophisicated form of government
(H) Subsisted principally by hunting

LISTENING

Part 1 | Passage 1 — CD 04 01-06

CD 04 02

Conversation

1. Why does the student visit the registrar's office? 　CD 04 02
   (A) She would like to change her major.
   (B) She was requested to speak with a staff member.
   (C) She forgot to sign her registration form.
   (D) She wants to take an additional class.

2. What course is the student taking now? 　CD 04 03
   (A) Senior Seminar in Psychology
   (B) Introduction to Teaching Methods
   (C) Advanced Teaching Methods
   (D) Practice Teaching

3. What does the student say she would like to avoid? 　CD 04 04
   (A) Taking too many courses in one term
   (B) Going to school during the summer
   (C) Doing practice teaching in the spring
   (D) Studying for an additional year

4. What can be inferred about the staff of the registrar's office?

(A) They coordinate financial aid for students.
(B) They work closely with the billing department.
(C) They decide what courses are required for majors.
(D) They help students plan what classes to take.

5. *Listen again to part of the conversation and then answer the question.*
What does the man imply when he says this?
(A) He is sorry so much paperwork is required.
(B) He is unsure if the registration will be approved.
(C) The woman should complete the task right now.
(D) The woman should carefully consider her decision.

Part 1 | Passage 2   CD 04 07-13

CD 04 07

Meteorology

1. What aspect of thunderstorms does the professor mainly discuss?

   CD 04 08

   (A) Where thunderstorms occur
   (B) How thunderstorms circulate water
   (C) How thunderstorms form and function
   (D) The kinds of damage caused by thunderstorms

2. To what system in the body does the professor compare thunderstorms?

   CD 04 09

   (A) The respiratory system
   (B) The waste elimination system
   (C) The blood circulation system
   (D) The reproductive system

3. Where does the professor say thunderstorms seldom occur?

   CD 04 10

   (A) In the South Pacific
   (B) In the polar regions
   (C) In high mountains
   (D) In large deserts

4. According to the professor, what element of thunderstorms causes the most damage?   CD 04 11
   (A) Wind
   (B) Lightning
   (C) Hail
   (D) Rainfall

5. Put the following events in the order in which they occur in the formation of a thunderstorm. *This question is worth two points.*   CD 04 12

The order in which the event occurs	Type of event
1st	
2nd	
3rd	
4th	

   (A) Strong downdrafts of winds
   (B) The forming of cumulus clouds
   (C) The movement of water droplets
   (D) Thermal updrafts of air

6. *Listen again to part of the lecture and then answer the question.*
   What does the professor imply when he says this?   CD 04 13
   (A) The woman's answer is incorrect.
   (B) The woman gets a good mark for her answer.
   (C) The woman is talking about a different case.
   (D) The woman should make another guess.

Part 1　Passage 3　CD 04 14-20

CD 04 14

American Literature

1. What is the lecture mainly about?　CD 04 15
   (A) The characters created by the writer Kate Chopin
   (B) The challenges novelist Kate Chopin faced
   (C) The life and literary themes of Kate Chopin
   (D) The cultural context of Kate Chopin's stories

2. Why does the professor mention Kate Chopin's father and husband?　CD 04 16
   (A) To show the influence the two men had on Chopin's life
   (B) To give examples of tragedies Chopin experienced
   (C) To illustrate people Chopin based her characters on
   (D) To demonstrate that women don't always need men

3. How does the professor mainly organize the information about Kate Chopin?　CD 04 17
   (A) By summarizing her novel and showing its background
   (B) By reviewing her problems and analyzing their origins
   (C) By describing events in her life as they occurred in time
   (D) By summarizing her experience and contrasting it with her stories

4. According to the professor, what was Chopin's initial motivation to write?   CD 04 18
   (A) She wanted to tell the true story of her life.
   (B) She wished to fulfill her dream of becoming a writer.
   (C) She needed money for her family to live on.
   (D) She intended to spread new ideas about women

5. According to the lecture, for what qualities are Kate Chopin's stories now admired. Answer YES or NO. *This question is worth two points.*
   CD 04 19

YES	NO	
		(A) Style
		(B) Setting
		(C) Character
		(D) Plot
		(E) Theme

6. *Listen again to part of the lecture.*   CD 04 20
   What does the professor intend to explain by this?
   (A) Chopin was widely appreciated during her own lifetime.
   (B) Chopin is now widely respected by literary critics.
   (C) Chopin took part in the early feminist revolution.
   (D) Chopin's themes were far ahead of their time.

Part 2 | Passage 1 | CD 04 21-26

CD 04 21

Conversation

1. What are the speakers mainly discussing? CD 04 22
   (A) What graduate programs to apply to
   (B) The value of a good education
   (C) How to obtain a financial aid offer
   (D) Ways to improve a graduate school application

2. What does the student say about the scholarship offer she received?
   CD 04 23
   (A) She must immediately decide whether to accept it.
   (B) It will completely cover her room and board costs.
   (C) She won't have to pay the fees for her courses.
   (D) It will automatically be renewed every year.

3. Why does the professor mention what some of his other students do?
   CD 04 24
   (A) To suggest a good example for the student to follow
   (B) To warn the student about a choice she is making
   (C) To help the student relax about the problem she has
   (D) To imply the student should get information from them

4. What does the professor suggest to the student? *Choose two answers.*

   CD 04 25

   (A) Wait until the top choice program contacts her again
   (B) Emphasize why the program is her first choice
   (C) Summarize the offer she has already received
   (D) Tell the school the name of the competing program

5. *Listen again to part of the conversation and then answer the question.*
   What does the professor mean when he says this?   **CD 04 26**
   (A) The woman's problem is easy to solve.
   (B) The woman is in a fortunate situation.
   (C) The woman's difficulty may become worse.
   (D) The woman definitely has a problem.

237

| Part 2 | Passage 2 | CD 04 27-33

CD 04 27

Health

1. What does the professor mainly discuss?   CD 04 28
   (A) Germs that cause disease
   (B) Ways to avoid illness
   (C) Types of germ research
   (D) Medicines to cure illness

2. What is the professor's view of people's perception of disease?

   CD 04 29
   (A) She believes people are poorly informed.
   (B) She thinks people rely too much on doctors.
   (C She feels people worry too much about getting sick.
   (D) She thinks people should be more careful to avoid illness.

3. What does the professor imply about antibiotic medicine?

   CD 04 30
   (A) It is often used inappropriately.
   (B) It kills many different types of germs.
   (C) It has eliminated many kinds of diseases.
   (D) It is the most effective general medicine.

4. What kind of germ does the professor say most commonly causes illness? CD 04 31
   (A) Viruses
   (B) Bacteria
   (C) Fungi
   (D) Protozoa

5. The lecture implies that medicine can effectively treat what types of infection. *Choose two answers.* CD 04 32
   (A) Viral
   (B) Bacterial
   (C) Fungal
   (D) Protozoan

6. *Listen again to part of the lecture and then answer the question.* What does the professor intend when she says this? CD 04 33
   (A) She wants students to ask a question.
   (B) She wants to illustrate a point.
   (C) She wants to know who is sick.
   (D) She wants to check who is listening.

| Part 2 | Passage 3 | CD 04 34-40

CD 04 34

Astronomy

1. What does the professor mainly discuss?   CD 04 35
   (A) The make-up of the known universe
   (B) How Earth's Solar System operates
   (C) The components of the Solar System
   (D) The Solar System's outer planets

2. How does the professor clarify the point he makes about the number of stars in the universe?   CD 04 36
   (A) He shows a diagram.
   (B) He makes a calculation.
   (C) He quotes a research report.
   (D) He draws a comparison.

3. According to the lecture, what planet may have supported life?   CD 04 37
   (A) Venus
   (B) Mars
   (C) Jupiter
   (D) Saturn

4. According to the professor, what are two characteristics of Venus? Choose two answers.   CD 04 38

(A) It is the brightest planet in the sky.
(B) It moves most quickly around the Sun.
(C) It is usually the planet closest to Earth.
(D) It is the hottest planet in the Solar System.

5. According to the lecture, which of the following describes the gas giants? Answer YES or NO. *This question is worth two points.*   CD 04 39

YES	NO	
		(A) Very large planets
		(B) Surfaces are extremely cold
		(C) The first planets to form
		(D) Made up of solid substances
		(E) Visible from the Earth's surface

6. Listen again to part of the lecture and then answer the question. What does the professor mean when he says this?   CD 04 40

(A) Elements which are unknown
(B) Elements which cannot be seen
(C) Elements which cannot be detected
(D) Elements which are difficult to define

SPEAKING

Question 1 CD 05 01-04

Choose a teacher who was important to you and explain why. Please use specific examples and details in your explanation.

> Preparation Time: 15 seconds
> Response Time: 45 seconds

Question 2 CD 05 05-07

What quality (such as honesty, diligence, sense of humor) do you think is most important for forming a good character? Use specific reasons and examples to support your answer.

> Preparation Time: 15 seconds
> Response Time: 45 seconds

Question 3

Reading Time: 50 seconds

New Library Policy on Periodicals

Because some users have neglected to properly return magazines and newspapers after reading them, the library will require all library periodicals to be read in the room next to the periodical section. To make it more comfortable for those who wish to read magazines and articles in the library, the library will install couches and reading tables. A copy machine will also be placed in the periodical area so that users can make personal copies of any articles they wish to take out. Each copy will be 10 cents with coins and only 5 cents with a pre-paid copy card.

The man expresses his opinion about the university library's new policy. State his opinion and explain the reasons he gives for holding that opinion.

Preparation Time: 30 seconds
Response Time: 60 seconds

| Question 4 | CD 05 13-17 |

Reading Time: 50 seconds

Communication Satellites

The first satellites launched into space were passive satellites: large plastic balloons covered with a thin layer of aluminum. Radio signals, beamed at the satellite from a ground station, were reflected in all directions and could be picked up by other ground stations at long distances. The first passive communication satellite, Echo 1, was a balloon launched in 1960 by the United States.

In contrast, active communication satellites are far more sophisticated and process signals from ground stations, such as telephone calls, and then directly re-transmit this data to other satellites and finally back to ground stations.

Using points and examples discussed by the professor, explain the two types of satellites.

Preparation Time: 30 seconds
Response Time: 60 seconds

Question 5

The students discuss two possible solutions to the woman's problem. Describe the problem and the two solutions. Then explain what you think the woman should do and why.

Preparation Time: 20 seconds
Response Time: 60 seconds

Question 6

Using points and examples from the lecture, explain the possible changes in automobile engine design discussed by the professor.

Preparation Time: 20 seconds
Response Time: 60 seconds

245

WRITING

Integrated Writing

(Writing Based on Reading and Listening)

Reading Time: 3 minutes

The idea of a robot—a human-like machine capable of self-direction and able to function like a person—originated in science fiction stories in the early part of the 20th century. Unfortunately, 100 years later, such machines exist today only in fantasy stories and science fiction movies. In reality, modern robots are for the most part simple machines that perform a limited number of tasks. They are most often mechanical devices involved in industrial production. The most common robots are called "numerically-controlled" because they are programmed to do one specific, very controlled task over and over. For the most part, they are deaf, dumb, and blind, and they cannot adapt their behavior. Such robots are used, for example, in automobile factories for the assembling, painting, and welding of auto parts.

A typical robot consists of an "arm" with a few joints and a "hand," or end piece, which can consist of a tool, such as a drill, spray gun, temperature gauge or a device such as a claw that can pick up work pieces. Each robot has a single function. Step by step, each stationary robot in a line does a prescribed task, and together, one after another, they construct a car, for instance.

In the industrial workplace, where most robots are used, industrial robots function like human beings along assembly lines or conveyor belts. Each robot does one simple task and then the belt takes the product to the next robot who performs the next task. What a human can do over eight hours, a robot can perform for a longer period of time. However, when necessary, human beings can still take over the tasks that such robots do.

Summarize the points made in the lecture, being sure to explain how they challenge specific claims made in the reading passage.

Response Time: 20 minutes

Independent Writing

(Writing Based on Knowledge and Experience)

Do you agree or disagree with the following statement?

Teenagers should get a part-time job as soon as they are able to.

Use specific reasons and examples to support your answer.

Response Time: 30 minutes

模擬テスト解答

Practice Test
Answers

模擬テスト解答表

READING

JAZZ MUSICIANS
1. (C)
2. (B)
3. (A)
4. (D)
5. (B)
6. (C)
7. (B)
8. (A)
9. (C)
10. (D)
11. (D)
12. (B)
13. (A)(B)(F) (2 points)

BACTERIA ON EARTH
1. (B)
2. (C)
3. (A)
4. (B)
5. (C)
6. (A)
7. (D)
8. (A)
9. (B)
10. (B)
11. (C)
12. (B)
13. (D)
14. (D)(F)(B) (2 points)

NATIVE AMERICAN TRIBES
1. (A)
2. (B)
3. (B)
4. (D)
5. (A)
6. (D)
7. (A)
8. (C)
9. (A)
10. (C)
11. (D)
12. (B)
13. Iroquois: (A)(C)(G) Plains Indians: (E)(F)(H)
(4 points)

LISTENING

Part 1　Passage 1
1. (B)
2. (B)
3. (D)
4. (D)
5. (C)

Part 1　Passage 2
1. (C)
2. (C)
3. (B)
4. (A)
5. (D)(B)(C)(A) (2 points)
6. (A)

Part 1　Passage 3
1. (C)
2. (B)
3. (C)
4. (C)
5. YES: (A)(C)(E)
　NO: (B)(D)
　(2 points)
6. (D)

Part 2　Passage 1
1. (C)
2. (C)
3. (A)
4. (B)(C)
5. (B)

Part 2　Passage 2
1. (A)
2. (A)
3. (A)
4. (A)
5. (B)(C)
6. (B)

Part 2　Passage 3
1. (C)
2. (B)
3. (B)
4. (A)(C)
5. YES: (A)(B)
　NO: (C)(D)(E)
　(2 points)
6. (B)

SPEAKING
WRITING

の各問題は、模範解答参照。

READING　解答、訳、解説

リーディング問題 1

ジャズ・ミュージシャン

1　(1)おそらくジャズは、アメリカ独自のものと呼べる唯一の音楽形態であろう。もちろん、音楽史の専門家からは、ロックもアメリカがルーツだ、なぜならジャズとフォーク音楽の融合により生まれた音楽なのだからという反論も上がるかもしれない。しかし、ビートルズやローリング・ストーンズなど、「ロックンロール」の発生において絶対的な役割を担ったイギリスのバンドも存在した。一方で、リズムパターンの中にはアフリカの歌に類似したものがあるとはいえ、(2)ジャズはより顕著に、アメリカが経験した出来事にその起源を発しているといえる。

2　元々ジャズは、アメリカ北部の奴隷でない黒人の音楽と、南部のアフリカ系アメリカ人奴隷の歌から生まれた。南部の奴隷たちに関しては、彼らの曾祖父母、祖父母、さらに両親の代までもが「新世界」に輸送され、囚われの身で労働に従事していた。ジャズの歴史をもっとも古くまで遡ると、大きくは世俗的労働歌や、農作業を行なう奴隷が歌っていた「ハラー」、黒人教会で歌われた黒人霊歌に行き着く。より具体的な起源は、アメリカ音楽界で起こった2つの流行にある。すなわち、ラグタイムとブルースである。(a)

3　1つ目のラグタイムは、基本的には器楽音楽で、陽気なリズムと弾むようなシンコペーションを特徴としていた。1890年頃から1910年頃のあいだ、ラグタイムはアメリカの大部市において間違いなく最先端の音楽だった。ラグタイムの天才作曲家スコット・ジョプリンは、この音楽に関わったミュージシャンのうちもっとも有名な人物の1人だった。ラグタイムの曲は「ラグ」と呼ばれるフレーズで構成され、複数の主題から成っていた。また、ほぼすべての曲はピアノ演奏用に作られた。しかし皮肉にも、人気を集めたことでラグタイムが商材化し薄っぺらなものになると、結局その人気は終焉を迎えた。(3)残念なことに、売り上げから利益を得るはずだったジョプリンのようなアフリカ系アメリカ人作曲家は、音楽プロデューサーや出版社から搾取され、支払われるべき印税のうちほんのわずかしか受け取ることができなかった。

4　ラグタイムとは大きく異なり、ジャズのもう1つの直接的な起源であるブルースは、切なげに張り上げたボーカルにギターやピアノの演奏がともなうものを指す。厳密にいえば、ブルースは12小節単位で構成された音楽であり、典型的なブルースの曲では冒頭の旋律が繰り返される。(4)ラグタイムはジャズの出現により完全に消滅したが、ブルースは独立したジャンルとして残りつづけた。ブルース音楽の起源はラグタイムよりもさらに古く、南北戦争以前の黒人奴隷の歌にまで遡る。W・C・ハンディは、初期ブルースの歌詞やメロディを初めて文字と楽譜に書き出したミュージシャンである。彼が大きな富を得ることはなかったが、自ら音楽出版会社を立ち上げたことで、少なくともジョプリンと同じ運命をたどって働いた分の報酬をだまし取られる事態は逃れた。

5　明確にジャズといえるものが最初に現われたのは南部の都市ニューオリンズで、ちょうど20世紀を迎えた頃のことだった。当時のニューオリンズは文化と民族が入り混じる地域で、解放奴隷、カリブ諸島からの難民、フランス系移民の子孫などが混在していた。(b)(5)ヨーロッパのクラシック音楽からラグタイムやブルースまで、多くの異なる伝統を持つ音楽が混ざり合って新たな形を作りはじめた。(6)リズムや主題という枠の中でジャズを定義することはむずかしいが、ほかの音楽とははっきり異なる要素が1つある。それは、アドリブ演奏である。(c)伝統的なヨーロッパの音楽は「作曲者の表現媒体」として考えられ、演奏者とオーケストラ指揮者は目の前に置かれた譜面が示すとおりにきちんと演奏を行なう。**A** 対照的に、ジャズは「演奏者の表現媒体」としての特徴を持つといえる。演奏者は原曲をもとに自分なりのアレンジを加え、演奏中に印刷された楽譜を見ることはほとんどない。**B** [ジャズにおいては、腕のいいミュージシャンが2人いれば、同じ曲でもまったく異なる演奏を行なう。] 1人のミュージシャンであっても、同じ曲の演奏を寸分違わず再現することは珍しい。**C** 演奏をしながら、ジャズ・ミュージシャンはその時の気分、自分の経験、技術、ほかのミュージシャンとの絡み方などによって楽曲を変化させる。**D** さ

251

第2部 | 模擬テスト

らに、観客も演奏者の演出やパフォーマンスに影響を与えるかもしれない。

⑥ 歴史を振り返れば、ジャズの種類や著名なジャズ・ミュージシャンの数はあまりにも多く、すべてについて述べることはできない。しかしながら、ニューオリンズのジャズバンドに参加したもっとも重要な初期ミュージシャンとしては、クラリネット奏者のジョニー・ドッズ、クラリネットとサックスを演奏したシドニー・ベシェ、コルネット奏者のキング・オリバー、ピアニスト兼作曲家のジェリー・ロール・モートンが挙げられる。ただ、ジャズにもっとも真正面から関わったミュージシャンはルイ・アームストロングかもしれない。⁽⁷⁾<u>彼はニューオリンズで生まれ育ち、ついにはジャズ界で初の偉大なソロプレーヤーとなった。</u>

<注>

① □ originate　発生する　□ undeniable　否定しがたい　□ emergence　出現　□ singularly　著しく　□ chant　歌、聖歌

② □ free black　奴隷でない黒人　□ captivity　捕われの状態　□ secular　世俗の　□ holler　ハラー（ソング）《黒人労働歌の一種》　□ field laborer　畑仕事をする人　□ Negro spiritual　黒人霊歌　□ black church　黒人教会

③ □ instrumental　器楽の　□ syncopation　シンコペーション　□ trendy　流行している　□ ironically　皮肉なことに　□ demise　消滅　□ commercialism　商業主義　□ superficiality　浅薄なもの　□ regrettably　残念にも　□ fraction　わずかな部分　□ royalty　印税、特許権使用料

④ □ sorrowful　悲しそうな　□ measure　小節　□ die out　消える、すたれる　□ genre　ジャンル　□ stanza　（詩の）節、連

⑤ □ descendent　子孫　□ mingle　混ざる　□ take shape　形を成す　□ improvisation　即興　□ medium　媒体、手段　□ musical score　楽譜　□ alter　(部分的に)変える　□ interpretation　解釈、(解釈による)演出

⑥ □ soloist　独奏者、独唱者

1. 正解　(C)

第1段落で、著者がジャズについて言おうとしていることは何ですか？

(A) 最初に演奏が行なわれたのはアフリカである。
(B) ロック音楽から影響を受けた。
(C) 主な発祥地はアメリカである。
(D) のちにイギリスで人気を得た。

(1) と (2) からわかる。**(C) が正解**。

2. 正解　(B)

パッセージ中の "undeniable" という語にもっとも意味が近いものはどれですか？

(A) fateful（重大な）
(B) definite（明確な）
(C) doubtful（疑わしい）
(D) tentative（一時的な）

undeniable は「否定できない」の意味だが、ここでは「紛れもない、明白な」の意味で使われている。よって、(B) の definite が近い。**正解は (B)**。

3. 正解 (A)

第3段落によると、ラグタイム楽曲の作曲者について正しいものは次のうちどれですか？
(A) 仕事に応じた公平な報酬が支払われることは少なかった。
(B) はじめは黒人教会で歌を歌っていた。
(C) 元々は農作業を行なう奴隷だった。
(D) さまざまな楽器で演奏されるように曲を作った。

(3) の部分の were exploited や received only a fraction of the royalty payments owed to them あたりからわかる。**正解は (A)**。

4. 正解 (D)

パッセージ中の "superficiality" という語にもっとも意味が近いものはどれですか？
(A) profitability（利益性）
(B) attractiveness（魅力）
(C) complexity（複雑性）
(D) shallowness（浅はかさ）

superficiality は「浅薄、表面的なこと」という意味で、(D) の shallowness が近い。**正解は (D)**。

5. 正解 (B)

第4段落で著者がラグタイムとブルースの違いとして述べていることは何ですか？
(A) ラグタイムはブルースより歴史が古い
(B) ジャズの出現後、ラグタイムは消え去った
(C) ブルースの曲が楽譜に書き起こされることはなかった
(D) ブルース曲の作曲者は大金を稼いだ

(4) から、**(B) が正解**。

6. 正解 (C)

第5段落でニューオーリンズにおけるジャズの出現をもたらしたとして著者が挙げているもので、正しくない選択肢はどれですか？
(A) 伝統的なヨーロッパ音楽
(B) ラグタイムの楽曲
(C) フランスのフォーク音楽のメロディ
(D) ブルース音楽

(5) の部分を読めばわかる。**正解は (C)**。

7. 正解 (B)

著者がパッセージ中で "improvisation" という語を用いているのはなぜですか？
(A) ジャズをブルースと対比させるため

(B) ジャズの大きな特徴を明確に述べるため
(C) ジャズがはじめて作曲された様子を表わすため
(D) 観客がジャズ演奏にどのように影響するかを示すため

(6) の部分の後半部に but it does have one distinct element: improvisation とあることから、**(B) が正解**とわかる。

8. 正解 (A)
パッセージ中の "innovate upon" という語句にもっとも意味が近いものはどれですか？
(A) creatively interpret（独創的な演出を行なう）
(B) thoroughly memorize（完全に暗記する）
(C) carefully follow（慎重に楽譜をたどる）
(D) largely disregard（ほとんど注意をはらわない）

innovate upon は、「…を刷新する、…にアレンジをほどこす」。消去法で答えられるだろう。**正解は (A)**。

9. 正解 (C)
パッセージ中の "prominent" という語が表わす意味はどれですか？
(A) minor（二流の）
(B) overlooked（見落とされた）
(C) significant（重要な）
(D) wealthy（裕福な）

prominent は「傑出した、卓越した、著名な」のほかに、「重要な」の意味で使われる。よって、**正解は (C)**。

10. 正解 (D)
第6段落によると、個人での演奏にもっとも関係のあるジャズ・ミュージシャンは誰ですか？
(A) ジョニー・ドッズ
(B) キング・オリバー
(C) ジェリー・ロール・モートン
(D) ルイ・アームストロング

(7) から、**(D) が正解**とわかる。

11. 正解 (D)
次の選択肢のうち、パッセージ中でハイライトされた文の要点をもっとも正確に表わしているものはどれですか？

1890年頃から1910年頃のあいだ、ラグタイムはアメリカの大都市において間違いなく最先端の音楽だった。

(A) 1890年頃から1910年頃にかけて、ラグタイムはアメリカの農村部で広く演奏された。
(B) 1890年から1910年のあいだに、ラグタイムはアメリカの音楽プロデューサーによってはじめて録音が行なわ

れた。
(C) 19世紀末頃、ラグタイムはアメリカに存在したどのジャンルの音楽よりも多くの利益を生んだ。
(D) 20世紀初頭において、ラグタイムはアメリカ都市部でもっとも人気のある音楽だった。

(A) は情報が正しくない。(B)(C) は言及されていない。よって、**正解は (D)**。(D) には、「時期」「ラグタイム＝トレンディ」「都市部」の3つの要素が含まれている。

12. 正解　(B)
パッセージ中の4つの四角［■］のいずれかに次の文が入ります

ジャズにおいては、腕のいいミュージシャンが2人いれば、同じ曲でもまったく異なる演奏を行なう。

この文を挿入するのにいちばん適した箇所はどこですか？

［ジャズにおいては、腕のいいミュージシャンが2人いれば、同じ曲でもまったく異なる演奏を行なう。］⇨ 1人のミュージシャンであっても、同じ曲の演奏を寸分違わず再現することは珍しい。このつながりがいちばん自然。よって、**正解は (B)**。

13. 正解　(A)(B)(F)
ディレクション：以下に、パッセージの要約の最初の文が示されています。ここで述べられているもっとも重要な考えを表わす選択肢を3つ選び、要約を完成させてください。いくつかの選択肢の内容は、パッセージ中で述べられていないか、もしくは、パッセージ中では重要でないため、要約には含まれません。本設問の配点は2点です。

間違いなくアメリカのものだといえる唯一の音楽ジャンルはジャズである。
-
-
-

選択肢
(A) ジャズの誕生に影響をもたらした2つの重要な音楽形態は、ラグタイムとブルースである。
(B) かつてのニューオリンズはさまざまな文化が入り混じる環境で、そこからジャズは生まれた。
(C) ジャズの出現に影響をおよぼした音楽のうち、ラグタイムは最古かつ最重要である。
(D) 作曲家のW・C・ハンディは自分の音楽出版社を所有していた。
(E) ニューオリンズのジャズはクラリネットやギターのソロ演奏から始まった。
(F) 演奏者の個人的な解釈と独創的な演奏は、ジャズを特徴づける要素である。

(A) は (a)、(B) は (b)、(F) は (c) からわかる。(C) と (E) は情報として正しくない。(D) は言及されているが、重要なことではない。**正解は (A)(B)(F)**。

第2部 ｜ 模擬テスト

リーディング問題 2
地球上のバクテリア

1 地球上のあらゆる生物の中で、もっとも種類が多いのはおそらくバクテリアだろう。また、バクテリアはもっとも単純でもっとも小さいものの1つで、顕微鏡を使わなければ見えない微生物だ。(1) 自然群落の中のバクテリアのうち、実験室で培養することができるのは1%未満であり、そのため、科学者たちはバクテリアの種類の総数を、はるかに過小評価することとなった。控えめな見積もりでは、地球上には10億種のバクテリアがいるとされるが、その数はサンプリング技術からの推測に基づくものである。多くの新しいバクテリアが毎日発見されているのだ。

2 (2) さらに、バクテリアは植物と動物、両方の特性を持っているため、分類するのがむずかしい。形、大きさ、そして生息環境との関係などにおいて、バクテリアは植物に似ている。(3) 光合成により光をエネルギーにするのではなく、食物を捕らえて、食べる点において、バクテリアは、より動物に似ている。科学者の多くは、バクテリアを植物か動物かに分類する問題を避けてきた。(4) バクテリアは「原生生物」つまり「最初のもの」であり、当然ながらあらゆる植物や動物がやがてそこから進化していった地球上の生命のもっとも初期の形態であるというのだ。

3 ほぼすべてのバクテリアは、細胞壁と呼ばれる丈夫な保護被覆に囲まれている。この保護層は、バクテリアが特定の環境を生き抜くことを可能にし、またバクテリアに特有の形を与える。(a) さらに、バクテリアは一般的に、細胞壁のすぐ内側に細胞膜と呼ばれる層を有している。この膜を通って食物のごく小さな分子がバクテリアの内部に入り、大きな分子はさえぎられる。皮膚が人間やほかの動物を保護しているように、これがバクテリアを保護しているのだ。個別の「バクテリウム」（複数形「バクテリア」の単数形）の中心には、化学物質を含む細胞質があり、食物を分解し細胞を強める手助けをしている。(5) また、細胞質はバクテリウムのDNAを保護し、生物体の成長、機能そして繁殖を調整する。

4 あらゆる生物と同様に、バクテリアも生きるために食物が必要であるが、バクテリアはさまざまな方法で食物を得ている。(b)(6) ある種のバクテリアは、動物界で捕食者がしているように、ほかの生物体をエサにしている。(7) 別の種のバクテリアは植物と同様に二酸化炭素、日光、そして水から自分の食物を作り出す。さらに、ほかのバクテリアは、どちらの方法でも食物を得ることができる。(8) 多くのバクテリアは死んだ生物体を食べ、地球上の土、すなわち生命の存在に関係している。比較的少数のバクテリアは寄生生物として生き、ほかの生き物から栄養を得る。これらの寄生的なバクテリアの多くは宿主に対してほとんど害がなく、多くの場合、宿主の健康と生存について重要な役割を果たす。しかしながら、少数のバクテリアは病気の原因となる。もっとも注目すべきバクテリアの特徴の1つは、(9) その驚異的な食欲である。自身の体重の2倍から1000倍ほどの量を1時間で食べてしまうのだ。

5 バクテリアの繁殖も、とてもおもしろい研究分野である。多くのバクテリアは(10) 無性生殖で繁殖する。つまり、繁殖過程に関しては、バクテリアには雄も雌もないのである。**A** 繁殖する時、バクテリアは二分裂と呼ばれる過程において2つの同一の部分に分かれる。(c) **B** バクテリアの種類と得られる食物により、この分裂は20分から45分おきに起こる。すなわち、ある種のバクテリアが十分な食物を与えられれば、10時間で10億以上の自分とよく似た物を生み出すことができるというわけだ。**C** ところが、実際にはバクテリアがこの種の繁殖を維持するための十分な食物はない。**D** [さらに、湿気や温度といった生活条件もバクテリアの増加を制限する。] これも、バクテリアの過剰な繁殖を妨げるもう1つの要因となる。つまり、資源をめぐる仲間との競争だ。

<注>
1 □ of all ... （数ある人［もの］の中で）とりわけ、中でも □ form 形式、種類、形態 □ plentiful たっぷりある、豊富な □ among …の中の1つで □ with the aid of ... …の助けを借りて □ microorganism 微生物 □ microscope 顕微鏡 □ community （動物の）群、（植物の）群落 □ cultivate 培養する □ underestimate 過小評価する □ infer 推論する、判断する □ score 多数
2 □ classify 分類する □ trait 特性、特徴 □ habitat 生息地 □ acquire 手に入れる、取得する □ consume 食

Practice Test Reading 解答

べる　□ photosynthesis　光合成　□ protist　原生生物　□ imply　暗示する、ほのめかす　□ early　初期の、原始時代の　□ eventually　結局は　□ evolve　進化する

3　□ covering　被覆、覆い　□ cell wall　細胞壁　□ layer　層　□ distinctive　特色のある　□ furthermore　なおその上　□ typically　一般的に　□ additional　追加の　□ cell membrane　細胞膜　□ tiny　ごく小さい　□ molecule　分子　□ screen out　遮断する　□ plural　複数形　□ cytoplasm　細胞質　□ chemical　化学物質　□ break down　分解する　□ build up　強める　□ house　しまう、収容する　□ regulate　調節する　□ reproduction　生殖、繁殖

4　□ feed　えさにする　□ organism　有機体、生物　□ predator　捕食者　□ animal kingdom　動物界　□ carbon dioxide　二酸化炭素　□ still　その上、さらに　□ obtain　手に入れる　□ relatively　比較的、割と　□ parasites　寄生物　□ derive　引き出す、得る　□ nourishment　滋養物、栄養　□ host　（寄生動植物の）寄主、宿主　□ notable　注目に値する　□ prodigious　桁外れの、驚異的な　□ anywhere　…から…のあたり

5　□ fascinating　すばらしい　□ asexually　無性生殖で　□ identical　まったく同じの　□ binary fission　二分裂　□ available　入手できる　□ fission　分裂、分体　□ counterpart　よく似た物　□ sustain　維持する　□ moreover　その上、さらに　□ restrain　制限する　□ growth　増加　□ give rise to ...　…を起こす、生じさせる

1. **正解　(B)**
第1段落によると、バクテリアの種類の数を推測するのがむずかしい主な理由は何ですか？
(A) バクテリアは分類がむずかしいから。
(B) バクテリアは実験室ではほとんど生き延びることができないから。
(C) バクテリアは頻繁に変化するから。
(D) バクテリアは発見がむずかしいから。
□ seldom　めったに…しない　□ mutate　変化する　□ detect　見つける、発見する

(1) を言い換えたのが (B) なので、**正解は (B)**。

2. **正解　(C)**
第2段落では、バクテリアの多くがどの点において動物に似ていると言っていますか？
(A) 可動性
(B) 形
(C) 食物を摂取すること
(D) 分子の構成
□ mobility　可動性　□ molecular　分子　□ make-up　構成

(3) からわかる。**正解は (C)**。

3. **正解　(A)**
第2段落では、バクテリアについて何を暗示していますか？
(A) 起源がとても古い。
(B) 植物のようにエネルギーを吸収する。
(C) 分類が簡単である。
(D) 原始動物から進化した。
□ ancient　とても古い　□ origin　起源　□ absorb　吸収する

(4) に書かれている。**正解は (A)**。

257

4. 正解 (B)

パッセージ中の "distinctive" という語にもっとも意味が近いものはどれですか？
(A) vague（あいまいな）
(B) recognizable（見分けがつく）
(C) disturbing（不穏な）
(D) unvarying（不変の）

distinctive は、「(他のものとの) 区別を示す、特色のある」という意味。よって、(B) の recognizable が近い。**正解は (B)**。

5. 正解 (C)

第3段落によると、バクテリアのどの部分が管理中枢だと考えられますか？
(A) 細胞壁
(B) 細胞膜
(C) 細胞質
(D) DNA
□ center　中枢（生体機能を司る神経細胞群）

(5) にそれが書かれている。ここから細胞質 (cytoplasm) が「管理中枢」(control center) とわかる。**正解は (C)**。

6. 正解 (A)

パッセージ中の "predators" という語にもっとも意味が近いものはどれですか？
(A) hunter（ハンター）
(B) mammals（哺乳動物）
(C) vegetarians（菜食主義者）
(D) siblings（兄弟）

predators in the animal kingdom（動物界の捕食者）なので、(A) の hunter が近い。**正解は (A)**。

7. 正解 (D)

第4段落でバクテリアが食物を得る方法として述べられていないものは、次のうちどれですか？
(A) ほかの生物体を殺す
(B) 自分で作り出す
(C) 死んだ生物をエサにする
(D) 自身の老廃物を食べる
□ manufacture　（体が物質を）作り出す　□ waste　老廃物

(A) は (6)、(B) は (7)、(C) は (8) に書かれているが、(D) は記されていない。**正解は (D)**。

8. 正解 (A)

パッセージ中の "prodigious" という語にもっとも意味が近いものはどれですか？

(A) huge（巨大な）
(B) consistent（首尾一貫した）
(C) uncontrollable（手に負えない）
(D) selective（選択的な）

prodigious は「巨大な、莫大な、感嘆すべき、驚異的な」という意味だが、受験者にはなじみのない語かもしれない。しかし、文脈から判断できる。their prodigious appetite とあり、そのうしろにコロンでつないで they consume anywhere between two times and one thousand times their own body weight in a single hour.（自身の体重の2倍から1000倍ほどの量を1時間で食べてしまう）とあるから（（9）の部分）、「量」の「驚くべき大きさ」を強調する語であろうとわかる。消去法から **(A)** が正解と判断できる。

9. 正解　**(B)**
第5段落で、著者がバクテリアには雄も雌もいないと述べているのはなぜですか？
(A) バクテリアを人間と比較するため
(B) 本文の議論において用いられる単語を定義するため
(C) バクテリアがどのように進化してきたか説明するため
(D) 異なる種類のバクテリアを対比するため

Most reproduce asexually; that is, there are no male or female bacteria involved in the reproductive process. とある（（10）の部分）。このセミコロン（;）のあと that is がつづくので、asexually はどういうものか、説明している。よって、**(B) が正解**と判断できる。

10. 正解　**(B)**
第5段落で、バクテリアについて著者が主に論じていることは何ですか。
(A) いかに環境に順応するか
(B) いかに繁殖するか
(C) いかに生態系に影響を与えるか
(D) いかに移動するか
□ procreate （子孫を）作る　□ eco-system　生態系　□ relocate　移転する

reproduction, reproduce, reproductive など、「繁殖」に関連する語が使われていることを考えれば、**(B) が正解**と判断できる。

11. 正解　**(C)**
著者が賛成すると思われるのは次のうちどの主張ですか？
(A) 抑制されない繁殖により、バクテリアはいつか地球上の生命の存在を脅かすことになるだろう。
(B) いつか科学者がバクテリアの種類の数を正確に推測できるようになるだろう。
(C) バクテリアは地球上でもっとも原始的な生物の1つである。
(D) その単純さを考えると、バクテリアは動物よりも植物との共通点のほうが多い。
□ uncontrolled　抑制されない　□ threaten　…にとって脅威となる　□ accurately　正確に　□ constitute　（事実上）…である　□ rudimentary　原始的な　□ given　…を考慮に入れれば　□ in common with ...　…と共通して

パラグラフ全体から判断する問題。しかし、この問題だけのためにもう一度パラブラフを読み直すようなことはできない。消去法から (A) と (B) は簡単に排除でき、そのあと (C) と (D) を判断することになるが、(2) に「バクテリアは植物と動物、両方の特性を持っている」とあるため、(D) は正しくないと確認できる。**正解は (C)**。

12. 正解 (B)
次の選択肢のうち、パッセージ中でハイライトされた文の要点をもっとも正確に表わしているものはどれですか？

地球上のあらゆる生物の中で、もっとも種類が多いのはおそらくバクテリアだろう。

(A) バクテリアは地球上でもっとも初期的な形態の生物である。
(B) バクテリアは地球上でもっとも豊富な生物である。
(C) バクテリアは地球上でもっとも単純な生物である。
(D) バクテリアは地球上でもっともとらえどころのない生物である。
☐ essential 欠かせない、きわめて重要な ☐ abundant 豊富な ☐ least いちばん…でない ☐ complex 複雑な
☐ elusive わかりにくい

Of all forms of life on Earth, bacteria are probably the most plentiful. と (B) Bacteria are the most abundant forms of life on Earth. を比べれば、Of all forms of life on Earth が forms of life on Earth で、the most plentiful が the most abundant で言い換えられていることがわかる。**正解は (B)**。

13. 正解 (D)
パッセージ中の4つの括弧［■］のいずれかに次の文が入ります。

さらに、湿気や温度といった生活条件もバクテリアの増加を制限する。

この文を挿入するのにいちばん適した箇所はどこですか？

挿入文を見ると、also restrain their growth とある。これによって、成長を妨げる要因がもうすでに1つ述べられていることがわかる。本文を見ると、there is not enough food available for bacteria to sustain this kind of reproduction.（バクテリアがこの種の繁殖を維持するための十分な食物はない）とあるので、この直後が適当と判断できる。**正解は (D)**。

14. 正解 (D)(F)(B)
ディレクション：以下に、パッセージの要約の最初の文が示されています。ここで述べられているもっとも重要な考えを表わす選択肢を3つ選び、要約を完成させてください。いくつかの選択肢の内容は、パッセージ中で述べられていないか、もしくは、パッセージ中では重要でないため、要約には含まれません。本設問の配点は2点です。

バクテリアは、植物と動物の特性を有する非常に小さな生物体である。

-
-
-

選択肢

(A) 10億以上の種類のバクテリアがいる。
(B) バクテリアは2つの同一の部分に分裂することで急速に繁殖する。
(C) バクテリアの多くは、酷暑または極寒の環境の中で生きることができる。
(D) バクテリアは細胞壁、細胞膜、そして細胞質を有しており、これにより保護され、また活動することができる。
(E) バクテリアは人間を苦しめるいくつかの最悪の病気の原因である。
(F) バクテリアはたくさんの食物を必要とし、さまざまな方法でそれを得る。

□ present 発表する、示す　□ minor 小さな、重要でない　□ minuscule 非常に小さい　□ property 特質、特性
□ rapidly 速く　□ split 分かれる　□ extreme 極度の　□ afflict 苦しめる

(A) は言及されているが重要なことではない。(B) は (c) でわかる。(C) は言及されていない。(D) は (a) にある。(E) は重要なことではない。(F) は (b) に記されている。よって、**正解は (D)(F)(B)**。

リーディング問題 3
アメリカ先住民族

1　すべてのアメリカ先住民族は、1万5千年から1万7千年前に北東アジアから北米に渡ってきた1つ、または複数のグループの先史時代の人々の子孫であるらしい。彼らは2つ、あるいは3つの群れでやってきた。(1) 1つめのグループは船でやってきて、西海岸を下ってまっすぐに南米まで移動したようだ。2つめのグループは、おそらく狩っていたマンモスを追って、2つの氷床の間の陸路を通り、大陸の中ほどへ入ったのだろう。彼らは北米中に広がっていったが、中南米へは進まなかった。(2) おそらくこの2つのグループが混じり合い、北米のほぼすべての先住民族へと進化した。初期の民族の3つめのグループはあとから移住してきたと思われるが、大陸の北部地域にとどまった。カナダのイヌイット族は、この特定のグループの子孫だろう。一部の歴史家は、もう1つ、初期の人類の4つめのグループがヨーロッパから大西洋を渡ってきた可能性があると主張しているが、これは信じがたい。

2　少なくとも1万5千年のあいだ、最初の2つのグループの子孫はアメリカ大陸に住み、驚くほど多様な部族、言語、そしてアイデンティティへと進化し、それぞれの文化は非常によくそれぞれの地域に適応した。(3) クリストファー・コロンブスやほかの初期の探検家が、そしてそのあとの最初の入植者や開拓者がやってきた時、彼らはそこで出会った人々の多様性を、ほとんど理解することができなかった。

3　米国の北東部には、多くの先住民族の中にイロクォイ族がいた。彼らは情報交換し協力し合う同族部族を意味する「部族国家」の同盟を結成した。**A** その統治制度は非常に民主的で包括的だった。**B** [たとえば、若い戦士だけでなく年老いた女性も部族の評議や意思決定に参加した。] 共同体的な方法で長い議論を経て、各部族のグループは自分たちの代表議会を選び、自分たちの酋長を決めた。**C** また、彼らはさらに大きな会議の代表者を選び、部族間の争いを調停させた。**D** このように、戦争をせずに争い事を解決することができたのである。実際、イロクォイ連盟は、合衆国憲法の起草者たちが理想とした政府のモデルの1つだった。

4　彼らがヨーロッパ人の入植者が持ち込んだ(4) 病気により激減するまで、(5) イロクォイ族の人々は裕福で健康であった。主にトウモロコシ、自家製の野菜、そのほかの作物を食べ、野生の獲物の肉や魚で食物を補っていた。彼らは、長さ100メートル、幅5メートル、高さ2、3階におよぶ「ロングハウス」に住んでいた。イロクォイ族はヨーロッパ人の開拓者に比べると比較的高い生活水準を持っていた。(6) ヨーロッパ人の持つ優れた武器と開拓者の土地への欲求を考えれば、おそらく彼らは不幸な運命にあったのだろうが、イロクォイ族の致命的な間違いは、アメリカ独立戦争でイギリス人を支持したことである。(7) かつての入植者たちは、独立戦争に勝利するとすぐに

261

敵であるアメリカ先住民に襲いかかり、西へと逃げた者以外は冷酷にも皆殺しにした。

5 プレーンズインディアンは、ロッキー山脈の東側から中西部にかけての、国の内陸部にあたる広大な吹きさらしの土地に暮らしており、19世紀中頃までヨーロッパ人の移民の直接的な影響を受けずにいた。(8) 皮肉にも、16世紀初頭のスペイン人による最初の米国南部から西部にかけての探検に続く1世紀で、彼らの生活と暮らしは目覚ましい社会的適応を遂げた。本来、プレーンズインディアンは犬以外の家畜を所有していなかったが、彼らはスペイン人たちのもとから逃げ出した馬の子孫である野生の馬を飼いならした。100年のあいだに、馬を飼う文化はグレートプレーンズのアメリカ先住民族に広まり、彼らは定住生活をやめ、その代わりに絶えず巨大なバイソンの群れを追い、それを食べた。寒さの厳しい冬のあいだだけ、風を避けるために谷間に暖かい円錐形のティーピーを張り、一時的に定住した。(9) 1世紀のあいだに、彼らの慣習や文化的風習は変化し、馬を使い、バイソンを捕って食べたことにより人口は3倍となった。

6 以上は、ヨーロッパ人がやってくる前と直後に、新世界の人々がどのように生きていたかというわずか2つの例である。しかし、独立戦争が終わってから100年のあいだに、彼らの生活は改めることができないほどに変化し、米国全土のどの地域にも、彼らの生活の痕跡はほとんど残っていない。(10) これは、過去500年でもっとも悲劇的な出来事の1つであり、いわゆる文明の進歩の結果だった。

<注>

1 □ tribe 部族、一族 □ descendant 子孫、末裔 □ prehistoric 有史以前の □ wave 集団移動する群れ □ water craft 船、船舶 □ west coast (米国の)西海岸 □ mid-continent 大陸中央部 □ corridor 回廊地帯 □ ice sheet 氷床 □ mammoth マンモス □ venture 思い切って進む、危険を冒して行く □ intermingle 入り混じる □ indigenous 土着の、(その土地)固有の □ upper 北部の □ region 地域 □ Inuit イヌイット族 □ Atlantic 大西洋 □ improbable ありそうもない、本当とは思えない

2 □ America アメリカ大陸(北米・中米・南米を含む) □ scarcely ほとんど…ない □ fathom 理解する

3 □ Iroquois イロクォイ族 □ confederation 連合、同盟 □ governance 政治、統治 □ remarkably 著しく、目立って □ democratic 民主的な □ inclusive 包括的な □ deliberation 審議、討論 □ decision-making 意思決定 □ communal 共同体の □ lengthy (時間的に)長い □ chief 首長 □ representative 代表者 □ council 協議、評議会 □ mediate 調停する □ dispute 論争、紛争 □ conflict 争い、摩擦 □ warfare 戦争行為 □ Iroquois League of Nations イロクォイ連盟 □ United States Constitution 合衆国憲法

4 □ decimate (疾病・災害などが人口などの)多くを殺す □ colonist 植民地開拓者、入植者 □ prosperous 繁栄する □ subsist 生活する □ supplement 補う □ diet 日常の食物 □ wild 野生の □ game 猟の獲物、猟鳥獣の肉 □ settler 開拓者、植民者 □ doomed 不幸な運命の □ fateful 致命的な、破滅的な □ side 味方する □ American War of Independence アメリカ独立戦争 □ Revolutionary War 独立戦争 □ turn on 急に…に襲いかかる □ foe 敵 □ ruthlessly 情け容赦なく □ exterminate 皆殺しにする □ flee 逃げる □ westward 西に向かって

5 □ Plains Indians プレーンズインディアン □ windswept 風にさらされた □ Rocky Mountains ロッキー山脈 □ Midwest 米国中西部 □ immigrant 移民 □ livelihood 暮らし □ expedition 探検、遠征 □ possess 所有する □ domesticated 飼いならされた □ tame 飼いならす □ Spaniard スペイン人 □ Great Plains グレートプレーンズ □ settled 定住した □ existence 生活 □ bison バイソン □ herd 群れ □ bitter (風・寒さなどが)激しい、厳しい □ conical 円錐形の □ teepee ティーピー(北米平原地方インディアンのテント小屋) □ pitch (テントなどを)張る □ prey 捕食する

6 □ prior to ... …より前に □ unalterably 変更できないで □ civilization 文明

1. 正解 (A)

第1段落によると、西海岸を下っていったアメリカ先住民族のグループについて特徴的なのはどの点ですか?
(A) ボートを使用したかもしれない。

(B) 陸橋を渡った。
(C) マンモスを追いかけた。
(D) 普通でない速度で移動した。
□ land bridge 陸橋（2つの陸域をつなぐ陸地）　□ pursue　追う、狩る

(1) にあるとおり、西海岸を下って南米に向かったのは第1のグループだ。そして彼らは water craft、すなわち boat を使ったと見られる。よって、**正解は (A)**。

2. **正解　(B)**
第1段落で、著者は北米の先住民族の多くが、いくつのグループの子孫だと暗示していますか？
(A) 1
(B) 2
(C) 3
(D) 4

(2) に記されている。正解は (B)。

3. **正解　(B)**
第2段落で、クリストファー・コロンブスやほかの初期の探検家について、著者は何と言っていますか？
(A) 新世界に人が住んでいることを知らなかった。
(B) 先住民族の多様性を理解できなかった。
(C) ただちに先住民と品物を交換しはじめた。
(D) 土地と自分たちの植民地の防護を手に入れなければならなかった。

(3) にあるとおり、**正解は (B)** とわかる。they could scarcely fathom the variety of people they encountered. の fathom という動詞も覚えておきたい。この場合は「（人の意図などを）見抜く、十分理解する」の意味で使われている。

4. **正解　(D)**
パッセージ中の "scarcely" という語にもっとも意味が近いものはどれですか？
(A) reluctantly（しぶしぶ）
(B) thoroughly（十分に）
(C) rapidly（速やかに）
(D) barely（ほとんど…ない）

hardly も相当するが、ここでは barely が選択肢に使われている。**正解は (D)**。問3を答える上でも、この問題は重要だ。

5. **正解　(A)**
パッセージ中の "mediated" という語にもっとも意味が近いものはどれですか？
(A) negotiated（交渉した）

(B) initiated（始めた）
(C) aggravated（悪化させた）
(D) prohibited（禁止した）

動詞 mediate は「（協定・я和などを）調停して成立させる、（紛争などを）調停する」という意味だが、この単語をはじめて見る受験者もいるかもしれない。その場合は、文脈から判断しよう。この次の文に、「このように、戦争をせずに争い事を解決することができた」(In this way, conflicts could be resolved without warfare.) とある。mediate disputes の結果、conflict が resolved（解決された）わけだから、**(A) が正解**と判断できる。

6. 正解　**(D)**
パッセージ中の "they" が指しているものはどれですか？
(A) モデル
(B) 合衆国憲法の起草者たち
(C) ヨーロッパ人の入植者たち
(D) イロクォイ族の人々

Until they were decimated by diseases brought by the European colonists, the Iroquois peoples were prosperous and healthy の中の they が指すのは何かという問いだ。通常、代名詞は直前の名詞を指すが、この「従属節＋主節」の文において they は従属節にある。こういう場合、主節に名詞が、従属節にその代名詞が来る。したがって、この they は the Iroquois peoples を指す。**正解は (D)**。

7. 正解　**(A)**
パッセージ中の "high standards of living" という語句にもっとも意味が近いものはどれですか？
(A) 快適な生活様式
(B) 効果的な医療処置
(C) 複雑な政府
(D) 高度な通信

この前の部分の（5）を読めば明らかであろう。**正解は (A)**。

8. 正解　**(C)**
第4段落でイロクォイ族に悪影響を与えたものとして述べられていないものは次のうちどれですか？
(A) 病気
(B) 進化した武器
(C) 食糧不足
(D) 独立戦争の結末
□ scarcity　不足

(A) は（4）に、(B) は（6）に、(D) は（7）にある。**正解は (C)**。

9. 正解 （A）

著者が第5段落で馬について論じているのはなぜですか？
(A) プレーンズインディアンの社会がいかに目覚ましく進化したか説明するため
(B) ヨーロッパ人の開拓者がどのようにアメリカ先住民族を助けたか説明するため
(C) プレーンズインディアンが何世紀ものあいだどのように暮らしていたか説明するため
(D) 家畜の利用について説明するため

馬の話は（8）の文のあとに出てくることに注意。それ以下をずっと（9）の文まで読んでいけばばわかる。**正解は (A)**。

10. 正解 （C）

第6段落で著者が暗示しているのは次のうちどれですか？
(A) 文明の進歩は止められない。
(B) 一部のアメリカ先住民族は自分たちのアイデンティティを失っていない。
(C) アメリカ先住民族に起こったことは残念だ。
(D) ほかの大陸の先住民族も苦労した。
□ regrettable　残念な、痛ましい

（10）に作者の気持ちが表われている。**正解は (C)**。

11. 正解 （D）

次の選択肢のうち、パッセージ中でハイライトされた文の要点をもっとも正確に表わしているものはどれですか？

一部の歴史家は、もう1つ、初期人類の4つめのグループがヨーロッパから大西洋を渡ってきた可能性があると主張しているが、これは信じがたい。

(A) 初期の人類の4つのグループはヨーロッパから大西洋を渡ってきた可能性がある。
(B) 初期の人類の4つめのグループは、おそらくヨーロッパから北米に移動してきた。
(C) 歴史家たちは初期の人類がどのようにヨーロッパから北米へやってきたか討論してきた。
(D) 初期の民族がヨーロッパから北米へやってきたという主張はおそらく間違いである。

言い換えの問題であるから、Some historians have argued that another fourth group of early humans may have crossed the Atlantic from Europe, but this is improbable. の文の重要な要素が言い換えられていることを確認する。Some historians have argued → **The claim** / another fourth group of early humans may have crossed the Atlantic from Europe → early peoples came to North America from Europe / this is improbable → **is probably wrong** であるから、**(D)** の The claim that early peoples came to North America from Europe is probably wrong. が正解。

12. 正解 (B)

パッセージ中の4つの四角［■］のいずれかに次の文が入ります。

たとえば、若い戦士だけでなく年老いた女性も部族の評議や意思決定に参加した。

265

この文を挿入するのにいちばん適した箇所はどこですか？

挿入する文には For example, とあるので、これが何の例なのか確認するべきである。そのあとに not only young warriors but also old women took part in a tribe's deliberations and decision-making.（若い戦士だけでなく年老いた女性も部族の評議や意思決定に参加した）とある。意思決定にさまざまな人が参加したわけだ。ここまで確認した上で、本文を見ると、Their system of governance was remarkably democratic and inclusive.（その統治制度は非常に民主的で包括的だった）の直後がもっともよいことがわかる。**正解は (B)**。

13. 正解　Iroquois (A)(C)(G), Plains Indians (E)(F)(H)

ディレクション： 以下の表に示されているアメリカ先住民族に関連するものを、8つの選択肢のうち6つ選んで表を完成させてください。選択肢のうち2つは使われません。本設問の配点は4点です。

カテゴリー

イロクォイ族	プレーンズインディアン

(A) 主に農業をしていた
(B) 初期の開拓者と協力した
(C) 大きな集団で暮らしていた
(D) マンモスを捕食していた
(E) 冬だけ1つの場所にとどまった
(F) 馬を家畜化した
(G) 高度な形態の政府を有していた
(H) 主に狩猟をして生活していた

イロクォイ族に関しては、**(C)** と **(G)** は第3段落、**(A)** は第4段落に書かれている。
プレーンズインディアンについては、**(E),(F),(H)** すべて第5段落に書かれている。

Practice Test Listening　　　　　　Practice Test Listening 解答

LISTENING　音声スクリプト、訳、解答、解説

| Part 1 | Passage 1 |　　CD 04 01-06

■音声スクリプト

Listen to a conversation between a student and a worker in the registrar's office.

M: How can I help you today?
W: I'm Joann Johnson, a junior. ⁽¹⁾I received an email from the registrar's office that I should come and talk to your staff. Is this about my schedule or something?
M: Give me a minute Joann while I look you up in the system. Okay. You changed your major earlier this year, didn't you?
W: Yes. From psychology to education. Is that a problem?
M: It could be if you want to graduate in four years. ⁽²⁾The reason we sent you an email is that we work closely with the academic advising office and we wanted to let you know that unless you are really careful and plan well it may be hard for you to take all of the required courses and graduate on time.
W: Oh no. ⁽³⁾I really want to graduate next year. I can't afford to stay in school an extra year.
M: Well, you have to take six more courses to fulfill your major requirements and then do your teaching practice in one of the local schools. But to qualify for that teaching practice you need to take Advanced Teaching Methods. That was offered this term but you didn't take it.
W: Right. I had to take Introduction to Teaching Methods first. That's a prerequisite. ⁽⁴⁾I'm just finishing Introduction to Teaching Methods now.
M: I see. Well, the only other time Advanced Teaching Methods is being offered is this summer. Will you be available to take it?
W: You bet I will. If that's when it's being offered. But I really want to be sure that the course isn't full and that I can get into it.
M: My thoughts exactly. ⁽⁵⁾What we can do for you Joann is arrange an advanced registration for you, since you are an education major and the course is a graduation requirement. You should have priority.
W: ⁽⁶⁾That's a relief. So how do I register in advance?
M: **If you're willing to fill out this form, we can take care of it right now.**

学生と履修登録課の職員の会話を聴いてください。

男性：ご用件は何ですか？
女性：ジョアン・ジョンソンです。3年生です。⁽¹⁾履修登録課からメールが届いて、係の人に話しに来るように書いてあったのですが。履修計画か何かのことでしょうか？
男性：少しお待ちください、ジョアンさん。システムを検索してみます。ありました。今年のはじめに専攻を変えていますね？

267

女性：はい、心理学から教育学に変えました。そのことで何か問題があるのでしょうか？
男性：4年で卒業したいなら問題かもしれません。(2) 学生相談課と連携を取ったところ、あなたはよく注意して履修計画を立てないと、4年で必修科目をすべて取得して卒業するのがむずかしいことがわかったので、それを伝えるためにメールを送りました。
女性：それは困ります。(3) 絶対に来年卒業したいんです。もう1年通う余裕はありません。
男性：そうですね、専攻の必修課程を修了するためには、あと6科目履修し、さらに地元の学校で教育実習をしなければいけません。ですが、教育実習の参加資格を得るには、「上級教育法」を受講しなければなりません。この科目は今学期開講していましたが、あなたは受講していませんでした。
女性：そのとおりです。先に「初級教育法」を取らなければいけなかったんです。それが前提条件なので。(4) もうすぐ「初級」を取り終えるところです。
男性：わかりました。「上級教育法」が開講するのは、あとは夏学期だけです。受講できそうですか？
女性：絶対にします。その学期しか開講しないのであれば。ただ、定員がいっぱいなんてことがなく、確実に受講できるようにしておきたいです。
男性：私もまったく同じことを考えていました。(5) それでは、こうしましょう、ジョアンさん、事前登録の手配をしてあげられます。あなたは教育学専攻の学生で、この科目は卒業するための必修科目です。あなたには優先権があるはずです。
女性：(6) それなら安心です。事前登録するにはどうしたらいいですか？
男性：**この書類に記入してもらえれば、今すぐ手続きします。**

☐ registrar （大学の）学籍係　☐ psychology 心理学　☐ academic 学問の、学究的な　☐ advise （人に）忠告する、助言する　☐ required （学科目が）必修の　☐ graduate 卒業する　☐ afford (can afford で) …するだけの余裕を持つ　☐ extra 余分な　☐ fulfill （条件を）満たす　☐ requirement 必要条件　☐ teaching practice 教育実習　☐ qualify 資格を得る　☐ advanced 高等の、上級の　☐ term 学期　☐ prerequisite 前提条件　☐ available 手が空いている、応じられる　☐ you bet きっと、もちろん　☐ arrange 手配する　☐ priority 優先権　☐ relief 安心　☐ register 登録する　☐ in advance …に先立って、あらかじめ　☐ fill out （書類などに）書き込む

■ 解答と解説
1. 正解　(B)
学生はなぜ履修登録課へ来ているのですか？
(A) 専攻を変更したいから。
(B) 職員と話をするように指示されたから。
(C) 登録用紙に署名するのを忘れたから。
(D) 受講する科目を追加したいから。

学生の訪問の目的はおそらく最初に述べられると思うので、注意して聴くこと。仮に聴き逃しても、全体の雰囲気から十分に判断できる。選択肢 (B) を She requested …などと読み違えると正解を得られないので注意すること。(1) から**正解は (B)**。

2. 正解　(B)
学生が現在受講している科目は何ですか？
(A) 心理学の4年生のゼミ
(B) 初級教育法

(C) 上級教育法
(D) 教育実習

(4) から **(B)** が正解とわかる。

3. 正解 **(D)**
学生は何を避けたいと言っていますか？
(A) 1学期に受講科目が多くなりすぎること
(B) 夏のあいだ通学すること
(C) 春に教育実習をすること
(D) もう1年勉強すること

(3) からわかる。**正解は (D)**。

4. 正解 **(D)**
履修登録課の職員についてどんなことが推測できますか？
(A) 学生への資金援助を手配する。
(B) 経理部と綿密に連携を取っている。
(C) 各学科の必修科目を決定する。
(D) 学生の受講計画を援助する。

(2) にあるとおり、履修登録課はこの学生の履修計画を心配してメールを送っているし、(5) などで具体的な申し出もしていることから、**正解は (D)**。

5. 正解 **(C)**
会話の一部をもう1度聞いて、質問に答えてください。[下線部 (6) 参照]
男性はどのような意味で次のように言っていますか？[下線部 (6) の太字部分参照]
(A) 記入する書類がたくさんあることを申し訳なく思っている。
(B) 登録が承認されるかどうかはわからない。
(C) 女子学生は今すぐに手続きをしたほうがいい。
(D) 女子学生は自分が決めたことについて慎重に考えたほうがいい。

会話の状況から **(C)** が正解とわかる。

Part 1 | Passage 2   CD 04 07-13

■音声スクリプト

Listen to a discussion in a meteorology class. The class has been studying various types of weather and weather systems.

Hurricanes and tornadoes are the most spectacular of storms, since they have the highest winds and sometimes cause sensational damage. But the common thunderstorm is actually a more important phenomenon than tornadoes and hurricanes—or "cyclones" and "typhoons" as hurricanes are called in other parts of the world. The reason is that thunderstorms are an essential part of the Earth's freshwater circulation process. They play a key role in keeping the planet's living systems alive by circulating water from the atmosphere to the ground. In many parts of the world, thunderstorms are responsible for a large portion of the annual rainfall, particularly in tropical regions. If rivers, lakes, and streams are like the arteries of the Earth that carry water to its various bodily parts, (1)thunderstorms can be likened to the veins which return the lifeblood back to the heart where it can be pumped out and flow again.

(2)So the role of thunderstorms is so crucial that they occur almost everywhere on Earth. Any guesses where they rarely occur?

Woman: Well, how about in deserts. Everyone knows there's not much rainfall there.

Good guess but off the mark in this case. And you'll understand why in a minute when I explain (3)the process of thunderstorm formation.

Okay, (4)the only place that thunderstorms seldom occur is in the polar regions. In other words, they are part of our most basic weather patterns everywhere around the globe, except for the South and North poles. And also, the process of thunderstorm formation is pretty much the same everywhere.

First, when the Sun heats a particular area the air is warmed and this warm air rises. This is called a (5)"thermal updraft." (6) What happens next is that a white puffy cloud is created from this rising air current. These cumulous clouds—that's their technical name, cumulous clouds—are pretty to look at on a summer afternoon. However, (7) in the next stage, the third stage, things begin to get interesting. Precipitation in the form of tiny water droplets starts to fall from the upper levels of the cloud, and this falling precipitation causes violent upward movements of air within the cloud. Meanwhile, the top of the cloud swells higher and higher and rain or hail or snow begin to fall within the cloud. The movement of these water droplets is crucial to the development of the thunderstorm because they carry electrical charges back and forth through the cloud, which results of course in thunder and lightning. (8)The final stage of thunderstorm formation, then, is the resulting intense downdrafts that occur, particularly towards the base of the cloud. These cause high winds in the air and on the ground and they can be extremely dangerous for airplanes since they are impossible to see and can suddenly slam an airplane hundreds of feet downward. After this four-stage process, the thunderstorm gradually expends its energy, the rainfall stops, and the clouds gradually dissolve.

Now, thunderstorms are well known for their destructive power. What aspect of thunderstorms do you think causes the most damage? You've got lightning strikes, high winds, hail, and the flooding that results from heavy rainfall.

Man: I'm thinking the winds. Thunderstorm-generated winds are not as powerful as those from hurricanes and tornadoes, but they are still significant, right? They probably cause the most damage.

That's right. Most people would answer lightning. In the United States alone, the lightning from thunderstorms causes hundreds of deaths and several hundred million dollars worth of property damage each year. And because lightning is so dramatic and frightening it gets a lot of attention. But

(9) it's the winds that are created from the intense downdrafts that cause the most damage and loss of life. Thunderstorms can generate gusts of wind at greater than 80 meters per second, damaging or even collapsing buildings, toppling trees, and flattening crops like wheat and corn. Like I mentioned earlier, the winds really present a hazard for aircraft, especially airplanes that are taking off or landing and therefore near the ground.

気象学の授業でのディスカッションを聴いてください。この授業ではさまざまなタイプの気象と気象系について勉強しています。

　ハリケーンやトルネードは、嵐の中でももっとも劇的で、風はもっとも強く、時には驚くべき被害をもたらします。しかし、トルネードやハリケーン――世界のほかの場所では、ハリケーンは「サイクロン」や「台風」などと呼ばれていますが――よりも、実は通常の雷雨のほうが重要な現象なのです。というのも、雷雨は地球の淡水が循環する過程においてもっとも重要な一部だからです。大気から地上に水を循環させることで、地球の生物系を生かしつづけるための主要な役割をはたしているのです。世界中の多くの場所、特に熱帯地方において、雷雨は年間降水量の大部分を占めています。川、湖、そして小川などが地球の動脈のようなもので、体のさまざまな部分に水を運んでいくものだとすれば、(1) 雷雨は心臓に血液を送り返す静脈にたとえることができます。血液は心臓から再び送り出され、流れてゆくのです。
　(2) さて、雷雨の役割は大変重要で、地球上のほとんどすべての場所で発生します。めったに発生しない場所はどこだと思いますか？
　女性：ええと、砂漠はどうでしょうか。砂漠ではあまり雨が降らないことは誰でも知っています。
　良い推測ですが、この場合はちょっと違います。その理由は、(3) 雷雨が形成される過程を説明すればすぐにわかるでしょう。
　さて、(4) 雷雨がほとんど発生しない唯一の場所は極地方です。つまり雷雨は、南極と北極以外の地球上のあらゆる場所においてもっとも基本的な天候の型なのです。また、雷雨が形成される過程はどこでもほぼ同じです。
　最初に、太陽がある特定の地域を暖めると、空気が暖まり、この暖かい空気が上昇します。これは(5) 「熱上昇気流」と呼ばれます。(6) 次に何が起こるかというと、この上昇気流から白いふわふわした雲が作られます。これらの積雲は――積雲というのは専門的な名称ですが――夏の午後に見るときれいです。さて、(7) 次の第 3 段階でおもしろいことが起こりはじめます。雲の上部からごく小さな水滴の状態で降水が始まり、この降水により、雲の内部で空気の激しい上昇移動が生じます。一方、雲の上部は膨らんでどんどん高くなっていき、雲の中で雨や雹や雪が降りはじめます。これらの水滴の動きは雷雨の発達にとって大変重要です。というのも、これらが雲の中をあちこち動いて電荷を運び、その結果がもちろん雷鳴と稲妻になるからです。(8) そして雷雨の形成の最終段階では、激しい下降気流が生じ、特に雲の底のほうに向かって吹きつけます。これらにより空中と地上では強風が生じますが、これは目に見えないため飛行機にとってきわめて危険で、飛行機を突然、何百フィートも下にたたき落とすこともあります。この 4 段階の過程のあと、雷雨は徐々に勢力を失い、雨はやみ、雲も少しずつ消えていきます。
　さて、雷雨はその破壊力でよく知られています。雷雨のどのような面がもっとも大きな被害をもたらすと思いますか？　大雨によって起こるものは落雷、強風、雹、そして洪水がありますね。
　男性：僕は風だと思います。雷雨によって発生した風は、ハリケーンやトルネードによって発生した風ほど強力ではないけれど、それでも重要ではないでしょうか？　もっとも被害が大きいのではないかと思います。
　そのとおり。たいていの人は雷と答えるのです。合衆国だけでも、雷雨による雷で、毎年、何百人もの死者が出たり、数億ドル相当の物的損害が出たりしています。また、雷はとても印象的でおそろしいので、多くの注目を集めますね。しかし、(9) 最大の被害と人命の損失を招くのは、激しい下降気流により発生した風なのです。雷雨は秒

271

速80メートル以上の突風を生じることもあり、建物を傷つけたり時には崩壊させたり、木を倒したり、小麦やトウモロコシといった農作物をなぎ倒したりします。先に言ったように、風は航空機、特に離着陸しようとして地上近くにいる飛行機にとっては本当に危険なのです。

□ meteorology　気象学　□ spectacular　壮観な　□ sensational　世間をあっと言わせる　□ phenomenon　現象　□ freshwater　淡水の　□ planet　惑星、地球　□ circulate　循環させる　□ atmosphere　大気　□ responsible　原因である　□ annual　1年の　□ tropical　熱帯の　□ liken　たとえる　□ lifeblood　生命に必要な血液　□ occur　起こる　□ off the mark　的を外れて　□ polar regions　極地方　□ weather pattern　天候の型　□ thermal　熱の　□ updraft　上昇気流　□ puffy　ふくれた　□ air current　気流　□ cumulous　積雲　□ droplet　小滴　□ precipitation　降水　□ violent　激しい　□ meanwhile　その間に、その一方で　□ swell　膨張する　□ electrical charge　電荷　□ back and forth　行ったり来たり　□ intense　強烈な　□ downdraft　下降気流　□ slam　激しくたたく　□ expend　費やす　□ dissolve　消える　□ destructive　破壊的な　□ lightning strike　落雷　□ hail　雹　□ generate　引き起こす　□ gust　突風　□ collapse　崩れる、崩壊する　□ topple　倒す　□ flatten　平らにする　□ crop　農作物　□ present （問題などを）起こす

■ 解答と解説

1.　正解　(C)

教授は雷雨のどのような側面について主に話していますか？
(A) 雷雨が発生する場所
(B) 雷雨がどのように水を循環させるか
(C) 雷雨がどのように形成され、機能するか
(D) 雷雨により引き起こされる被害の種類

(3) で the process of thunderstorm formation（雷雨が形成される過程）について言及され、その後ずっとそれについて段階を追って説明している。**(C) が正解**。

2.　正解　(C)

教授が雷雨と比較しているのは体のどの器官系ですか？
(A) 呼吸器系
(B) 老廃物を排出する組織
(C) 血管系
(D) 生殖器系

(1) には liken という動詞が使われている。これが compare（例える）と同じ意味であり、vein が「静脈」の意味であると知っていれば、**正解は (C)** と判断できる。

3.　正解　(B)

雷雨がめったに発生しない場所だと教授が言っているのはどこですか？
(A) 南太平洋
(B) 極地方
(C) 高山
(D) 広大な砂漠

(4) で the only place という表現を使って限定している。この only などの語を使う例外には注意を払い、メモを取ろう。**正解は (B)**。

4. **正解　(A)**
教授によると、雷雨のどの要素が大きな被害をもたらしますか？
(A) 風
(B) 雷
(C) 雹
(D) 降雨

(9) でわかる。**正解は (A)**。

5. **正解　(D)(B)(C)(A) の順**
以下の出来事を、雷雨が形成される際に起こる順番に並べてください。本設問の配点は 2 点です。

出来事が起こる順序	出来事の種類
1 番目	(D) 熱上昇気流が起こる
2 番目	(B) 積雲ができる
3 番目	(C) 水滴が動く
4 番目	(A) 強い下向きの風が起こる

下線部 (5) の updraft(上昇気流)という語をおさえて、そのあと (6), (7), (8) と聴き取ってメモできれば答えられる。**正解は (D)(B)(C)(A) の順**。

6. **正解　(A)**
講義の一部をもう 1 度聞いて、質問に答えてください。[下線部 (2) 参照]
教授はどのような意味で次の発言をしていますか？[下線部 (2) の太字部分参照]
(A) 女性の答えは間違っていた。
(B) 女性の答えは良い成績を得る。
(C) 女性は別の事例について話している。
(D) 女性はほかの推測をするべきだ。

下線部 (4) の Good guess は「砂漠なんて、もっともらしく聞こえるよね」という意味だが、off the mark は「的から外れている」こと。よって、**正解は (A)**。

| Part 1 | Passage 3 |　　CD 04 14-20

■音声スクリプト

Listen to part of a lecture from an American literature class.

Nearly all students and scholars of American literature today know the name "Kate Chopin." But it wasn't always that way. In fact, the fiction writer Kate Chopin was almost completely forgotten for more than 50 years. Chopin died in 1902 and her work was largely ignored until it was rediscovered in the 1960s. (1)My lecture today mainly focuses on this amazing woman's life and then concludes by briefly talking about one of her major works.

Chopin was born in 1851 into a prominent family in St. Louis, Missouri. She grew up in a large and vibrant household with many brothers and sisters and extended family members, including her great-grandmother and grandmother. Her father was an Irish immigrant who was a successful merchant.

She received her childhood education at a private school where the teachers vigorously taught her all different subjects, and she excelled as a student. (2)Yet she experienced a lot of trauma and tragedy in her early life, particularly in relation to men. When she was just five years old, her father was killed when a bridge that he was riding a horse across suddenly collapsed. Later, during the Civil War, her half brother joined the Confederate army, was captured by Union forces, and died of typhoid fever.

In Chopin's time, all young women were expected to be married. And Chopin was no exception. In 1870 she married a French-born businessman named Oscar Chopin who specialized in buying and selling cotton. They moved to New Orleans and in the next eight years Chopin had six children. Then, once again, tragedy struck: her husband abruptly died of malaria, or "swamp fever" as it was called then, and Chopin was left with six children to raise and debt that her husband had accumulated. She promptly took over her husband's business, managed it successfully and paid off his debts, and two years later, in 1884, moved with her children back to her childhood home of St. Louis to live with her mother. In those two years after her husband's death and before she moved back with her mother she did a very unusual thing for her day: she had an affair with a married man. That man and their relationship were to become the basis for the fictional characters and plot in her later novel *The Awakening*.

(3)There is an old saying, "Necessity is the mother of invention." This saying was never so true as in Chopin's case. She needed money to support herself and her children, so she put her pen to paper and wrote stories for money. In the next 12 years Chopin published almost 100 short stories as well as three novels and one play. She not only wrote well—producing stories and novels of significant literary value—but she marketed her writing with the same business skill that she applied to managing her husband's store after he died. Her stories appeared in the most widely read and best-paying magazines in the country, including *Harper's*, *Vogue* and *the Atlantic Monthly*. She published two collections of short stories and many stories for children, but her most memorable achievements were her novels, especially *The Awakening*.

Since all of Chopin's stories were written toward the end of her life, let me conclude by saying a word about them. (4)Although their plots are slow moving and a little dull, Chopin is now appreciated as a skilled writer in several ways: first as a stylist because she had a sharp ear for capturing the rhythms of contemporary speech and dialog. She brings language alive. (5)Next, she created realistic characters that have depth and feeling; we see in them the struggles and conflicts and motivations that we all have within ourselves. (6)Finally, Chopin's themes are remarkable. (7)*The Awakening*, Chopin's novel about a young woman awakening to her own identity, including her own independence and sexuality, was condemned during its time for being immoral and vulgar. Women were not supposed to experience such things, or be such beings. As the critic Linda Huf puts it, *The Awakening* is "a tale of a young woman who struggles to realize herself—and her artistic ability." **It was not until 60 years later when American society began to be transformed by the feminist revolution that Chopin's described journey in *The Awakening* became an accepted part of American women's lives.**

アメリカ文学の授業での講義の一部を聴いてください。

　今日では、アメリカ文学を専攻する学生と学者たちのほとんどが「ケイト・ショパン」の名を耳にしたことがあるでしょう。しかしずっとそうだったわけではありません。実際のところ、フィクション作家であるケイト・ショパンは 50 年以上ものあいだ、ほぼ完全に忘れ去られていたのです。ショパンが亡くなったのは 1902 年、そして彼女の作品は 1960 年代に入って再び見いだされるまで、ほとんど無視されてきました。[1] 今日の講義では、この女性の驚くべき生涯を中心に扱い、彼女の代表作の 1 つを手短に取り上げて締めくくろうと思います。

　ショパンは 1851 年、ミズーリ州セントルイスの名家に生まれました。何人もの兄弟姉妹、そして曾祖母や祖母などを含む親類たちに囲まれた賑やかな大家族の中で成長しました。父親はアイルランド系移民で、商人として成功を収めていました。

　幼少期は私立学校で教育を受け、精力的な教師たちからさまざまな教科を学んだショパンは優秀な生徒でした。[2] しかし若い頃には、特に男性との関係においてトラウマや悲劇を経験しています。まだ彼女が 5 歳の頃に、父親は馬で通りかかった橋が突然崩れる事故で亡くなりました。その後、南北戦争の最中に、南部連合軍に加わった腹違いの兄が北軍の捕虜になり、腸チフスで亡くなりました。

　ショパンの時代には、若い女性はすべて結婚するものと見なされていました。彼女もその例外ではありませんでした。1870 年、綿花の売買を専門に扱うフランス生まれの商人、オスカー・ショパンと結婚しました。2 人はニューオーリンズに移り住み、その後 8 年のあいだにショパンは 6 人の子供を授かりました。そこで再び悲劇が彼女を襲ったのです。当時「沼地熱」と呼ばれていたマラリアにかかって夫が急死し、ショパンはまだ手のかかる 6 人の子供と、夫が積み重ねた多額の借金とともに取り残されました。そこで彼女はすぐさま夫の商売を引き継ぎ、見事な経営手腕を発揮して、借金をすべて返し終えました。それから 2 年後の 1884 年に子供たちを連れて故郷のセントルイスに戻り、母親と一緒に暮らしました。夫が亡くなり、母親の元に戻るまでの 2 年のあいだに、彼女は当時では考えられないようなことをしています。既婚男性と恋愛関係を持ったのです。この男性や彼との関係が、のちの小説『目覚め』の登場人物とプロットの元になりました。

　[3]「必要は発明の母」という古いことわざがあります。ショパン以上にこのことわざがふさわしい状況はなかったでしょう。自分自身と子供たちの生活費が必要だった彼女は、筆を取り、お金のために物語を書きはじめたのです。12 年のあいだに、ショパンは 100 話近くの短編を執筆し、3 つの長編小説と 1 つの戯曲を書き上げました。文学的価値のある短編と長編を生み出した優れた書き手だっただけでなく、彼女は自分の作品の売り込みもしていました。夫が亡くなったあとに店を引き継ぎ、それを切り盛りした際の商才をそこでも発揮したのです。彼女の短編は『ハーパーズ』、『ヴォーグ』、『アトランティック・マンスリー』など、国内でもっとも読まれ、もっとも報酬が高い雑誌に掲載されました。短編集 2 冊と子供向けの物語も多く出版しましたが、彼女の功績で記憶に残るのは長編小説、とりわけ『目覚め』でしょう。

　ショパンはすべての作品を晩年に書いているので、それらを手短に紹介することで今日の講義を締めくくりたいと思います。[4] 作品の筋書きは展開が遅く、いくぶん退屈ではあるものの、ショパンは今日、いろいろな点で優れた書き手として認められています。第 1 に彼女は名文家として知られていました。鋭い耳で当時の話し方や会話

第2部　模擬テスト

のリズムをつかみ、それをそのまま文章に表現しました。ショパンは言葉に命を吹き込んだのです。(5) また、彼女の生み出す登場人物には深みや感情が描かれていたので、現実味がありました。読者は自分たちの内面にある困難や葛藤、動機を、登場人物に重ねることができるのです。(6) 最後に、ショパンのテーマも注目すべきものでした。(7)『目覚め』は、若い女性が自身の独立心や性など、アイデンティティに目覚めることを描いた作品でしたが、当時は不道徳かつ卑猥だとして批判を浴びました。女性はそうしたことを経験すべきではない、そうした人間にはなってはならないとされていたのです。批評家のリンダ・ハフが書いているように、『目覚め』は「若い女性が自分自身や自分の芸術的才能を写実的に表現しようと奮闘する物語」なのです。その60年後、フェミニスト革命によってアメリカの社会も変革を迎え、ショパンが『目覚め』で描いた旅がようやくアメリカ人女性の人生の一部として認められるようになったのです。

□ scholar　学者　□ completely　完全に　□ ignore　無視する、黙殺する　□ rediscover　再発見する　□ conclude　終わる、締めくくる　□ prominent　著名な、重要な　□ vibrant　活気のある　□ household　世帯、家庭　□ extended family　拡大家族　□ immigrant　移民　□ merchant　商人　□ vigorously　精力的に　□ excel　優れている、秀でる　□ collapse　崩壊する　□ capture　とらえる　□ exception　例外　□ specialize in　…を専門にする　□ strike　襲う、見舞う　□ abruptly　突然に、にわかに　□ swamp　沼地　□ debt　債務、借金　□ accumulate　蓄積する　累積する　□ promptly　即座に、てきぱきと　□ take over　引き継ぐ　□ have an affair with …　…と（性的な）関係を持つ　□ basis　基盤　□ plot　筋　□ saying　ことわざ、格言　□ necessity　必要性　□ invention　発明　□ significant　重要な、意義深い　□ market　売り込む　□ apply　用いる、適用する　□ achievement　業績、功績　□ dull　退屈な、鈍い　□ several　いろいろの、いくつかの　□ stylist　文章家、名文家　□ contemporary　同時代の、その当時の　□ struggle　苦闘　□ conflict　葛藤　□ motivation　動機となる事情　□ remarkable　注目すべき　□ sexuality　性的関心、性欲　□ condemn　非難する　□ immoral　不道徳な　□ vulgar　卑俗な　□ feminist　フェミニスト

■ 解答と解説

1. 正解　(C)

主に何についての講義ですか？
(A) 作家ケイト・ショパンが生み出した登場人物
(B) 小説家ケイト・ショパンが直面した困難
(C) ケイト・ショパンの生涯と文学的テーマ
(D) ケイト・ショパンの物語の文化的背景

□ context　文脈、背景

(1) から**正解は (C)**。

2. 正解　(B)

教授はなぜケイト・ショパンの父親と夫について言及しているのですか？
(A) 2人の男がショパンに与えた影響を示すため
(B) ショパンが経験した悲劇の例を挙げるため
(C) ショパンが登場人物の元にした人々を説明するため
(D) 女性は必ずしも男性を必要としないことを説明するため

父や兄や夫のことが語られる部分からも判断できるが、(2) もいいヒントになる。trauma / tragedy : men (father /(half brother)/husband) のようなメモを残したい。**正解は (B)**。

Practice Test Listening 解答

3. **正解 (C)**

教授はケイト・ショパンの情報を主にどのようにまとめていますか？
(A) 彼女の小説を要約し、その背景を示すことにより
(B) 彼女の問題を再検討し、その原因を分析することにより
(C) 彼女の生涯に起きた出来事を時系列に沿って説明することにより
(D) 彼女の経験を要約し、作品と対比することにより
□ origin 始まり、原因 □ contrast 対照させる

全体の内容から **(C) が正解**と判断できる。

4. **正解 (C)**

教授によると、ショパンが物語を書く当初の動機は何ですか？
(A) 自分の人生の真実の物語を伝えたかった。
(B) 作家になるという夢を叶えたかった。
(C) 家族が生きるためのお金が必要だった。
(D) 女性についての新しい考えを広めようとした。
□ initial 当初の □ spread 流布する、広げる

(3)の「必要は発明の母」ということわざはぜひ気づいてほしい。このような cliché (決まり文句) が使われる時は、それに関連する何かが述べられるはず。そしてこれがショパンの動機と結びつく。**正解は (C)**。

5. **正解 YES (A)(C)(E), NO (B)(D)**

講義によると、どんな特質があるためにケイト・ショパンの作品は今日評価されていますか？ YES か NO で答えてください。本設問の配点は 2 点です。

YES	NO	
✔		(A) 文体
	✔	(B) 舞台背景
✔		(C) 登場人物
	✔	(D) プロット
✔		(E) テーマ

First, Next, Finally に合わせて、下線部 (4)(5)(6) の情報をメモできれば、答えられる。**(A)(C)(E) が YES**。

6. **正解 (D)**

講義の一部をもう 1 度聞いてください。[下線部 (7) 参照]
教授は次の発言で何を説明しようとしていますか？[下線部 (7) の太字部分参照]
(A) ショパンは生きているあいだに広く評価されていた
(B) ショパンは今では文芸批評家の間で広く認められている
(C) ショパンは初期のフェミニスト革命に参加した
(D) ショパンのテーマはその時代のずいぶん先を行くものだった

277

□ take part in …に加わる、貢献する

該当部分の下線部（7）を要約すれば、「『目覚め』は、若い女性のアイデンティティの目覚めを描いた作品だったが、当時は批判を浴びた。しかし、60年後のフェミニスト革命によってアメリカの社会も変わり、ようやくそれはアメリカ人女性の人生の一部として認められるようになった」ということ。よって、**正解は (D)**。

Part 2　Passage 1　　CD 04 21-26

■音声スクリプト

Listen to a conversation between a student and her academic advisor.

M: Hi Marcy. Any news on graduate school yet?

W: Yes, that's why I came to talk to you. I was accepted into the programs I applied to. Yay! Now I'm trying to decide which one to go to.

M: (1) Well. **That's certainly a good problem**. Some of my students have the "bad problem" of not getting into any program. But your challenge is to choose the best one for you.

W: I wish it were that simple.

M: Okay. Explain it to me. What are the considerations?

W: Well, I've narrowed my decision to two choices. One is a program that has offered me excellent financial aid. (2) I'll receive both a scholarship—it's a fellowship that will pay all of my tuition for classes—and also a research assistantship that I can use to pay some of my living expenses. I'm really happy about that.

M: And the other program?

W: (3) Well, that's the thing. The other program is the one I most want to go to. It's my top choice. But I haven't heard anything about financial assistance or scholarships. I was only informed that I have been accepted. But I won't be able to afford going to that program without aid.

M: Have you thought about contacting your first choice program and letting them know about your situation?

W: Not really. Is that something I should do?

M: (4) That's what I recommend some of my other students do. And it usually turns out well for them. Graduate schools want the best possible students to enroll, and if they know you've been offered a scholarship or a fellowship by one of their competitors, they may make you a better offer.

W: I hadn't thought of that.

M: Yes, I'm sure it wouldn't hurt to contact them. (5) Stress that they are your first choice program and outline the offer you already have. You don't need to tell them the name of the school. They will probably match the offer or give you even a better one. But I'd contact them right away before they make their own initial decision.

W: That's what I'll do then. I'm going to go right home and send them an email.

学生と指導教官の会話を聴いてください。

男性：やあ、マーシー。大学院から何か知らせはあった？

278

女性：はい、それでご相談に来ました。出願していたいくつかのプログラムに受かりました。やりましたよ！　それで、どのプログラムに通うかを決めようとしているところです。

男性：⁽¹⁾そう。**それはうれしい悩みだね**。僕の学生の中には、どのプログラムにも受からなかった「残念な悩み」を抱えている子もいるからね。でも君の課題は、自分にとって最善のプログラムを選ぶことだ。

女性：そんなに単純だったらいいのですが。

男性：そうか。考慮すべき問題は何なのか、説明してくれるかい？

女性：ええと、選択肢はもう2つに絞りました。1つ目のプログラムは、申し分ない資金援助を提示してくれています。⁽²⁾奨学金、つまり授業料をすべて支払ってくれる特別研究員の給付金と、生活費の一部の支払いにもあてられる研究助手制度の両方を受けられます。それについてはとても嬉しく思っています。

男性：それで、もう1つのプログラムは？

女性：⁽³⁾ええ、それが問題で。私がいちばん通いたいのはこちらのプログラムなんです。第1志望です。でも資金援助や奨学金については何も聞かされていません。受かったことだけ知らされました。でも、資金援助なしでは通う余裕がないんです。

男性：第1志望のプログラムに連絡を取って、君の状況を伝えることを考えてみたかい？

女性：いいえ、特には。連絡したほうがいいですか？

男性：⁽⁴⁾ほかの学生にはそうすることを勧めているよ。たいていうまくいく場合が多いんだ。大学院はもっとも有望な学生に入学してほしいから、ほかの競合校が君に奨学金や特別研究員の給付金を申し出ていると知ったら、もっといい条件を申し出てくれるかもしれないよ。

女性：それは思いつきませんでした。

男性：そう、連絡してみても損はないはずだよ。⁽⁵⁾そのプログラムが君の第1志望であることを強調して、ほかの学校からすでにもらっている申し出の概要を伝えるんだ。学校の名前は出さなくていい。彼らはその申し出と同じか、それ以上の援助を提案してくれるつもりでいると思うよ。でも僕だったら今すぐに、彼らが自分たちの最初の決定を下す前に連絡するけどね。

女性：私もそうしてみます。今すぐ家に帰って、Eメールを送ってみます。

□ academic　学業成績の　□ advisor　指導教官　□ certainly　間違いなく　□ consideration　考慮すべき事柄［問題］　□ narrow　制限する、絞る　□ financial aid　学資援助　□ scholarship　奨学金　□ fellowship　特別研究員の給費　□ tuition　授業料　□ assistantship　助手手当　□ expense　費用　□ afford　…する余裕がある　□ turn out　…であることがわかる　□ competitor　競争相手　□ hurt　害する　□ stress　強調する　□ outline　あらましを述べる

■ 解答と解説

1.　正解　**(C)**

話し手たちは主に何を話し合っていますか？
(A) どの大学院課程に出願するか
(B) 優れた教育の価値
(C) 資金援助の申し出を得る方法
(D) 大学院の入学願書の書き方を上達させる方法
　□ value　価値　□ obtain　手に入れる

下線部（3）からわかる。**正解は (C)**。

279

2. 正解 (C)

学生は申し出を受けた奨学金について何と言っていますか？
(A) 受けるかどうか今すぐ決断する必要がある。
(B) 家賃と食事代をすべて支払ってくれる。
(C) 授業料を払わなくてよい。
(D) 毎年自動的に更新される。
　□ immediately　ただちに　□ automatically　自動的に

（2）から理解できる。**正解は (C)**。

3. 正解 (A)

なぜ教授はほかの学生たちがどうしているのか言及しているのですか？
(A) 彼女が見習うべき良い見本を示すため
(B) 彼女の選択について注意するため
(C) 彼女の悩みを和らげるため
(D) 彼らから情報を引き出すようにとほのめかすため

(C) のように理解できなくはないが、(4) 以下から **(A) が正解**と判断できる。

4. 正解 (B)(C)

教授は学生に何を提案していますか？（解答を 2 つ選んでください）
(A) 第 1 志望のプログラムがまた連絡してくるまで待つ
(B) なぜそのプログラムが第 1 志望なのか強調する
(C) すでに得た申し出を要約する
(D) 競合プログラムの名前を伝える
　□ emphasize　強調する　□ summarize　要約する　□ competing　競合する

(5) で (B)(C) の情報が述べられている。**正解は (B)(C)**。

5. 正解 (B)

会話の一部をもう 1 度聞いて、質問に答えてください。［下線部（1）参照］
教授はどのような意味で次の発言をしていますか？［下線部（1）の太字参照］
(A) 女性の問題は解決しやすい。
(B) 女性は恵まれた立場にいる。
(C) 女性の困難は悪化するかもしれない。
(D) 女性は確かに問題を抱えている。
　□ fortunate　運のよい　□ definitely　確かに

(1) の中で「残念な悩みを抱えている人もいる」と述べていることからわかるように、女子学生は比較的よい状況にいることを伝えようとしている。**正解は (B)**。

| Practice Test Listening | Practice Test Listening 解答 |

| Part 2 | Passage 2 | CD 04 27-33

■音声スクリプト

Listen to part of a lecture given in a health class.

(1) Good afternoon students. To start, let me ask you a question? How many of you have ever gotten sick? **Raise your hands**. Okay, everyone. I guess you get my point. Everybody gets sick from time to time—it's part of the natural ecology and natural balance of our bodies. But what is astounding is how poorly illness is understood. (2) Most people have no clue about its actual origins and no clear understanding about what the causes of illness are.

So, to begin, let me ask, what are germs? Kerry.

Woman: Germs are the little things—I mean, microbes—that cause disease and illness. We're taught to be afraid of them.

That's right. We're taught to be afraid of germs but actually germs are everywhere, right? In the air, in water, on surfaces all around us, and on and inside our own bodies. Most germs won't harm us a bit. We interact with germs all the time. And in the small number of cases that a germ poses a threat, the immune systems within our own bodies typically isolate or fight and kill the germs and preserve our health. (3) But there are some germs that occasionally will make us sick and it's useful to understand them. So let me outline the major types.

First, and (4) by far the most widespread and numerous, are viruses. Viruses are generally the smallest of germs, much smaller than cells in the body; they are basically tiny packets that contain genetic material. To reproduce, they must infect your body, get inside the cells, and use the cells to replicate and reproduce. The reason we get sick from viruses is that unfortunately our cells are usually killed during their reproductive process. What are some of the typical diseases caused by viruses? Calvin.

Man: There are a lot of them. Everything from HIV to the common cold.

You got it. Yup, when you catch a cold, a virus has infected you. Influenza, measles, smallpox are also caused by viruses. There are so many kinds of viruses and they are not easy to treat. Now, one of the crucial things to know about viruses is that "antibiotics" have no effect on them. (5) When most people catch a cold or the flu they want their doctor to give them antibiotic medicine to help fight the infection and help them feel better. But antibiotics only affect bacteria, not viruses or fungi. So in these cases of viral infections, antibiotics have either no effect or possibly a negative effect because they kill off bacteria that are not part of the problem. They also play a role in the mutation of bacteria so that antibiotics no longer work when needed to fight an infection actually caused by bacteria.

This brings us to the next most common type of germ: bacteria. What are bacteria, anyone?

Woman: They're larger than viruses, right? I mean, they're one-celled organisms but they can only be seen under a microscope.

Yes. In fact, if you took one thousand bacteria and put them in a straight row, that line would be as long as the width of an eraser at the end of a pencil. As with viruses, very, very few bacteria are harmful to humans. In fact, our bodies are filled with countless bacteria. Less than 1 percent of all bacteria have the potential to cause illness. When they do, again, usually our immune systems fight back right away and preserve or restore our health. (6) Also, we do have effective medicines to treat

most bacterial infections, ⁽⁷⁾even though as mentioned earlier, some are misused or overused.
What's the third most common type of germ? Anyone?
Man: Well, it's got to be funguses.
Correct. Just as with viruses and bacteria, very few fungi are harmful to us. For example, the mushrooms that we eat are a form of fungus, the yeast that makes bread rise is a fungus, and there are types of green and blue cheese whose flavor comes from fungi. Actually, just a note, class, the plural form of fungus is not funguses but "fungi." Anyway, the most common fungal infection is athlete's foot which some people get between their toes, or a similar fungal infection called ringworm which is a patch of scaly skin that turns red and gets itchy. ⁽⁸⁾Fairly effective medicines exist for infections caused by fungi, so unless a fungal infection fails to be diagnosed properly it usually is not much of a problem.

Okay. There's a fourth type of germ called protozoa that also can cause illness. Protozoa are single-celled organisms that act like animals in that they hunt and consume other microbes for food. Most are harmless but I'd like to discuss these further in our next class and take a look at some of them under the microscopes in our lab.

保健学の授業での講義の一部を聴いてください。

⁽¹⁾みなさん、こんにちは。まず、聞いてみましょう。病気になったことがある人はどのくらいいますか？ **手を挙げてください。**いいでしょう、全員ですね。私が何を言いたいかわかりましたね。人は誰でもときどき病気になります。それが私たちの肉体の自然な生態であり、自然なバランスです。ですが、病気については驚くほど理解されていません。⁽²⁾たいていの人は実際の原因について何も知らず、何が病気を引き起こすのかはっきりとはわかっていません。

では、まず微生物とは何ですか？　ケリー。
女性：微生物は小さな物体で、病気の原因になります。微生物はおそろしいものだと習ってきました。
そのとおりです。微生物はおそろしいと習ってきましたが、実際には微生物はどこにでも存在しますね？　空気中にも、水中にも、私たちが触れるところにはどこでも。それに私たち自身の体内にもいます。微生物のほとんどは私たちに害を及ぼすことはありません。私たちはいつも微生物と触れ合っているのです。ごくまれに、微生物が脅威となることもありますが、普通は私たちの体内の免疫システムが微生物を隔離するか、戦って殺して、健康を守ります。⁽³⁾ですが、ときどき病気を引き起こす微生物があるので、それらを理解しておくと役に立ちます。そこで、主な微生物のタイプを説明しましょう。

まず、⁽⁴⁾もっとも広く見られ、数も多いのはウイルスです。ウイルスは一般的に微生物の中でも最小で、人体の細胞よりもずっと小さく、基本的には遺伝物質を含む小さなかたまりです。ウイルスは増殖のために人体に感染しなければならず、細胞の内部に入り込んで、その細胞を使って自己複製し、増殖します。私たちがウイルスによって病気になる理由は、不幸にも私たちの細胞が通常はこの増殖過程で殺されてしまうからです。ウイルス性の病気で典型的なものは何ですか？　カルヴィン。
男性：たくさんあります。HIVから普通の風邪まであらゆる病気がそうです。
そのとおり。そう、風邪をひくということは、ウイルスに感染したということです。インフルエンザ、はしか、ほうそうもウイルスが原因の病気です。ウイルスにはたくさんの種類があり、治療は簡単ではありません。ここで、ウイルスを知るためにきわめて重要なことの1つは、「抗生物質」はウイルスには効果がないということです。⁽⁵⁾風邪やインフルエンザにかかると、たいていの人が医師に抗生物質を処方してもらい、感染と戦って回復したい

と考えます。しかし、抗生物質が効くのは細菌だけで、ウイルスや真菌には効果がありません。ですから、ウイルスに感染した場合、抗生物質は効果がないか、症状とは無関係の細菌を殺してしまうため、むしろ逆効果になることがあります。また、細菌の突然変異を助長してしまうため、実際に細菌による感染症の治療が必要になった時に効果がなくなってしまいます。

　そこで次によく見られるタイプの微生物に話題を移しましょう。細菌です。細菌とは何かわかる人？
　女性：ウイルスよりも大きいですよね？　単細胞生物ですが、顕微鏡でしか観察できない物体です。
　そうです。実際、千個の細菌を一列に並べたとしても、その長さはせいぜい鉛筆の先に付いている消しゴムと同じくらいです。ウイルスと一緒で、人間に悪影響を与える細菌はごく少数です。現実に体内には数えきれないほどの細菌がいます。病気の原因になる細菌は全体の1パーセント未満です。細菌に感染したとしても、やはり通常は免疫システムがすぐにはたらいて、健康を回復または維持します。(6) それに、細菌性の感染症は多くの場合、効き目のある薬があります。(7) ただし、先ほども言ったように、誤用や過剰使用をしていることもあります。

　3番目によく見られる微生物は何ですか？　誰かわかる人？
　男性：ええと、真菌のはずです。
　正解です。ウイルスや細菌と同じように、人間に害のある真菌はごくわずかです。たとえば、私たちが食べるキノコも真菌ですし、パンを膨らませる酵母も真菌です。また、ブルーチーズや生チーズの風味も真菌によるものです。実は、参考までに、fungus（真菌）の複数形は funguses ではなく "fungi" です。それはともかく、もっとも一般的な真菌性の感染症はつま先にできる水虫か、白癬と呼ばれるよく似た感染症で、こちらは皮膚にうろこ状の斑点ができて、それが赤みを帯びかゆくなります。(8) 真菌による感染症には効果のある薬がたくさんあるので、診断を間違えない限り、それほど問題ではありません。

　さて、微生物の4つ目のタイプは原虫と呼ばれるもので、これも病気の原因になります。原虫は単細胞生物で、ほかの微生物を探して食いつくしてしまう動物のようなものです。ほとんどは無害ですが、この原虫については次の授業で、実験室で顕微鏡を使って実際に見ながら詳しく説明します。

□ virus　ウイルス　□ bacteria　細菌、バクテリア　□ fungi　真菌《fungus の複数形》　□ ecology　生態　□ astounding　びっくり仰天するような　□ have no clue　知らない、わからない　□ germ　微生物、細菌　□ microbe　微生物、細菌　□ interact　相互に作用する　□ threat　脅威　□ immune　免疫の　□ isolate　孤立させる　□ preserve　保護する　□ widespread　広く行き渡った、一般的な　□ numerous　多数の　□ packet　小さな束、ひとかたまり　□ genetic　遺伝子の　□ reproduce　繁殖する　□ infect　感染させる　□ replicate　複製する　□ reproductive　繁殖の　□ measles　はしか　□ smallpox　天然痘、ほうそう　□ crucial　決定的な、重大な　□ antibiotic　《通例は複数形で》抗生物質　□ infection　感染　□ mutation　変異、変質　□ one-celled organism　単細胞生物　□ microscope　顕微鏡　□ harmful　有害な　□ potential　可能性、潜在能力　□ restore　回復させる　□ yeast　酵母　□ flavor　風味　□ plural　複数形の　□ fungal　真菌性の　□ athlete's foot　水虫　□ ringworm　白癬　□ scaly　うろこ状の　□ itchy　かゆい　□ diagnose　診断する　□ protozoa　原虫《protozoan の複数形》　□ consume　消費する、食べる　□ lab　実験室

■ 解答と解説

1.　正解　(A)

教授は主に何について話していますか？
(A) 病気の原因になる微生物
(B) 病気を避ける方法
(C) 微生物に関する研究の種類
(D) 病気を治療する薬

(3) から**正解は (A)**。

2. 正解　(A)
人々の病気のとらえ方を、教授はどう見ていますか？
(A) あまり知識がない。
(B) 医師に頼りすぎである。
(C) 病気にかかることを心配しすぎである。
(D) 病気にならないように、もっと気をつけるべきだ。

(2) から**正解は (A)**。

3. 正解　(A)
教授は抗生物質についてどのようなことをほのめかしていますか？
(A) 正しく使われていないことが多い。
(B) たくさんの異なる微生物を殺す。
(C) 多くの種類の病気をなくした。
(D) もっとも効果的な一般薬である。

(5) および (7) から **(A) が正解**と判断できる。

4. 正解　(A)
教授は、どの微生物がいちばん病気の原因になりやすいと言っていますか？
(A) ウイルス
(B) 細菌
(C) 真菌
(D) 原虫

(3) から (4) のつながりで理解できる。**正解は (A)**。

5. 正解　(B)(C)
講義から、薬がもっともよく効くのはどのタイプの感染症だと思われますか？
解答を 2 つ選んでください。
(A) ウイルス性
(B) 細菌性
(C) 真菌性
(D) 原虫性

(B) は (6)、(C) は (8) からわかる。**正解は (B)(C)**。

6. 正解　(B)
講義の一部をもう 1 度聞いて、質問に答えてください。［下線部 (1) 参照］

教授はどのような意図で次の発言をしていますか？［下線部（1）の太字参照］
(A) 学生に質問してほしい。
(B) 要点を明らかにしたい。
(C) 誰が病気か知りたい。
(D) きちんと聞いているのは誰か確認したい。

直後の I guess you get my point.（私が何を言いたいかわかりましたね）という発言から、**(B) が正解**と容易に判断できると思う。

Part 2 | Passage 3　CD 04 34-40
■音声スクリプト

Listen to part of a lecture from an astronomy class. The class has been studying the stars and other structures in the universe.

　In my last lecture I mentioned how a person on Earth who had perfect eyesight on a perfectly dark clear night could see about 9,000 stars in the northern and southern hemispheres. I also talked about the vast over-arching star structures in the universe known as galaxies. (1) You might remember I mentioned how it is almost impossible to imagine the actual number of stars that exist. Our own Milky Way galaxy is made up of more than 300 billion stars, and probably very close to 400 billion since we are discovering more every day. Now, scientists believe there are more than 170 billion galaxies in the observable universe. So, please follow me here. (2) If you take the 400 billion stars in our galaxy as typical, and multiply that number by the 170 billion galaxies thought to exist, it comes out to septillion stars. You may not know that term but that's a 1 followed by 24 zeroes. It's an unimaginably large number of stars.
　Anyway, (3) today I'd like to take a step back from the incredible number of stars there are in the universe and focus on only one star and the system that surrounds it, that is to say, our own Solar System.
　First, a definition. What is our Solar System?
　Woman: *I think it's basically the Sun and its eight planets, right?*
　That's the popular definition. Technically, it's the various components that are influenced by the gravity of our Sun. That includes the eight planets and all of their moons. These bodies can all be seen with telescopes, of course. (4) Other elements of our Solar System include the small and large pieces of rock called asteroids, comets, and meteors, which can occasionally be seen, as well as **invisible elements** such as interplanetary dust and the solar wind. So, another question. How do you think we can group the planets? Denzel.
　Man: *Maybe by size? I mean, there're big ones and there're small ones.*
　Sure, that's one way. But maybe a more useful approach is a slightly different grouping: the inner planets and the outer planets. The inner planets include Mercury, which is closest to the Sun and revolves around the Sun more quickly than any other planet. Mercury's complete orbit takes only 88

285

days compared to Earth's 365 days. The next planet is [5] Venus, which is usually the brightest object in the sky, other than the Moon. Since Venus is closer to the Sun than the Earth, it shines brightly and briefly only in the early evening or early morning. [6] Venus is usually the planet that is nearest the Earth, but not always. Since its orbit is quite oblong, it sometimes moves farther away from the Earth and as a result Mars is actually closer. There are even some very rare periods when Mercury is the closest to Earth. But generally and typically we can say Venus is Earth's closest neighbor.

Unfortunately, the inner planets [7] Mercury and Venus are so close to the Sun they are much too hot to support life.

The outer planets begin with Mars. Although Mars is too far away from the Sun to support life as known on Earth, there is increasing evidence that water exists or has existed on Mars. [8] There is even some evidence from Martian meteorites—chunks of rock that were broken away from Mars during asteroid collisions—that some primitive types of bacteria-like life may have existed on Mars in the past. Perhaps our probes on the surface of the planet will soon find more evidence of life.

The other outer planets include Jupiter, Saturn, Uranus, and Neptune. Denzel, now we're getting to your idea.

Man: *You mean about the size of the planets?*

That's right. The four outermost planets are the gas giants and [9] they are called gas giants because although they have molten rocky centers, they are mostly composed of gas rather than solid substances. [10] Their surfaces are extremely cold because they are so far from the sun, and there is virtually no hope that they can support life. [11] All of the gas planets—Jupiter, Saturn, Uranus, and Neptune—are much larger in size than the Earth. The smallest of four, that is Neptune, is about four times the diameter of the Earth. The planet with the largest diameter is Jupiter, which is eleven times the size of the Earth. That's one of the reasons it's named after the King of Gods in Roman mythology.

天文学の授業での講義の一部を聴いてください。この授業では、宇宙における星やそのほかの構造について学んでいます。

　この地球上からは、視力のいい人なら、澄み切った夜の完全な暗闇の中では、北半球と南半球でおよそ9千個の星を見ることができると前回の講義で話しました。また、銀河として知られている、宇宙に広がるアーチ状の星の構造についても話しました。[1] 実際に存在する星々の数を想像するのはほとんど不可能だと私が話したのを、みなさんは覚えているかもしれません。私たちがいるこの天の川銀河は、3千億以上もの星々で構成されており、しかも毎日のように新しい星が発見されているので、4千億個近くにまで達しているかもしれません。現在、観測可能な宇宙には1700億以上もの銀河が存在すると科学者は考えています。さて、これから言うことについてきてくださいね。[2] 4千億個の星がある私たちの銀河を標準だと考えたとします。それに存在していると思われる1700億の銀河を掛けると、10^{24} 個の星々が存在することになります。セプティリオンという言葉を知らない人もいるかもしれませんが、1の次に24個のゼロがくる単位のことです。想像を絶するほどの数ですね。
　さて、[3] 今日は宇宙に存在するきわめてたくさんの星々からはちょっと離れて、たった1つの星とそれを取りまく体系、つまりは私たちの所属する太陽系に注目してみたいと思います。
　まずはその定義から。太陽系とは何でしょうか？
　女性：基本的には太陽と、その8つの惑星のことではないですか？
　それは一般的にいわれている定義ですね。厳密に言えば、太陽の重力に影響を受けるさまざまな構成要素のこと

Practice Test Listening　　　　　　　　　　　Practice Test Listening 解答

をいいます。8つの惑星と、それぞれの衛星すべてが含まれますし、それらの天体はもちろん望遠鏡で見ることができます。⁽⁴⁾ 太陽系のそのほかの要素には、小惑星や彗星、隕石などと呼ばれる大小さまざまな岩石も含まれ、それらは時おり目にすることができます。また惑星間塵や太陽風など、**目にすることのできない要素**も含まれます。それではまた質問です。惑星はどのように分類できるでしょうか？　デンゼル。

男性：サイズによってでしょうか？　つまり、大きな惑星と、小さな惑星がありますよね。

もちろん、それも1つの方法です。しかしもっと有用な方法として、少し違った分類方法があります。それは内惑星と外惑星という分類方法です。内惑星の星には、まず水星があります。太陽にいちばん近く、ほかのどの惑星よりも速いスピードで太陽の周りを回ります。地球が365日かかるのに対し、水星が完全に一周するまでには88日間しかかかりません。次の惑星は金星です。⁽⁵⁾ たいていの場合、月を除けば金星が空でもっとも明るい星です。金星は地球よりも太陽に近いので明るく、夕方か早朝の短いあいだだけ輝きます。⁽⁶⁾ 金星は普段は地球にもっとも近い惑星なのですが、そうではない時期もあります。金星の軌道はかなり歪んだ楕円形をしているので、時によっては地球から遠ざかることがあり、結果として火星がいちばん近くにくる場合があります。水星がいちばん近くなるというきわめてまれな期間もあります。しかしほとんどの場合は、主として金星が地球にもっとも近接している星だということができるでしょう。

残念なことに、内惑星である ⁽⁷⁾ 水星と金星は太陽にとても近く、温度が高すぎるので生命を維持することはできません。

外惑星のはじめにくるのは火星です。火星は太陽からとても遠くにあるため、地球上に存在するような生命を維持することができません。しかし水は存在する、またはしたことがあるという証拠が増えてきています。⁽⁸⁾ また、小惑星の衝突によって火星から崩れ落ちた岩石のかたまり、つまり火星の隕石から、バクテリアのような何らかの原始生物が過去に存在したかもしれないという証拠が見つかっています。あるいは近々、火星の表面を探査する宇宙探査機が、火星に生物がいたという証拠をもっと見つけることになるかもしれません。

外惑星にはほかに木星、土星、天王星、海王星があります。さてデンゼル、ここからあなたの考えについて話していきますよ。

男性：つまり、惑星のサイズについてですか？

そうです。もっとも外側に位置する4つの惑星は、巨大ガス惑星です。⁽⁹⁾ どの星も融解した岩石の中心核を持っているものの、そのほとんどの部分が固体ではなくガスにより構成されているため、そう呼ばれています。⁽¹⁰⁾ 表面は太陽から離れているためにきわめて冷たく、実質的に生命を維持できる見込みはないとされています。⁽¹¹⁾ これらすべてのガス惑星である木星、土星、天王星、海王星は、地球と比べてずっと大きいサイズです。その中でもっとも小さいのは海王星で、地球の直径の4倍の大きさです。直径がもっとも大きな惑星は木星で、地球の11倍の大きさです。木星がローマ神話の神々の王の名前、ジュピターと名づけられた理由の1つには、そのサイズもあるのです。

□ astronomy　天文学　□ structure　構造、構成　□ eyesight　視力　□ hemisphere　半球　□ over-arching　頭上にアーチ形をなす　□ galaxy　銀河　□ Milky Way　天の川　□ observable　観察できる　□ follow　…のあとについていく　□ typical　通常の　□ multiply　掛け合わせる　□ septillion　セプティリオン、10²⁴　□ unimaginably　想像を絶するほど　□ step back　1歩下がる、距離を置く　□ incredible　信じられない　□ Solar System　太陽系　□ popular　世間一般の、よくある　□ technically　厳密に言うと　□ component　構成要素　□ body　物体、天体　□ telescope　望遠鏡　□ asteroid　小惑星　□ comet　彗星　□ meteor　隕石　□ invisible　目に見えない、不可視の　□ interplanetary　惑星間の　□ dust　塵　□ useful　有用な　□ approach　取り組み方、手法　□ inner　内の　□ outer　外の　□ Mercury　水星　□ revolve　回転する　□ orbit　軌道　□ Venus　金星　□ briefly　一時的に　□ oblong　横長の、楕円形の　□ Mars　火星　□ generally　一般的に　□ typically　典型的に　□ Martian　火星の　□ chunk　（大きい）かたまり　□ collision　衝突　□ primitive　原始の　□ probe　探測機　□ giant　巨人　□ molten　融解した　□ compose　構成す

る　☐ solid　固体の　☐ virtually　事実上　☐ diameter　直径　☐ mythology　神話

■ 解答と解説

1. 正解　**(C)**

教授は主に何について議論していますか？
(A) 既知の宇宙構造
(B) 地球の太陽系の仕組み
(C) 太陽系の構成要素
(D) 太陽系の外惑星
☐ make-up　構造　☐ operate　機能する、はたらく

(3) 以降の部分から判断できる。Solar System（太陽系）を知らない人は少数だろう。1つ注意することがあれば、today, I'd like to ... と太陽系の議論に入る前までに、相当の分量の天体の話（天の川、恒星の数など）をしていることである。このように、問題と直接関係ないことがはじめに述べられることがあるので注意しよう。**正解は (C)**。

2. 正解　**(B)**

教授は宇宙における星の数について主張していることを、どのようにして明確にしていますか？
(A) 図表を見せる。
(B) 計算をする。
(C) 研究報告を引用する。
(D) 比較する。
☐ clarify　明らかにする　☐ diagram　図表　☐ calculation　計算　☐ comparison　比較

(1) および (2) から、**(B) が正解**と判断できる。

3. 正解　**(B)**

講義によると、どの惑星が生命を維持していた可能性がありますか？
(A) 金星
(B) 火星
(C) 木星
(D) 土星

(7) から (A) は違うとわかる。そして (8) から **(B) が正解**とわかる。

4. 正解　**(A)(C)**

教授によると、金星の2つの特徴は何ですか？
解答を2つ選んでください。
(A) 空でもっとも明るい星である。
(B) 太陽の周りをもっとも早く回転する。
(C) 普段は地球にもっとも近い惑星である。
(D) 太陽系の惑星でもっとも高温の星である。

☐ characteristic　特徴

Venus と聞こえたあと、(5)にある brightest, (6)の nearest the earth あたりをメモし、**(A)(C) が正解**と判断したい。

5.　正解　YES (A)(B), NO (C)(D)(E)
講義によると、次のうちどれが巨大ガス惑星を説明していますか？　YES か NO で答えてください。本設問の配点は 2 点です。

YES	NO	
✔		(A) とても大きな惑星である
✔		(B) 表面はきわめて冷たい
	✔	(C) 最初に形成された惑星である
	✔	(D) 固体で構成されている
	✔	(E) 地上から見える

☐ visible　見える、可視の

(10)(11) から、**(A)(B) が YES** と判断できる。また (9) から (D) は違うとわかる。

6.　正解　(B)
講義の一部をもう1度聞いて、質問に答えてください。［下線部（4）参照］
教授はどのような意味で次の発言をしていますか？［下線部（4）の太字部分参照］
(A) 知られていない要素
(B) 見ることのできない要素
(C) 見つけ出せない要素
(D) 定義しづらい要素
☐ detect　探知する

(C) は引っかけ。やはり**正解は (B)**。

SPEAKING　模範解答、音声スクリプト、訳、解説

Question 1

あなたにとって大切な先生を1人選び、その理由を説明してください。具体的な例や詳細を挙げて述べてください。

> 準備時間：15秒
>
> 解答時間：45秒

Sample Answer 1　　CD 05 03

One of the most important teachers in my life was my high school teacher Ms. Nakano. First, Ms. Nakano helped me improve my writing. Next, she taught me how to think about literature. In class we would read short stories and then discuss them. She taught me what kind of questions to ask about a story in order to find deeper meaning in it. Finally, Ms. Nakano taught me a lot about life. She told us, "Don't fight your problems, learn from them. Most problems aren't solved, they just gradually go away." I really found this to be true in my own life. Ms. Nakano was really an important teacher to me. (112 words)

私の人生においてもっとも大切な先生の1人は、高校の中野先生です。まず、中野先生は私のライティングの力を伸ばしてくれました。次に、先生は私に文学についての考え方を教えてくれました。私たちは授業で短編小説を読み、それについて話し合いました。物語のより深い意味を見いだすために、どんな質問をすればよいか、先生に教えてもらいました。最後に、中野先生は人生についてたくさんのことを教えてくれました。先生はこうおっしゃいました。「問題と戦うのではなく、そこから学びなさい。たいていの問題は解決されないわ、ただ徐々に消えていくだけなのよ。」確かに、私自身の人生でもそのとおりだということに気づきました。中野先生は私にとって本当に大切な先生でした。(112語)

☐ literature　文学

Sample Answer 2　　CD 05 04

The teacher who was most important to me was Mr. Nakayama. He was my P.E. teacher in junior high school. I was not the best athlete in the class, but Mr. Nakayama always said, "It's not how good you are, it's how much you improve." I was not very good at some class activities, like volleyball or swimming, but I got a lot better. Mr. Nakayama always encouraged us. And he always insisted that we try to do our best. Maybe the last thing I learned from Mr. Nakayama was that if you concentrate on something, you can get better, like I did with swimming and volleyball. (107 words)

私にとってもっとも大切な先生は中山先生です。彼は私の中学時代の体育の先生でした。私はクラスの中でいちばんのスポーツマンだったわけではありませんが、中山先生はいつも言っていました。「どれだけ上手かということじゃない、どれだけ上達できたかが大事なんだ」と。私はバレーボールや水泳といったいくつかの授業活動は苦手でしたが、ずいぶんうまくなりました。中山先生はいつも私たちを励ましてくれました。また、先生はベストを尽くそうと努力するべきだといつも強調していました。おそらく中山先生に最後に教わったのは、何かに集中すれ

ば、うまくなれるんだということだと思います。私の水泳やバレーボールのように。(107 語)
☐ P.E. 体育（physical education の略）　☐ athlete スポーツマン　☐ encourage 元気づける、励ます　☐ insist 主張する

Sample Answer 1 が 112 語、Sample Answer 2 が 107 語であることに注目。これでどちらも 4 点が確実だ。そして Sample Answer 1, 2 とも固有名詞（先生の名前）を出しているが、これも重要だ。名前を出すことによって、具体的に話を膨らませることができる。Sample Answer 2 では、自分にとって、どんな点で「重要な先生」であるか、エピソードを示しつつ、述べている。これは非常に高い評価を得るだろう。こうした自分にとって大切な先生との触れ合いのエピソードは、この問題だけでなく、ほかの状況でも使えるだろう。日頃からこういった準備をしておくのがよい。

Question 2

好ましい性格を形作る要素（誠実さ、勤勉さ、ユーモアのセンスなど）のうち、もっとも重要なものは何だと思いますか？　具体的な理由と例を挙げて述べてください

準備時間：15 秒
解答時間：45 秒

☐ diligence 勤勉

Sample Answer 1　CD 05 06

　　In my opinion, honesty is the most important quality for forming good character. There are two reasons. One is that without honesty it's hard to build good relationships with other people. If other people can't trust you, if they don't know whether you're telling the truth, you can't have a reliable connection. This is true with friends, or family, or business contacts. The other reason honesty is so important is that without honesty with oneself, it's hard to really know oneself. And knowing who you are and what you want—honestly—is essential to having good character. So honesty with others and honesty with oneself are the main qualities for forming a good character. (114 words)

　　私の考えでは、好ましい性格を形作るためには誠実さがもっとも大切な要素だと思います。その理由は 2 つあります。1 つ目は、誠実さがなければ、ほかの人といい関係を築くことがむずかしいからです。信用できないと思われたり、本当のことを話しているのかと疑われたりしてしまえば、人との確かなつながりを持つことはできません。これは友だち、家族、仕事上の人間関係、すべてにあてはまることです。誠実さが重要であるもう 1 つの理由は、自分に対して誠実でなければ自分のことを本当に理解するのはむずかしいからです。自分のことを、そして自分が心から求めるものを知ることは、好ましい性格でいるために不可欠です。よって、他人と自分に誠実であることは、好ましい性格を形作るための主要な要素なのです。(114 語)

Sample Answer 2　CD 05 07

　　I think a sense of humor is the most important quality for building good character. First, there are a lot of difficult and disappointing things in life. A sense of humor gives you the character to get through them. Second, a sense of humor means that one can see things from another point of view. It also means one doesn't take oneself so seriously. Both of these qualities are important for building character—a strong and stable sense of self. Third, a sense of humor helps you get along with other people—nobody enjoys being around people who are too serious. These are all reasons why I think a sense of humor is important for forming good character. (118 words)

　私は、好ましい性格を形作るためにはユーモアのセンスがもっとも大事な要素だと思います。第1に、人生では困難な出来事や心がくじけるようなことがたくさん起こります。ユーモアのセンスがあれば、それを乗り越えられる人になれます。第2に、ユーモアのセンスがあるということは、物事を別の視点から見られるということです。また、自分に対して深刻になりすぎないということにもなります。これらの性質はどちらも性格を形作る上で大事な要素であり、つまりは強く安定した自己意識を持つことを意味します。第3に、ユーモアのセンスがあれば、ほかの人といい関係を築きやすくなります。まじめすぎる人と一緒にいて楽しい人はいません。以上が、好ましい性格を形作る上ではユーモアのセンスが重要だと考える理由です。(118語)
□ get through　（困難などを）乗り切る　□ get along with　…と仲良くする

Sample Answer 1 では honesty，Sample Answer 2 では sense of humor を重要と答えて、その理由をいくつか具体的に述べている。ともに 110 語以上だ。4点満点は確実だ。TOEFL ではこのように3つ以上のものから選択する問題も出題されることがある。そうした問題は、このサンプルのように対応すればいいだろう。

Question 3

Read the article from the university newspaper about the library's change in policy for reading periodicals. You will have 50 seconds to read the article. Begin reading now.
定期刊行物の閲覧に関する図書館の方針変更について、大学新聞の記事を読んでください。記事を読む時間は 50 秒です。それでは、読みはじめてください。
□ periodical　定期刊行物

定期刊行物に関する図書館の新しい方針

　一部の利用者が雑誌や新聞を閲覧したあと、きちんと返却しないため、図書館では今後、館内のすべての定期刊行物を定期刊行物セクションの隣の部屋で閲覧していただくことになりました。図書館で雑誌や記事を閲覧したい方に快適に過ごしていただけるよう、図書館ではソファーや閲覧台を設置します。また、定期刊行物エリアにはコピー機も設置しますので、利用者は持ち出したい記事をご自分用にコピーしていただけます。コピーは現金の場合は1枚 10 セント、プリペイドのコピーカードを使えばわずか 5 セントです。

□ properly　適切に　□ install　取り付ける　□ couch　寝椅子、長椅子、ソファー

Now listen to two students discussing the change in library policy.　　CD 05 09

W: I'm not at all happy about the new library policy about periodicals. Have you read the announcement?
M: Yeah, and I think it's a really good idea. I was hoping they'd do something like that.
W: Why? Now we can't take periodicals to other places in the library where it's easier to work.
M: Okay, I'll grant you that. But how many times have you gone looking for a newspaper or a

magazine and it wasn't there because someone took it and didn't bring it back?
W: I guess you're right. That happens a lot.
M: Yes, and you can't work with something if it isn't there. Besides, you can make copies of part of any magazine or journal you need and take it outside the library or even home. With the pre-paid copy card, it's only 5 cents a page.
W: I guess I see your point. That's a pretty good price for copies. And sometimes I'd like to have a copy of my own anyway.

図書館の方針変更について話し合っている2人の学生の会話を聴いてください。

女性：定期刊行物に関する新しい図書館の方針はまったく気に入らないわ。あの告知はもう読んだ？
男性：うん。僕はすごくいい考えだと思うな。ああいうことをやってもらいたいって思ってたんだ。
女性：どうして？　定期刊行物を図書館内のもっと作業しやすい別の場所に持っていけなくなっちゃったじゃない。
男性：そうだね、それは認めるよ。だけど新聞や雑誌を探しにいったのに、誰かが持っていって戻さなかったせいで見つからなかったなんてこと、何度もあるだろう？
女性：あなたの言うとおりね。そういうこと、よくあるわ。
男性：そう、それに資料がそこになかったら作業なんかできないじゃないか。しかも、必要な雑誌や機関誌の一部をコピーして、図書館の外や家にだって持っていけるんだ。プリペイドのコピーカードを使えば、1ページたったの5セントだよ。
女性：あなたの言いたいことはわかったわ。コピーにしてはかなりお得よね。それに私も自分用のコピーがほしい時もあるもの。

☐ grant　認める　☐ journal　機関誌

男性が大学図書館の新しい方針について意見を述べています。男性の意見を述べ、彼がそのように考える理由を説明してください。

準備時間：30秒

解答時間：60秒

Sample Answer 1　　CD 05 11

　　The university library will now require that the library's newspapers and magazines be read in a special periodical reading room. The man supports this change in policy. First, the man is concerned about the problem of not being able to find the materials he needs because another reader took them and didn't put them back where they belong. With the new policy, he's more likely to be able to find what he needs. Second, he says that if he wants to take an article or newspaper out of the library, he can now just make a copy on the copy machines. If he purchases a pre-paid copy card, the cost will only be 5 cents per page. So all in all, the man agrees with the university library's new policy on reading periodicals. (133 words)

　　大学図書館は今後、図書館の新聞や雑誌を特別な定期刊行物閲覧室で読むように求めています。男性は方針の変更を支持しています。第1に、男性はほかの読者がそれを持っていってしまい、元の場所に戻さないせいで、必

293

要な資料を探せないという問題について心配しています。新しい方針により、彼は必要なものを探しやすくなるでしょう。第2に、記事や新聞を図書館の外に持っていきたければ、これからはコピー機でコピーできると言っています。プリペイドのコピーカードを買えば、コピー代も1ページわずか5セントです。したがって、大体において男性は大学図書館の定期刊行物の閲覧についての新しい方針に賛成です。(133語)

☐ all in all　全体として

Sample Answer 2　CD 05 12

　　The man agrees with the new library policy on reading periodicals. Until now, people have been free to take newspapers and magazines outside the periodical area and use them wherever they wanted to. First, the man criticized that system because often users didn't put those periodicals back when they finished reading them. That means he often couldn't find what he was looking for. Next, he points out that by using a pre-paid card, he can make copies of whatever articles he needs for only 5 cents a copy. And those copies he can take anywhere he wants. Therefore, the man is pleased with the university library's new policy. For these two reasons he thinks it is a positive change. (119 words)

　男性は定期刊行物の閲覧に関する図書館の新しい方針に賛成しています。これまでは利用者は新聞や雑誌を自由に定期刊行物エリアの外に持ち出し、好きなところで利用していました。まず、男性はそのシステムを批判しています。利用者が読み終わったあとに定期刊行物を元に戻さないことが多いからです。つまり、彼は探しているものを見つけられないことが多かったということです。次に、プリペイドカードを使えば、必要なあらゆる記事を1枚わずか5セントでコピーできるという点を挙げています。さらに、そうしたコピーは好きなところに持っていくことができます。したがって、男性は大学図書館の新しい方針に満足しています。これら2つの理由により、彼はこれが好ましい変更だと考えています。(119語)

☐ therefore　その結果

　大学の告知文には、①図書館の定期刊行物は持ち出せないこと、②コピーをして持ち出せることが書かれている。そして男性の意見として、③それに賛成している、④定期刊行物があるはずの場所にないと不自由する、⑤コピーをして持ち出せるのは便利であることが聴き取れる。こうした情報を示すことで、十分詳しい発表になる。5～7つのポイントがあれば、10ぐらいの短い英文を提示することができるだろう。「模範的な」解答になるといえる。この告知は、「方針の変更」ととらえることができる。policy（方針）という語のほか、implementation（実施）や requirement（条件）などの語も理解し、状況に応じて使えるようにしておこう。

Question 4

Now read the passage about communication satellites. You have 50 seconds to read the passage. Begin reading now.

これから通信衛星に関する文章を読んでください。文章を読む時間は50秒です。それでは、読みはじめてください。

☐ communication satellite　通信衛星

通信衛星

最初に宇宙へ打ち上げられた衛星は受動衛星で、それはアルミ箔で覆われた巨大なプラスチック風船だった。地上局から衛星に向けて送られた電波信号は全方向に反射されるので、遠くの場所にあるほかの地上局からも拾うことができる。初の受動型通信衛星であるエコー 1 号は風船型の衛星で、1960 年にアメリカによって打ち上げられた。

それに対して能動型通信衛星ははるかに高機能で、電話の発着信などの地上局からの信号を処理してから直接そのデータをほかの衛星に転送したのち、最終的には再び地上局に向けて送信する。

- □ aluminum　アルミニウム　　□ radio signal　電波信号　　□ beam　（電波を）送信する　　□ ground station　地上局
- □ sophisticated　高性能の　　□ re-transmit　転送する

Now listen to part of a talk in a history of technology class.　　　　CD 05 14

Satellites have made tremendous progress since Echo 1. At first, scientists thought that the passive technology in satellites like Echo 1 had the greatest potential for progress. They could cheaply release balloons and use them as satellites for sending and receiving signals. At that time putting heavy satellites into orbit using rockets was too expensive. However, once the microchip was invented, it enabled tremendous processing power in a small lightweight package, and active satellite technology became not only cheaper to launch but also highly efficient. Now passive satellites have all but disappeared.

Active communication satellites are a particularly essential part of technology today. The world relies on them in many important ways: from satellite television broadcasts to the Global Positioning System, or GPS, on your cell phones; as well as weather monitoring, and the popular Google Earth technology.

Broadcasting via active satellites is made possible by the fact that communication satellites are fixed in a geosynchronous orbit 36,000 miles above the equator. Geosynchronous means that the satellite stays in the same relative position above the ground at all times. This allows the satellite antennas that transmit and receive signals to be aimed at an orbiting satellite and left in a fixed position.

次に、科学技術史の授業での講義の一部を聴いてください。

エコー 1 号の登場以後、衛星はめざましい発展を遂げてきました。当初、科学者はエコー 1 号などの衛星に用いられた受動的な技術こそが最大の発展可能性を持つと考えました。低予算で風船を飛ばし、信号の送受信を行なうための衛星として利用することができたのです。当時は、ロケットを使って重い衛星を軌道に乗せることは費用がかかりすぎました。しかし、マイクロチップが発明されると小型で軽量の装置に驚異的な処理能力を持たせることが可能になり、能動衛星の打ち上げコストが減っただけでなく、効率性も非常に高くなったのです。今や受動衛星はほとんど使われていません。

能動型通信衛星は、現在の科学技術において特に欠くことのできない役割をはたしています。多くの重要な面で世界はこれらの衛星に頼っています。たとえばテレビの衛星放送から、携帯電話の全地球測位システム、つまり GPS まで、さらに気象観測や人気の高いグーグルアースなどに利用されています。

能動衛星による放送が可能なのは、通信衛星が赤道上空3万6千マイルの静止軌道上に留まっているからです。静止とは、衛星が地表との相対位置をつねに一定に保つということです。これによって、信号の送受信を行なう衛星アンテナが軌道衛星に向いたまま、その状態を保つことが可能になるのです。

☐ tremendous とてつもない　☐ orbit （惑星や人工衛星などの）軌道　☐ geosynchronous （人工衛星が）地球から見て静止状態の　☐ equator 赤道

> 教授が論じた要点や例を用いて、2種類の衛星について述べてください。
>
> 準備時間：30秒
> 解答時間：60秒

Sample Answer 1　CD 05 16

The reading describes two types of satellites: passive satellites and active satellites. It says the first satellites were actually balloons that were "passive satellites." The next generation of satellites were active satellites. They could receive and transmit radio signals from ground stations. The professor makes the point that at first the passive satellites were thought to be the most important, but later active satellite technology became more important. Some of the examples that he gives of how active satellite technology is used are for television broadcasts, GPS on cell phones, weather, and Google Earth. These technologies rely on active satellites that have stable orbits over the earth. They stay in the same position all the time as the earth turns. The professor says that passive satellites are no longer used. (130 words)

文章は2種類の衛星について述べています。つまり受動衛星と能動衛星です。文章によると、初期の衛星は事実上の風船で、「受動衛星」でした。次世代の衛星となったのは能動衛星でした。能動衛星は地上局からの電波信号を送受信することができました。教授は、始めのうちは受動衛星が最重要視されていたけれど、のちに能動衛星の技術がより重要になったと述べています。能動衛星の技術が利用されている例として彼が挙げたものは、テレビ放送、携帯電話のGPS、気象観測、グーグルアースなどです。これらの技術は、地球上空を安定した軌道で回る能動衛星に頼っています。それらの衛星は地球が自転するあいだも、つねに一定の位置を保っています。教授によると、受動衛星はもう使われていません。（130語）

Sample Answer 2　CD 05 17

The professor makes the point that satellites have made a lot of progress since Echo 1 was launched in 1960. The reading states that there are two types of satellites, passive and active ones. Passive satellites reflect a signal sent from Earth, but active satellites receive and transmit a signal. The professor explains that scientists expected passive satellites to be the most effective, but after the discovery of the microchip, active satellites almost completely replaced passive satellites. One of the examples the professor gives of an important feature of an active satellite is its geosynchronous orbit, which means it stays above the same spot on Earth at all times. The professor says satellites are important for our lives because they transmit GPS, television programs, weather information, and many other things. (130 words)

教授は、1960年にエコー1号が打ち上げられてから衛星は大きく進化したと指摘しています。文章では、衛星には2つの種類があり、それは受動衛星と能動衛星であると述べられています。受動衛星は地上から送られた信号

を反射するのに対して、能動衛星は信号の送受信を行ないます。教授の説明によると、科学者たちは受動衛星がもっとも実用的だと考えたものの、マイクロチップが開発されると受動衛星は能動衛星にほぼ完全に取って代わられました。能動衛星の重要な特徴として教授が挙げた例の1つは静止軌道で、つまり衛星が地球から見てつねに上空の同じ位置に留まるということを意味します。衛星はGPS、テレビ番組、気象情報など多くのデータを届けてくれるので、私たちの生活にとって重要なものだと教授は話しています。(130語)
☐ replace …に取って代わる

① passive satellite（受動衛星）と active satellite（能動衛星）があること、② passive satellite は大きな可能性を持つと考えられていたこと、しかし、③技術の進歩で passive satellite が消え、active satellite が重要になったこと、④ active satellite は GPS 機能などにも利用できるし、⑤地表との相対位置を一定に保った静止軌道上にあることなどが言えれば、すべての重要なポイントを述べたことになるだろう。しっかりメモをとって、5つを答えるようにしてほしい。

Question 5

In this question, you will listen to a conversation. You will then be asked to talk about the information in the conversation and to give your opinion about the ideas presented. After you hear the question, you will have 20 seconds to prepare your response and 60 seconds to speak.
この問題では、まず会話を聴きます。そのあと、会話の中で示されていた情報と、その考え方に対する自分の意見を述べることを求められます。質問を聴いたあとに解答を考える時間は20秒、解答を録音する時間は60秒です。

Listen to a conversation between two students.　　　　　　　　　　　　CD 05 19

M: Did you register for classes yet?
W: No, I don't know what courses to take because I'm having a really hard time deciding my major—I love history, but it's not very practical. And my Dad says I should major in computer science so that I have a practical skill when I graduate.
M: How do you feel about it?
W: I can see my Dad's point, and I like computer science. I'm pretty good at it. But history is my real love. Obviously, which major I choose is going to influence the courses I need to take.
M: Well, I have an idea. First of all, you can always major in one and minor in the other. That way you'll have one main specialization but also a minor specialization. For example, a major in computer science and a minor in history shows that you're well-rounded. That'll make you attractive to employers when you graduate.
W: I never thought of that.
M: But you're such a good student. Why don't you consider a double major? Why don't you major in both computer science and history? Sure, you'll have to take more classes for two majors, but a double major would be very impressive.
W: Wow, I never thought of those two possibilities. I'm going to talk them over with my adviser before I register.

第 2 部 模擬テスト

2人の学生の会話を聴いてください。

男性：もう授業の登録はすんだ？

女性：ううん、どうしても専攻が決まらなくて、どの授業を取ればいいのかわからないの。歴史が大好きなんだけど、あまり実用的じゃないし。それに父はコンピュータ・サイエンスを専攻しろって言うの。そうすれば卒業までに実用的なスキルが身につくからって。

男性：それに対して君はどう思っているの？

女性：父の言いたいことはわかるわ。それに、コンピュータ・サイエンスは好きよ。得意科目だし。でも本当に好きなのは歴史なの。何を専攻に選ぶかによって履修しなきゃいけない授業は当然変わってくるからね。

男性：そうだな、僕に考えがあるよ。まず何より、どちらかを主専攻して、もう片方を副専攻することは十分可能だろう。そうすれば主専攻科目と副専攻科目ができることになる。たとえば、コンピュータ・サイエンスを主専攻にして歴史を副専攻にすれば、幅広い教養があるといった印象になるね。これは君が卒業後、雇う側にとって魅力的に感じられるだろう。

女性：それは思いもつかなかったわ。

男性：でも君はとても優秀な学生だから。複数専攻も考えてみたらどうかな？　コンピュータ・サイエンスと歴史、両方を専攻するのはどうだろう。当然、2科目を専攻すればより多くの授業を取らなきゃいけなくなるけど、複数専攻者はかなり印象的だと思うよ。

女性：その2つの可能性についてはまったく考えてなかったわ。履修登録をする前に、このことについてアドバイザーに相談してみる。

□ minor　…を副専攻する　□ specialization　専門分野　□ minor　副次的な　□ well-rounded　（知識・経験・能力などが）多方面にわたる、バランスのとれた　□ double major　複数専攻

学生たちは、女性が抱える問題を解決しうる2つの案について話し合っています。問題と2つの解決策について説明してください。そのあと、女性が取るべきだと思う行動を述べ、その理由を説明してください。

準備時間：20秒

解答時間：60秒

Sample Answer 1　CD 05 21

The woman has a problem. She can't decide what to major in: history or computer science. She loves history but computer science is more practical and better for a job. The man gives her two solutions. First, she could major in one subject, like computer science, and minor in the other. Second, the man suggests she think about a double major. In that case, she'd have two majors at the same time: history and computer science. I think it would be better for her to major in one subject and minor in the other. For example, she could major in computer science and minor in history. That way she'd have a specialized area, but could also study what she loves, too. That's what I think she should do. (128 words)

女性は問題を抱えています。歴史とコンピュータ・サイエンス、どちらを専攻するか決められないのです。彼女が好きなのは歴史ですが、コンピュータ・サイエンスのほうが実用的だし仕事にも役立ちます。そこで男性は彼女に2つの解決策を提案します。1つ目は、どちらかの科目、たとえばコンピュータ・サイエンスを主専攻科目にして、

もう片方を副専攻科目にすることが可能だというものです。2つ目に、男性は複数専攻を考えてみてはどうかと提案します。その場合、歴史とコンピュータ・サイエンスを同時専攻することになります。私の考えでは、女性はどちらかの科目を主専攻して、もう片方を副専攻するほうがいいと思います。たとえば、コンピュータ・サイエンスを主専攻して歴史を副専攻するというふうに。そうすれば専門分野を持ちながら、好きなものを学ぶこともできるからです。以上が、彼女が取るべき行動についての私の意見です。(128語)
☐ specialized　専門の

Sample Answer 2　　　　　　　　　　**CD 05 22**

　　The woman's problem is that she's trying to decide between two majors—history and computer science. She really loves history and wants to study it, but it isn't very practical for getting a job. On the other hand, if she studies computer science, like her Dad wants her to, she can probably get a job after she graduates. The man has two solutions to her problem. First, he suggests she major in one subject and minor in another. That way she could study both. Second, he suggests she have a double major. I think she should have a double major. It would mean extra work, but a double major would allow her to study what she really loves, "history," but also give her the background to get a good job when she graduates. (133 words)

　　女性の抱える問題は、歴史とコンピュータ・サイエンスという2科目のどちらを専攻するか決めかねているということです。彼女は歴史が本当に好きで学びたいと思っていますが、就職のためにはあまり実用的でありません。一方で、父親が望むとおりにコンピュータ・サイエンスを学べば、卒業後に仕事を得ることができるでしょう。彼女の問題に対して、男性は2つの解決策を出します。まず、どちらかの科目を主専攻して、もう片方を副専攻することを提案します。そうすれば女性は両科目を学ぶことができます。次に、男性は複数専攻を提案します。私の考えでは、女性は複数専攻をすべきだと思います。勉強量は増えますが、複数専攻をすれば本当に好きな「歴史」を学べるし、卒業時にはいい仕事に就けるだけの学歴を得ることができます。(133語)

女性の問題は「父親がコンピュータ・サイエンスを専攻するよう勧めているが、自分は歴史学を専攻したい」ということである。それに対して男性は、①どちらかを主専攻にして、どちらかを副専攻にする方法がある、しかし、女子学生は優秀なので、②どちらも主専攻にすることも考えられる、と2つの解決策を示している。そして、受験者はこのいずれかを解決策として選択し、その理由を述べることになる。理由としては、やりたい学問ができることや、就職活動における優位性などを述べればよいだろう。あるいは②の解決策のほうが理由を述べやすいかもしれない。いずれにしろ、解決策を①，②と順序だてて述べることができるとよい。According to the man, she should major in one and minor in the other, or she should double major. くらいでいいだろう。加えて、問題点として、The woman has a problem with her major. She wants to major in history, while her father wants her to study computer science so that she can use the expertise later in life. Now she doesn't know what to do. などともまとめられる。十分詳しく述べることも意識してほしい。

Question 6

You will now listen to part of a lecture. You will then be asked a question about it. After you hear the question, you will have 20 seconds to prepare your response and 60 seconds to speak.
これから講義の一部を聴きます。そのあと、それに関する質問が出されます。問題を聴いたあとに準備する時間は20秒、解答時間は60秒です。

第 2 部 ｜ 模擬テスト

Now listen to part of a lecture in an engineering class.

CD 05 24

The automobile powered by an internal combustion engine has been in use for about 100 years. The question now is, "Can the gas-powered automobile survive?" With hundreds of millions of cars on the world's highways, many people think that the answer to pollution and high gas prices can at last be seen—replace the gas-powered engines of cars and trucks with another kind of engine.

Before I talk about alternatives to gasoline engines, I need to point out that the typical passenger car has generally been getting smaller over the past thirty years. Smaller cars are more economical and more convenient. They also allow for more possibilities in engine design.

Hybrid cars which use a combination of gasoline and electric engines have been around for decades. But until the past decade there hasn't been much demand for their mass production. High fuel costs have gradually changed that and hybrid cars are becoming one of the fastest growing car markets. Pure electric cars also show a lot of promise, especially if progress can be made on battery design. Hydrogen-based engine technology has also advanced, but it still hasn't created a reasonably priced, safe engine.

We can predict with some certainty that future engine design will have three goals: fuel efficiency to lower driving costs, pollution control to minimize harmful emissions, and lastly, a greater emphasis on safety and reliability. Devices such as sensors, cameras, and computer control will be integrated into the the engine design to manage the engine and help the driver avoid accidents.

工学の授業での講義の一部を聴いてください。

内燃エンジンで動く自動車は、約100年間使われてきました。ここでの問題は、「ガソリンで動く自動車は生き残れるのか？」ということです。何億台もの車が世界中のハイウェイを走っている中、多くの人々が環境汚染や高価なガソリンに対する解答がついに見えてきたと考えています。車やトラックのガソリンで動くエンジンを、ほかの種類のエンジンに代えるのです。

ガソリン・エンジンの代わりになるものについて話をする前に、過去30年のあいだに普通の乗用車が少しずつ小さくなっているということを指摘しておくべきでしょう。小さい車のほうが経済的で便利です。また、エンジン設計についての可能性が広がります。

ガソリンと電気エンジンを組み合わせたものを使うハイブリッド・カーは、数十年ほど前からありました。しかし10年前までは、大量生産の需要はそれほどありませんでした。燃料が高価であることがその状況を徐々に変え、ハイブリッド・カーは、急成長している自動車市場の1つとなってきています。純電気自動車も、特にバッテリー設計が進歩すれば、大いに見込みがあります。水素を基にしたエンジン技術も向上しましたが、手ごろな値段の安全なエンジンはまだ作られていません。

確実に予測できるのは、将来のエンジン設計には3つの目標が掲げられるだろうということです。運転コストを下げるための燃料効率、有害な排気ガスを最低限に抑える環境汚染管理、そして最後に、安全性と信頼性をこれまで以上に重視することです。センサー、カメラ、そしてコンピュータ管理といった装置がエンジン設計に組み込まれることで、エンジンを管理し、ドライバーが事故を避けられるようになるでしょう。

☐ engineering　工学　☐ automobile　自動車　☐ internal combustion　内燃の　☐ typical　通常の　☐ passenger

Practice Test Speaking

Practice Test Speaking 解答

car 乗用車　☐ promise 見込み、将来性　☐ hydrogen 水素　☐ reasonably 適度に　☐ predict 予測する　☐ with certainty 確信を持って　☐ minimize 最小にする　☐ harmful 有害な　☐ emission 排気、排出　☐ emphasis 強調　☐ reliability 信頼性　☐ integrate 全体にまとめる

講義の要点や例を用いて、教授が論じた自動車のエンジン設計についての考えられる変化について説明してください。

準備時間：20 秒

解答時間：60 秒

Sample Answer 1　　CD 05 26

　　The professor questions whether the gas engine can survive. She then uses points and examples to explain possible changes in automobile engine design. First, she states that cars are getting smaller. Second, she says that hybrid cars will become more popular. Third, she thinks electric cars may spread, and maybe there will also be hydrogen cars though there are not yet safe, reasonably priced hydrogen engines. The professor points out that there will be several goals for engine design in the future. First, fuel efficiency will improve. Next, there will be a lowering of pollution from the engine. Finally, she says there will be more devices that prevent accidents from happening, for example, cameras, sensors, and computer technology. Those are some of the examples the professor gives for changes in engine design. (132 words)

　　教授は、ガソリン・エンジンが生き残れるかどうかを問題にしています。そして、要点や例を用いながら、自動車のエンジン設計に関して考えられる変化について説明しています。第1に、車がどんどん小さくなっていることを述べています。第2に、ハイブリッド・カーがもっと一般的になるだろうと言っています。第3に、電気自動車も普及する可能性があり、安全で手ごろな値段の水素エンジンはまだないものの、水素自動車も出てくるかもしれないと考えています。教授は将来のエンジン設計にはいくつかの目標があるだろうと指摘しています。まず、燃料効率が上がるでしょう。次に、エンジンによる環境汚染が低減されるでしょう。最後に、事故が起こるのを防ぐ装置が増えるだろうと言っています。たとえばカメラ、センサー、そしてコンピュータ技術などです。これらが、エンジン設計の変化について教授が挙げているいくつかの例です。(132 語)

Sample Answer 2　　CD 05 27

　　The professor is discussing the future of automobile engine design. One important question she asks is whether the personal car will survive. She says higher fuel costs and pollution may cause big changes in engine design. The first change in cars that the professor mentions is size. Automobiles have been getting smaller. The other main change is in engine design. For example, she claims that engines that run only on gasoline may no longer be practical. She predicts that engines that run on electricity, or a combination of gasoline and electricity, or only on hydrogen will become more popular. Finally, the professor points out that future design change will focus on reliability and safety. For example, cars will be equipped with cameras, sensors, and computers to make the engine more reliable and driving safer. (134 words)

　　教授は自動車のエンジン設計の将来について論じています。教授が問いかけている重要な問題の1つは、自家

用車が生き残れるかどうかです。燃料価格の高騰と環境汚染が、エンジン設計の大きな変化の要因になりうると言っています。教授が挙げる車についての第1の変化は、サイズです。自動車は小さくなってきています。もう1つの主な変化はエンジン設計です。たとえば、ガソリンだけで動くエンジンはもう実用的ではないだろうと主張しています。電気、あるいはガソリンと電気を組み合わせたもの、または水素だけで動くエンジンが、もっと一般的になるだろうと予測しています。最後に教授は、将来の設計変更は、信頼性と安全性に焦点をあてたものになるだろうと指摘しています。たとえば、車にはカメラ、センサー、そしてコンピュータが搭載され、エンジンはより信頼できるものになり、より安全に運転できるようになるでしょう。(134語)

自動車のエンジンは、TOEFLでも頻出テーマの1つである。内燃エンジンなど、慣れない語を聴き取り、解答にまとめるのは困難だが、普段からさまざまな英語に触れる習慣を身につけることが必要だ。講義では、①ガソリンが自動車の燃料として永遠には継続しないこと、②エンジンの発達、③車両の小型化、④ハイブリッド・カーの急成長、⑤ほかの燃料として電気、⑥水素も見込みがあること、さらに⑦エンジン設計の目的として燃費、⑧環境にやさしいこと、⑨安全性などを考えなければならないといったことが述べられている。以上の9項目が文単位で述べられていればよい。メモをしっかり見て、落ち着いて英文にして答えることが大切だ。

WRITING 模範解答、音声スクリプト、訳

Integrated Writing
(Writing Based on Reading and Listening)

[リーディング・パッセージの訳]
　ロボットという発想、つまり自己決定能力があり人間のように働くことができる人間のような機械というイメージは、20世紀初頭のSF小説に端を発している。あいにく100年後の今もそのような機械はファンタジー小説やSF映画の中にしか存在しない。
　現実のロボットは大部分が単純な機械で、実行できる作業の数も限られている。そのほとんどは工業生産に使われる機械装置である。もっとも一般的なロボットは「数値制御」ロボットと呼ばれる。特定の、高度に管理された1つの作業を何度も繰り返すようにプログラムされているためである。その大半は耳が聞こえずものを言わず目が見えず、状況に行動を適応させることはできない。このようなロボットは、たとえば自動車工場において、組み立て、塗装、部品の溶接などに使われる。
　典型的なロボットは、いくつかの関節を持つ「アーム」と、「ハンド」と呼ばれる先端部から成る。ハンドにはドリル、スプレーガン、温度計などの道具や、かぎ爪など材料を持ち上げることのできる装置が付いている。個々のロボットは単一の機能を持っている。1手順ずつラインに固定されたそれぞれのロボットが決められた作業を同時に次々と行なうことで、たとえば車を組み立てる。
　ロボットの大半は工場で使われており、そこでは産業用ロボットが組み立てラインやコンベアベルトに沿って人間のように働いている。個々のロボットは1つの単純な作業を行ない、それからベルトが次の作業を行なう次のロボットまで製品を運んでいく。人間が8時間にもわたってできる仕事をロボットはもっと長時間遂行することができる。とはいえ、必要なときには人間がそのようなロボットが行なう作業を代わって行なうこともできる。
□ numerically-controlled　数値制御された　□ deaf　耳の聞こえない　□ dumb　口のきけない　□ blind　目の見えない
□ automobile　自動車　□ welding　溶接　□ claw　かぎ爪　□ prescribed　定められた
□ conveyor belt　コンベアベルト

[講義の音声スクリプト]

Robots first appeared a century ago in science fiction, but machines that act and direct themselves similarly to human beings are a fact of life today. Such sophisticated machines can now be found not only in factories but even in some homes.

In the past, simple, numerically-controlled robots indefinitely repeated the same operation in factories. These old-fashioned robots were unable to deal with unexpected situations such as when a work piece was in an unexpected orientation or when it fell to the floor. Now, the vast majority of industrial robots are adaptable, versatile, and aware of their surroundings. They can do multiple tasks, not just one. They are equipped with heat, sound, and touch sensors and even sophisticated vision that enables them to recognize objects by matching images to templates stored in their memories.

In addition, a typical industrial robot is no longer stationary but mobile. It doesn't consist of one arm but rather has multiple arms, each with six independent axes of motion to give its hands flexibility in direction and position in space. A single smart robot can by itself assemble an entire car dashboard or put together a complex motor.

The newest robot technology allows robots to perform tasks that are beyond the power and capability of human beings. For example, they can perform repairs in nuclear power stations, enter burning buildings, and function in outer space. Also, robots for home use are already in service, washing windows and vacuuming floors of different surfaces and sizes. There are now walking robots, dancing robots, even robot bartenders. Equipped with voice synthesizers, these robots can not only take instructions from their owners but even interact with them.

ロボットは1世紀前にSFに初めて現われましたが、人間と同じように働き自律する機械は今日では現実となっています。そのような高度な機械は今や工場の中だけでなく家庭の中でも見ることができるのです。

以前は、単純な数値制御ロボットが工場の中で同じ作業を永遠に繰り返していました。これらの旧式のロボットは、材料が思わぬ方向を向いていたり床に落ちたりするなどといった予期せぬ事態に対応することはできませんでした。今では、産業用ロボットの大半は適応力があり多機能で、周囲の状態を認識することができます。それらはたった1つの作業ではなく多様な作業をこなすことができます。それらは熱や音や接触を感知するセンサー、さらに高度な視覚機能まで備えています。この機能によって画像をメモリに保存されたテンプレートと照合することで、それらは物体を認識することが可能になります。

それに加えて、典型的な産業用ロボットはもはや固定されず動きまわることができます。それは1つのアームから成っているのではなくむしろ複数のアームを持っています。そしてそれぞれが6つの独立した運動軸を備えており、ハンドが空間の中で方向と位置に関して柔軟性を持つことができるようになっています。1体のスマートロボットだけで車のダッシュボードを丸ごと組み立てたり、複雑なモーターを組み立てたりできるのです。

最新のロボット技術は、ロボットが人間の力と能力を超えた作業を行なうことを可能にしています。たとえば、それらは原子力発電所で修理を行なったり、燃えている建物に入ったり、宇宙空間で働いたりすることもできます。また、自宅用のロボットがすでに使われていて、窓を洗ったりいろいろな表面や広さの床を掃除機がけしたりしています。今や歩くロボット、ダンスをするロボット、そしてロボットのバーテンダーまでいるのです。音声合成装置を搭載したこれらのロボットは、持ち主からの指示を受けるだけではなく彼らとコミュニケーションを取ることもできます。

☐ indefinitely　いつまでも　☐ orientation　方向　☐ versatile　多機能の　☐ voice synthesizer　音声合成装置

第 2 部　｜　模擬テスト

> 講義の要点をまとめ、それがリーディング・パッセージで提示されている具体的な論点をどのように否定しているか説明してください。
>
> 解答時間：20 分

Sample Answer 1

The reading and the lecture both agree that the idea of the robot originated in science fiction stories in the early part of the 20th century. However, the lecture challenges the description of robots in the reading and describes them as far more sophisticated and capable.

First, the reading states that robots today are "simple machines that perform a limited number of tasks" and are "numerically controlled." By contrast, the lecture describes them as capable of doing multiple tasks and being flexible and versatile. The reading states that robots are "deaf, dumb, and blind," but the lecturer claims that modern robots can hear, touch, and even see due to their sensors.

Next, the reading describes robots as stationary with a single arm. When placed one after another on an assembly line, they can assemble a car. The lecture takes issue with this description by describing robots as mobile, consisting of several arms, and as "smart" not dumb. The lecturer observes that a single robot can completely assemble a complex motor.

Finally, the reading states that robots are mainly used in factories where they replace human beings. However, the lecture refutes this by pointing out that robots can do things humans can't do, such as repairing nuclear power plants or working in space. The lecturer also points out that robots now also exist in homes, where they clean, make drinks, and even talk to their owners. (236 words)

　リーディング・パッセージも講義もロボットという発想が 20 世紀初頭の SF 小説に端を発しているという点では意見が一致している。しかしながら、講義ではパッセージ中のロボットの説明を否定し、ロボットははるかに高度で有能であると説明している。

　最初に、パッセージでは今のロボットは「限られた作業をこなす単純な機械」で「数値制御」されていると述べている。それに対して講義では、それらは多様な作業をこなすことができ、柔軟で多機能であると説明している。パッセージではロボットについて「耳が聞こえずものを言わず目が見えない」と述べているが、講義では現代のロボットはセンサーのおかげで聞いたり触ったり見たりすることもできると主張している。

　次に、パッセージではロボットは固定されアームを 1 本持つとしている。それらは組み立てライン上に 1 体ずつ据え付けられて車を組み立てることができる。講義ではこの説明に異議を唱えており、ロボットは動きまわることができ、複数のアームから成り、知能が低いのではなく「スマート」だとしている。講義では 1 体のロボットが複雑なモーターを丸ごと組み立てることができると述べている。

　最後に、パッセージではロボットは主に工場で使われ、人間の代わりをつとめていると述べている。しかしながら、講義はこれに反論し、ロボットは原子力発電所を修理したり宇宙で作業したりといった人間ができない作業を行なうことができると指摘する。講義ではまた、今のロボットは家庭にもあって、掃除したり飲み物を作ったり持ち主と話したりもすると指摘する。（236 語）

Sample Answer 2

The reading describes robots as simple machines that perform a limited number of tasks. It claims that they are used mainly in factories, that they are stationary, and that with a single arm they do the same task over and over. It also describes them as able to be replaced by human beings. Although the lecturer agrees that robots originated in science stories one hundred years ago, HE/SHE challenges the specific points made in the reading by describing robots as much more complex today than in the past.

To begin, the lecturer observes that robots today can do many tasks, not only one. They can also deal with unexpected situations. For example, if an object is out of place or falls on the floor, they can adapt to the unexpected situation. The lecturer also disagrees with the claim that robots are deaf, dumb, and blind. Instead, HE/SHE describes them as equipped with sensors and aware of the surroundings.

Next, in contrast to the reading, the lecturer describes robots as movable and equipped with more than one arm. Rather than being able to do only one task, HE/SHE claims modern robots can put together a complete section of a car or a motor. HE/SHE describes them as "smart" rather than dumb.

Last, while the reading describes robots as mainly being in factories, the lecturer points out that they are now also found in homes. HE/SHE claims that they can wash windows, clean floors, walk, dance, and follow the instructions of their owners. The lecturer states that modern robots can even interact with people. (267 words)

　リーディング・パッセージはロボットを、限られた作業をこなす単純な機械として説明している。それらは主に工場で使われ、固定されて1本のアームで同じ作業を何度も繰り返すものだと主張している。また、人間がロボットの代わりをつとめることもできると説明している。講義ではロボットが100年前のSF小説に端を発しているという点では同意見だが、パッセージで主張されている特定の論点については否定し、ロボットは今では以前よりもはるかに複雑であると説明している。

　まずはじめに、講義では今のロボットはたった1つではなく多くの作業をこなすことができると述べている。それらはまた予期せぬ事態にも対応することができる。たとえば、物体が間違った位置にあったり床に落ちていたりすると、そういう予期せぬ事態に適応することができる。講義ではまた、ロボットは耳が聞こえずものを言わず目が見えないとする主張に異論を唱える。そうではなくて、ロボットにはセンサーが付いていて周囲の状態を認識することができるとしている。

　次に、パッセージに対して講義では、ロボットは動くことができ1本以上のアームが付いていると説明する。たった1つの作業ができるというよりむしろ、現代のロボットは車やモーターの複雑な部分を組み立てることができると主張する。ロボットは知能が低いというよりむしろ「スマート」だと述べている。

　最後に、パッセージがロボットは主に工場にあると述べている一方で、講義ではそれらが今や家庭でも見られると指摘する。それらは窓を洗ったり床を掃除したり歩いたりダンスをしたり持ち主の指示に従うこともできると主張する。講義では現代のロボットは人間とコミュニケーションを取ることもできると述べている。（267語）

Independent Writing
(Writing Based on Knowledge and Experience)

> あなたは次の主張に賛成ですか、反対ですか？
> ティーンエイジャーはできるだけ早くアルバイトをしたほうがよい。
> 具体的な理由や例を挙げて、意見を述べてください。
>
> 解答時間：30分

Sample Answer 1

Although it may be true that working in a part-time job when young has some advantages, not having a part-time job is even more beneficial for teenagers. Two reasons support this viewpoint: the need for study and the need for personal freedom.

First, teenagers need to concentrate on their studies. Competition to enter the top universities has been growing stronger and stronger over the last several years. At my country's top university, only five percent of the applicants are allowed to enter. Moreover, the university they enter has a big impact on their future life and influences what job they can eventually get. High school and even junior high school students ought to be focused on doing well in their studies rather than working at a part-time job. Having a part-time job, no matter what type it is, takes valuable time away that is better spent studying, preparing for university, and succeeding in the future.

Second, some amount of personal freedom is important for teenagers. Because the academic demands are so high today, and most students even go to "cram schools" after their regular school is finished, teenagers need some time away from the stress of school and study. Sports, leisure activities, or even volunteer work are a better use of a teenager's limited time than working at a part-time job. For example, I just like to take a break every evening and play my guitar for about 30 minutes. It is very satisfying, helps me relax, and gets me refreshed to study again. A young person needs opportunities to hang out with friends, listen to music, develop a hobby, or just relax and read a book for pleasure. Working part-time reduces a young person's limited time even more.

There may be benefits to a part-time job, but a teenager will enter the adult world of work and business soon enough. He or she can learn those same lessons later when working in a full-time job. A teenager should focus on study and enjoy some personal freedom first. (338 words)

　確かに、若い時にアルバイトをすることにはいくつか利点があるかもしれないが、ティーンエイジャーにとっては、アルバイトをしないことのほうが有益だ。この意見を支持するものとして2つの理由が挙げられる。勉強の必要と個人的な自由の必要である。

　まず、ティーンエイジャーは勉強に専念しなくてはならない。一流大学に入るための競争は、過去数年のあいだにますます厳しくなっている。私の国の一流大学では、志願者のわずか5%しか入ることができない。さらに、彼らが入学する大学は今後の人生に大きな影響を与え、やがて得られる職業を左右する。高校生は、あるいは中学生も、アルバイトをするより良い成績を取ることに集中すべきである。アルバイトをすることは、それがどのようなものであれ、勉強、大学に向けての準備、そして将来の成功のために使うべき貴重な時間を奪ってしまうのだ。

次に、ティーンエイジャーにとっては多少の個人的な自由が大切だ。今日では勉強に関する要求が高いため、また、多くの生徒が通常の学校が終わったあとも「予備校」に通っているため、ティーンエイジャーには学校と勉強のストレスから離れる時間が必要なのだ。スポーツ、余暇活動、またはボランティア活動のほうが、アルバイトをするよりも、ティーンエイジャーの限られた時間の使い方としてより有効である。たとえば、私は毎晩ひと休みして30分ほどギターを弾くのが好きだ。これはとても楽しく、リラックスさせ、すっきりした気分で勉強に戻らせてくれる。若い人には、友だちと一緒に過ごしたり、音楽を聴いたり、趣味を持ったり、あるいはただリラックスして読書を楽しんだりする機会が必要である。アルバイトは若い人の限られた時間をさらに減らしてしまう。

アルバイトにも利点はあるだろうが、ティーンエイジャーはじきに仕事やビジネスといった大人の世界に入っていく。フルタイムの仕事をするようになってからでも同じことを学べる。ティーンエイジャーは、まず勉強に集中し、個人的な自由を楽しむべきだ。(338語)

☐ applicant 志願者、出願者　☐ ought to …すべきである　☐ valuable 貴重な　☐ academic 学業の　☐ demand 要求　☐ cram school 学習塾、予備校　☐ leisure 暇な時間、余暇　☐ opportunity 機会　☐ hang out ぶらぶら時を過ごす　☐ develop （趣味・習慣などを）持つようになる

Sample Answer 2

Many people believe that young people should concentrate on their studies in school and not spend time working. However, I believe that having a part-time job is one of the best experiences that teenagers can have for two reasons: the responsibility and the social interaction.

To begin, working at a part-time job teaches responsibility, even a seemingly simple job like working in a convenience store or a supermarket. First of all, you must show up at work on time. The manager depends on you to be there when you need to be. Next, you must also be responsible to customers asking questions or needing assistance. Furthermore, you are often responsible for managing money, such as taking money from customers for purchases and giving them back their change. This is true for a wide variety of part-time jobs, such as a cashier in a supermarket, a clerk in a convenience store, or as a server in a restaurant.

In addition to learning responsibility, working in a part-time job gives you an opportunity for important social interaction. Interacting on a regular basis with co-workers, customers, and supervisors teaches you many skills such as patience, empathy, and respect. You must also learn to communicate effectively, speaking clearly and articulately, and listening carefully to others. Moreover, in a part-time job, you are constantly meeting new and different people. In order to do your job well, you must learn to have patience and to accept people as they are. Especially in any service job like a clerk, salesperson, or in the food industry, these skills are very important. It is the social interaction in a part-time job that helps to build them.

All in all, having a part-time job as a young person teaches significant skills that can't be learned in school. Having these skills will be important later in life when the teenager becomes an adult and enters the business world. (317 words)

若者は学校での勉強に専念すべきで、働くことに時間を割くべきではないと多くの人が考えている。しかし私は、アルバイトをすることはティーンエイジャーが得られる最高の経験のうちの1つだと思う。その理由は、責任と社会的な関わりという2点だ。

はじめに、アルバイトをすることで責任感が身につく。これはコンビニやスーパーでの業務など一見単純に見え

る仕事にもあてはまる。まず何より、時間どおりに出勤しなければいけない。マネージャーは、あなたがいるべき時にその場にいることをあてにする。次に、何かをたずねてくる客や手助けを必要としている客に対しても責任を持たなければいけない。さらに、客から購入商品の代金を受け取ったり、おつりを渡したりといった、お金の扱いに責任を持つこともある。これは、スーパーのレジ係、コンビニの店員、レストランの接客係など、幅広い種類のアルバイト業務に関してあてはまることだ。

　責任感の習得に加えて、アルバイトをすることで重要な社会的関わりを持つことができる。定期的に同僚や客や上司と関わることで、忍耐力、共感力、人を敬う心など、多くのスキルが身につく。また、効果的にコミュニケーションを取り、はっきりとわかりやすく話し、人の話をしっかりと聞くようにならなければいけない。さらに、アルバイトの場では絶えずさまざまな人たちと出会う。仕事をうまくこなすためには、忍耐力を持ってその人たちをありのまま受け入れることを学ぶ必要がある。特に受付や販売員、食品業界での仕事など、あらゆるサービス業務においてこれらのスキルはとても大切だ。それを育てるために役立つのが、アルバイトで得られる社会的関わりなのだ。

　まとめると、若いうちにアルバイトをすることで、学校では学べない重要なスキルを身につけることができる。これらのスキルを持つことは、ティーンエイジャーが成人して社会に出た時に、のちの人生で大切なものになるだろう。(317語)

☐ seemingly 見たところでは　☐ show up 姿を現わす　☐ cashier レジ係　☐ on a regular basis 定期的に
☐ co-worker 同僚　☐ supervisor 監督者、上司　☐ patience 忍耐　☐ empathy 共感　☐ articulately 明瞭に

おわりに

　意外に聞こえるかもしれないが、「TOEFL® テスト受験の準備として基本的な参考書を紹介してほしい」という問い合わせをもらうと、私ははたと考え込んでしまう。基本的なものを求められているのに、まさか各セクション1冊ずつ、計4冊の問題集を「とりあえずやりなさい」と言うわけにもいかない。かと言って、洋書のガイドブックや問題集をすすめるのもどうかと思う。非常に分厚いそうした洋書の対策本が、「最初の1冊」になるとはとても思えないからだ。

　しかし、TOEFL テストを熟知した執筆陣による本書『TOEFL iBT® テスト　完全教本』は、基本的な参考書として自信をもっておすすめできる。私たちはパッセージ、問題、解説、模範解答を過不足なく提供し、TOEFL テストで目標スコアを上げるために必要なことが明確に理解できるように配慮した。これを最後までやり遂げれば、完璧な TOEFL テスト対策がはかれるだろう。本書『TOEFL iBT® テスト　完全教本』が、TOEFL テスト対策の「最初の1冊」、そして「つねに読み返すべき基本の参考書」として、長く受験者に読み継がれることになると確信している。

四軒家忍

　ポール・ワーデン教授の質の高い問題および模範解答と、四軒家忍先生の的を射た巧みな解説がコラボした最高の TOEFL テスト対策本である本書に関わることができて、大変光栄に思います。これから TOEFL テストを受験される方だけでなく、すでに受験された方にも必携の1冊になるでしょう。読者のみなさんが本書で学習し、ご希望の TOEFL のライティング・スコアが取れますことを祈っております。

英語便

● 著者紹介

▶ ポール・ワーデン（Paul Wadden）

　国際基督教大学英語教育課程上級准教授、著述家。ヴァーモント大学大学院修了（修辞学）。イリノイ州立大学大学院修了（英米文学博士）。The New York Times, The Wall Street Journal, The Washington Post など、多数の新聞および雑誌に執筆。言語教育に関する論文、50 冊を超える TOEIC テスト、TOEFL テスト対策教材を執筆。

　主な著作に、『はじめての TOEFL® テスト完全対策』『TOEFL® テストスピーキング問題 130』『TOEFL® テストライティング問題 100』（「TOEFL® iBT 大戦略シリーズ」、ロバート・ヒルキほかと共著、旺文社）、『iBT 対応 TOEFL® テスト完全攻略リーディング』『iBT 対応 TOEFL® テスト完全攻略リスニング』（「TOEFL® テスト完全攻略シリーズ」、ロバート・ヒルキほかと共著、アルク）、『TOEFL® TEST 究極単語 5000』（語研）、『新 TOEIC® テスト 直前の技術 (テクニック)』『新 TOEIC® テスト「直前」模試 3 回分』（ロバート・ヒルキ、ヒロ前田と共著、アルク）、ほか多数。

▶ 四軒家忍（しけんやしのぶ）

　TOEFL® テスト受験コンサルタント。トフルゼミナール留学センター講師。「留学のための　しけんや英語塾」主宰。香川大学法学部卒業後、ゼネコン、英会話学校（教務・営業・講師トレーナー・人事・経営）、進学塾（営業・人事・教務）、大学受験予備校講師を経て、2002 年から TOEFL テスト指導を本格的に開始。TOEFL テストの出題形式と日本の英語教育の実情を熟知する者として、授業・メルマガともに好評を得ている。トフルゼミナールの留学センターでは、TOEFL スコア 40~115 の受講生を指導し、どんな受講生も 1 人でカバーできるという評判である。

　著書に、『TOEFL® TEST 対策 iBT ライティング』『基礎からはじめる TOEFL® テストワークブック スピーキング編』（テイエス企画）、『頻出テーマで はじめての TOEFL テスト 完全攻略』（共著、高橋書店）など。TOEFL テスト対策ブログ「留学のための　しけんや英語塾」公式ブログ（http://ameblo.jp/toefl-shinobee）

▶ 英語便（えいごびん　www.eigobin.com）

2005年5月サービス開始直後から、信用できるネイティブ講師の英語添削が手頃な値段で受けられることが評判になり、中・上級の英語学習者を中心に、毎年会員数を増やしている。2014年7月現在、累計メンバー3万人以上、継続メンバー3000人以上。講師は、ジャーナリスト、ライター、コピーライター、大学教師、各企業のビジネス講師など、各方面の英語のプロフェッショナルをそろえている（英語を第1言語にする者に限定）。「戦略的ビジネスEメールライティングコース」「TOEIC® テスト 英文ライティング診断」「Paul Wadden Production Academic Writing TOEFL iBT®」ほか、多彩なコース・メニューを打ち出している。

著書に、『ネイティブ添削で学ぶ英文ライティング』（研究社）がある。

● 英文校正・編集協力 ●
Marcel Morin / Frank Spignese / Jeremy Hyatt / Jenna Hammer / Jennifer Barber
吉野基子・徳間 文

● 翻訳協力 ●
杉山まどか・北綾子・本間芙由子・菊池裕実子・長尾莉紗

● 写真提供 ●
Robert Hilke / Xanthe Smith Serafin / Brad Holmes / 英語便

● 著者（ポール・ワーデン）写真撮影 ●
山口直也（スタジオ☆ディーバ）

● 音声編集 ●
佐藤京子（東京録音）

● 社内協力 ●
高見沢紀子・中川京子・鈴木美和・青木奈都美

TOEFL iBT® テスト 完全教本
A Strategic Guide to the TOEFL iBT® Test

● 2014年9月11日　初版発行 ●
● 2016年3月18日　２刷発行 ●

● 著者 ●

ポール・ワーデン（Paul Wadden）　四軒家 忍
英語便

Copyright © 2014 by Paul Wadden, Shinobu Shikenya and Eigobin

発行者　●　関戸雅男
発行所　●　株式会社　研究社
〒 102-8152　東京都千代田区富士見 2-11-3
電話　営業 03-3288-7777（代）　編集 03-3288-7711（代）
振替　00150-9-26710
http://www.kenkyusha.co.jp/

KENKYUSHA

装丁　●　久保和正
組版・レイアウト　●　Mute Beat
印刷所　●　研究社印刷株式会社
CD 製作・編集　●　東京録音

ISBN 978-4-327-43083-2 C1082　Printed in Japan

価格はカバーに表示してあります
本書のコピー、スキャン、デジタル化等の無断複製は、著作権法上での例外を除き、禁じられています。
また、私的使用以外のいかなる電子的複製行為も一切認められていません。落丁本、乱丁本はお取り替え致します。
ただし、古書店で購入したものについてはお取り替えできません。